城市轨道交通建设系列指南

现代有轨电车工程技术指南

江苏省住房和城乡建设厅
江苏省土木建筑学会城市轨道交通建设专业委员会　组织编写

中国建筑工业出版社

图书在版编目（CIP）数据

现代有轨电车工程技术指南/江苏省住房和城乡建设
厅，江苏省土木建筑学会城市轨道交通建设专业委员
会组织编写. —北京：中国建筑工业出版社，2017.7
（城市轨道交通建设系列指南）
ISBN 978-7-112-20705-3

Ⅰ.①现…　Ⅱ.①江…②江…　Ⅲ.①有轨电车-指
南　Ⅳ.①U482.1-62

中国版本图书馆 CIP 数据核字（2017）第 090734 号

　　本指南共分 11 章，分别为概述、现代有轨电车运行特征、现代有轨电车功能定位、车辆及限界、线路与行车组织、轨道、车站、路基与桥梁、交通组织与衔接、机电系统、车辆基地。从现代有轨电车规划适应性、运行特征、土建工程、机电系统和交通衔接等方面，对有轨电车旅行速度、车辆配属、运输能力、路基沉降标准、供电、通信等各方面进行了系统的阐述，并对有轨电车与其他交通工具衔接方面，提出了交通一体化设计的原则，对配套设施的功能、解决方案给出相关建议。

　　本指南内容适合现代有轨电车建设、设计、监理、施工、建设主管部门、质量监督部门和大专院校等相关人员学习和参考。

　　　　责任编辑：万　李　郦锁林
　　　　责任设计：谷有稷
　　　　责任校对：李美娜　姜小莲

城市轨道交通建设系列指南
现代有轨电车工程技术指南
江苏省住房和城乡建设厅
江苏省土木建筑学会城市轨道交通建设专业委员会　组织编写

*

中国建筑工业出版社出版、发行（北京海淀三里河路 9 号）
各地新华书店、建筑书店经销
北京红光制版公司制版
北京利丰雅高长城印刷有限公司印刷

*

开本：787×1092 毫米　1/16　印张：16¾　字数：405 千字
2017 年 5 月第一版　2017 年 5 月第一次印刷
定价：**120.00 元**
ISBN 978-7-112-20705-3
（30355）

《现代有轨电车工程技术指南》

主编单位：

江苏省土木建筑学会城市轨道交通建设专业委员会

苏交科集团股份有限公司

参编单位：

中车南京浦镇车辆有限公司

南京轨道交通系统工程有限公司

南京市河西新城区开发建设管理委员会

南京市麒麟科技创新园（生态科技城）开发建设管理委员会

中铁二局工程有限公司

苏州高新有轨电车有限公司

淮安市现代有轨电车经营有限公司

序

近年来，江苏省城市轨道交通工程建设进入大规模、跨越式发展阶段。自南京市于 2000 年地铁 1 号线开工建设以来，先后有苏州、无锡、常州、徐州、淮安及昆山等地陆续开工建设，2014 年 8 月 19 日，南通市城市轨道交通建设规划获得国家批准，并成为江苏省第 8 个获批建设城市轨道交通的城市，目前，我省扬州等地的城市轨道交通建设规划也正在上报审批中。截至 2017 年 3 月，江苏省城市轨道交通在建及投入运营共 34 条线，总里程为 946.207 公里，预计到"十三五"末，将达到近 1300 公里。

城市轨道交通工程建设周期长、施工环境复杂、风险大，涉及专业众多。多年来，我省各级建设主管部门和奋战在我省城市轨道交通建设战线的广大管理和技术人员，在轨道交通的工程建设和管理方面十分重视向北京、上海、广州、深圳等兄弟城市学习，同时结合江苏省的实际和特点进行探索，并注重实践经验的积累和总结。2014 年 7 月 25 日，江苏省住房和城乡建设厅下发了"关于开展江苏省城市轨道交通工程建设系列指南（标准）编写工作的通知"，并委托江苏省土木建筑学会城市轨道交通建设专业委员会具体实施。经过两年来 40 余家单位、近 600 人的攻关，首批系列指南终于正式出版发行。今年，第二批指南已列入厅科技创新工作计划，计划通过 5 年的努力，到"十三五"末，基本建立和健全江苏省城市轨道交通建设指南（标准）体系。

组织编写城市轨道交通建设系列指南（标准），是我省城市轨道交通建设史上的一件大事，是全面总结和提高我省城市轨道交通建设水平的重要工作。江苏省土木建筑学会城市轨道交通建设专委会在组织编写系列指南（标准）过程中，积极协调各方资源，严密组织编写过程，坚持每本指南（标准）召开编写大纲、中间成果、修改后成果三次评审会和最终成果专家审定会，邀请国内城市轨道交通建设专家学者严格把关，较好地保证了指南（标准）编写的质量。

由于江苏省城市轨道交通建设起步较晚，建设经验与兄弟省市相比还有较大的差距，系列指南（标准）的编写还存在许多不足，希望编委会和广大编写人员继续向兄弟省市学习，向实践学习，不断改进、总结和完善，为城市轨道交通建设作出积极的贡献。

江苏省住房和城乡建设厅党组书记：

2017 年 3 月

前　言

现代有轨电车作为城市轨道交通的重要组成部分，目前在国内已有部分城市开始使用，但与地铁相比，很多方面尚处于探索阶段，缺少成熟的工程技术标准指导，建设主要参照国铁、地铁类规范和标准，在一定程度上造成不必要的浪费。为更好建设现代有轨电车，充分发挥其"快速、准点、便捷、舒适、安全"的交通特色，江苏省住房和城乡建设厅、江苏省土木建筑学会城市轨道交通建设专业委员会组织苏交科集团股份有限公司等单位，共同编写了本指南。

在编制过程中，编制单位对欧洲、美洲以及国内主要运营现代有轨电车的城市进行大量考察，与多个现代有轨电车的建设与运营企业和科研机构进行交流和研讨。先后开展了"各种轨道交通方式及其适应性研究"、"现代有轨电车无接触网供电模式研究"、"现代有轨电车高调高扣件研究"、"现代有轨电车软土路基关键指标研究"等多项科研课题研究，取得了一批重要研究成果。

本指南共分 11 章，分别为概述、现代有轨电车运行特征、现代有轨电车功能定位、车辆及限界、线路与行车组织、轨道、车站、路基与桥梁、交通组织与衔接、机电系统、车辆基地。其中在规划适应性方面，提出现代有轨电车建设需满足的社会经济、人口规模和客流需求等关键指标，对规范现代有轨电车的立项具有指导作用；在运行特征方面，提出现代有轨电车旅行速度、最小发车间隔、车辆配属以及运输能力等关键指标，准确把握现代有轨电车的适应性和功能定位；在土建工程方面，系统阐述了现代有轨电车路基沉降标准、桥梁墩台纵向线刚度等指标，提出软土地基筏板式基础的处理方法，并对埋入式桥梁的设计方案进行总结；在机电系统方面，结合现代有轨电车的技术特点，对供电、通信、信号和售检票明确了系统构成、功能需求及实施方案；在交通衔接方面，提出交通一体化设计的原则，对配套设施的功能、解决方案给出相关建议。

本指南内容适合现代有轨电车建设、设计、监理、施工、建设主管部门、质量监督部门和大专院校等相关人员学习和参考。

本指南在编制过程中，得到了淮安、南京、苏州等现代有轨电车公司的大力支持，同时参考了国内外同行专家、学者的著述和文献，其中南京工业大学交通运输工程学院胡军红副教授贡献了多项研究材料，在此表示衷心的感谢。由于时间和水平有限，难免错漏，恳请广大读者、同行给予批评指正，并及时反馈给江苏省土木建筑学会城市轨道交通建设专业委员会，以便修订参考。

本书编审委员会
2017 年 3 月

目　　录

第1章 概　　述

本章在介绍国内外现代有轨电车发展历程的基础上，说明了现代有轨电车的基本特征以及国内发展的现状，客观分析和总结了现代有轨电车发展过程中值得借鉴的经验和问题，阐述了《现代有轨电车工程技术指南》编制的背景、目的、意义和运用范围。

1.1　编　制　背　景

当前我国正处于新型城镇化发展时期，城镇化率和城市人口快速增长带来机动化水平的迅猛发展，我国城镇化率从 2003 年的 40.53% 增长到 2015 年的 56.1%，城市人口由 2003 年的 5.24 亿增加到 2015 年的 7.64 亿，私家车拥有量由 2003 年的 0.12 亿辆增加到 2015 年的 1.24 亿辆，年均增长率达到 21.6%，许多大城市和特大城市出现了诸如城市交通拥堵、环境污染等社会问题。为了引导城市快速、健康、可持续发展，提升城市交通基础设施的服务能力和服务品质，缓解城市道路交通压力，满足居民多样化出行需求，构建以公交优先为主导的多模式、多层次现代城市公共交通体系的发展策略已成为我国各城市交通的主要发展方向。

随着城市居民对出行多样化、高品质要求的提升，现代有轨电车作为一种中低运量的地面轨道交通系统，可有效填补大运量的城市快速轨道交通和常规公交之间的"运能"和"速度"空白，成为国内城市公共交通体系建设的重要方式之一。北京、上海、天津、沈阳、南京、苏州、淮安等许多城市开始规划建设现代有轨电车系统，并开通了多条有轨电车运营线路，这些现代有轨电车项目的建设，对于改善居民出行条件、引导城市低碳发展、提升城市环境起到了重要作用。现代有轨电车系统采用专用轨道行驶，正线运行主要依靠司机瞭望驾驶，在道路交叉口通过信号控制方式与社会车辆混合通行，交叉口延误是制约现代有轨电车的运行效率和运输能力的关键因素。由于对现代有轨电车系统的技术特点、运行的关键指标、适应性及功能定位认识不足，现代有轨电车的规划、设计、建设和运营管理缺少行业标准、技术指南的支撑，已经建成的现代有轨电车系统普遍存在工程投入大、初期客流偏低、运行速度较低的问题，使得已开通城市对现代有轨电车网络化建设的动力不足，现代有轨电车在我国的应用进入了瓶颈期。

为了科学指导我国城市现代有轨电车系统的规划建设与运营管理，江苏省在总结南京河西新城有轨电车、苏州高新区有轨电车和淮安现代有轨电车等已开通线路工程实践的基础上，编制《现代有轨电车工程技术指南》，对指导现代有轨电车系统的规划、设计、建设与管理，不断总结工程技术经验，提升工程规划设计与建设管理水平，发挥现代有轨电车在城市公共交通体系中的功能与作用，促进城市交通科学、健康、可持续发展具有重要意义，同时也是十分必要和迫切的。

1.2 国内外发展历程

1.2.1 国内外发展史

1. 国外发展史

1807年在英国威尔士出现行驶在轨道上的马拉车，如图1-1所示，称为公共马车，可以看做是有轨电车的雏形。蒸汽机出现后，1881年西门子公司与德国柏林附近的里西特菲尔德（Lichterfelde）政府合作，开通了第一条商业运营电力牵引的有轨电车；1883年英国人福柯修建了英国一条2km的有轨电车线路，如图1-2所示，轨距2英尺9英寸，这条线路至今仍在运行，是世界上在运营的最古老的有轨电车线路；到19世纪20年代英国拥有5000km有轨电车线路，1.44万辆有轨电车；1887年匈牙利的布达佩斯创立了首个电动电车系统；1888年美国弗吉尼亚州的里士满也开通了有轨电车，到1920年美国运营有轨电车的线路共计370条，线路总长度达到2500km，年客运量达到137亿人次，占美国全部城市客运量的88%。从此有轨电车在欧洲、美洲、大洋洲和亚洲得到迅猛发展，欧洲几乎每个国家的每个城市均拥有有轨电车系统。

图1-1 古老的马拉轨道车

图1-2 旧式有轨电车

到20世纪30年代，随着汽车工业的发展，私人汽车、公共汽车等交通工具数量急剧增长，城市道路面积严重不足。旧式有轨电车与其他车辆混合运行，占用较多的道路资源，并且运行速度慢，正点率低，噪声大，加减速性能差，在城市公共交通中逐渐被汽车取代，很多城市的有轨电车系统被大量拆除。

到20世纪70年代，随着城市汽车保有量的迅速增加，交通拥堵、环境污染、能源危机等问题越来越严重，欧美地区众多发达国家重新选择有轨电车作为城市公共交通发展的重点。据欧洲交通行业协会统计，2005 年欧洲有 125 个城市开通运营有轨电车，至 2010 年增加到 137 个城市，车辆需求以每年 5％的速度增长。法国里昂、波尔多、南特和巴黎等 18 个城市在市区和郊区开通有轨电车，2006 年线路总长 416km，至 2014 年达到 700km，其中：里昂拥有法国最长的有轨电车线路，总长度超过 48km。美国波特兰、西雅图、华盛顿、图森市等城市已开通运营现代有轨电车，其中：波特兰 1991 年建成现代有轨电车线路长 12.8km，见图 1-3，经过该市的中心区、医院、大学等重要集散点，年客运量约 400 万人次，带来了经济的发展，取得了很大的成功，从而推动了美国现代有轨电车新一轮发展。2007 年 12 月，西雅图建成该市第一条有轨电车线路，2009 年，华盛顿修建了现代有轨电车线路，2010 年秋天，美国图森市建成长约 6.4km 的有轨电车线路。

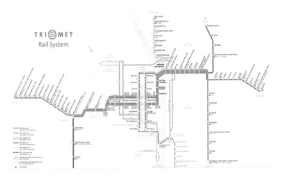

图 1-3　波特兰现代有轨电车线网及列车

现代有轨电车是在传统有轨电车基础上发展而来的，经过了全面的技术改造，已成为国外很多城市公共交通体系的重要组成部分。随着科技的进步，其系统也在不断的更新与发展，不仅在车体外观设计上更加美观，车辆性能也较传统有轨电车有了进一步的改善。与传统有轨电车相比，现代有轨电车具有乘坐舒适、运行速度快、噪声低等优点。1990 年 2 月，世界上第一辆 100％低地板有轨电车车辆在德国的布莱梅正式投入使用，由于具有良好的旅客上下便利性及综合性能，逐渐发展成为了现代有轨电车的主流，2000 年之后大部分有轨电车都采用了 100％低地板形式。目前，世界上近 20 个国家 60 多个城市的现代有轨电车采用了 100％低地板车，共约 30 种型号，6000 多列车辆，总里程达到 4000 多公里，每年的客运量达到 300 亿人次。100％低地板车型中，庞巴迪 flexity 车型占比较高，如图 1-4 所示。国外部分国家有轨电车运营情况见表 1-1。

部分国家有轨电车一览表　　　　　　　　　　　　　　　　表 1-1

序号	国家	拥有有轨电车城市数量（个）	规模（km）
1	德国	72	2877
2	法国	18	700
3	英国	16	275
4	意大利	13	754
5	波兰	15	922
6	罗马尼亚	15	504
7	匈牙利	5	362
8	澳大利亚	4	335

注：来源于《世界轨道交通》统计报告。

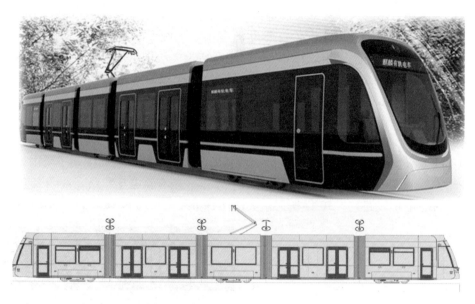

图 1-4　庞巴迪 flexity 车型（5 模块）

（1）波尔多有轨电车

波尔多市共有 3 条现代有轨电车线路，分别为 A 线、B 线和 C 线，有轨电车线网布局呈现"环＋放射形"，线网总长 58.2km，共设车站 111 座，如图 1-5 所示。波尔多市以"绿色"作为城市发展战略，3 条现代有轨电车线路构成城市公共交通的主骨干，推动了绿色现代化城市的发展。

图 1-5　波尔多现代有轨电车线网及车辆

波尔多市现代有轨电车系统与城市公交良好衔接，市区内火车站均与现代有轨电车衔接，其中 Cenon 火车站与有轨电车项目同步修建，铁路系统和有轨电车系统之间的换乘非常便捷。波尔多现代有轨电车采用阿尔斯通的 Citadis100％低地板车型，7 模块车占比约 80％，其余为 5 模块车，车辆采用了无轴转向架的设计。为了保护城市环境，有轨电车系统在主城区域采用了地面三轨供电方式（APS 系统），使得有轨电车和市中心的建筑融为一体，避免了架空线的视觉污染。波尔多现代有轨电车线路由凯奥雷斯集团运营，全网配车约 110 辆，除了 B 线部分路段，其他线路均按一个大交路运营，目前城市中心路段的列车开行对数为 18 对/h，外部路段发车间隔相对较长，工作日发车间隔为 10min，全网日客流量约 20 万人次。

（2）墨尔本有轨电车

墨尔本是澳大利亚第二大城市，维多利亚州首府，素有"花园城市"之称。墨尔本的公共交通主要由有轨电车、城郊铁路、公共汽车三种方式组成，墨尔本有轨电车网络规模处于全球第一，拥有 250km 线路，510 辆电车，1773 个车站，28 条有轨电车路线，有轨电车系统作为墨尔本市公交系统的骨干，承担了城市的大部分客流。有轨电车线路与城郊列车无缝衔接，采取同台换乘或跨线运营的方式，保障乘客出行舒适、便捷。

墨尔本有轨电车网络由亚拉公司运营，全网包含 148 列联邦工程 Z 级电车、202 列联邦工程 A/B 级电车、41 列法国阿尔斯通 Citadis 级电车、59 列德国西门子 Combino 级电车以及 50 列庞巴迪 flexity2 型电车，包含 3 模块、4 模块、5 模块等不同编组形式，车辆以 70% 低地板形式为主，均采用架空接触网供电方式。墨尔本有轨电车平均运行时速为 25km/h，运营时段为 6∶30～23∶00，日均客流量约 50 万人次。有轨电车线网及车辆如图 1-6 所示。

图 1-6　墨尔本有轨电车线网及有轨电车车辆

2. 国内发展史

1899 年，我国北京最早出现有轨电车，由德国西门子公司负责修建，线路连接郊区马家堡与永定门，全长 7.5km，这条有轨电车线路由于义和团运动被拆除，没有实质性运行。1904 年天津市区开始修建有轨电车，1906 年 6 月，第一条公交线路百牌环城有轨电车开通运营，是中国第一个建设和开通有轨电车系统的城市。1908 年 3 月上海静安寺至外滩建成第一辆有轨电车线路，上海市在 1959 年拥有 22 条有轨电车线路，总里程达到 74.4km，车辆 360 辆，年运送乘客量达到 2.72 亿人次。随后在我国哈尔滨、长春、大连、沈阳和鞍山等诸多城市也相继引入了有轨电车系统，如图 1-7 所示。

与世界各国有轨电车发展历史基本保持同样的节奏，20 世纪 50 年代开始，我国很多城市的有轨电车线路因为汽车业的兴起和发展被拆除，上海的老式有轨电车——南京路上最后一条有轨电车于 1963 年 8 月结束历史使命。到 60 年代末，我国绝大部分城市的有轨电车线路基本拆完，仅剩下大连、长春和香港等地一直保留了有轨电车的运营，这些有轨电车不仅承担了主要交通走廊的客流，而且还承载了城市发展的历史记忆，是城市文化的重要组成部分。

图 1-7　我国老式有轨电车

（a）大连老式有轨电车；（b）香港老式有轨电车；（c）长春老式有轨电车；（d）上海老式有轨电车

百年轮回，2006 年我国第一条现代有轨电车线路在天津滨海新区建成，线路南起津滨轻轨洞庭路站，北至学院区北站，线路全长 7.86km。车辆采用了法国劳尔公司生产的单轨导向、胶轮驱动、750VDC 直流供电的新型有轨电车，核定载客 167 人。2009 年，上海张江科技园也开通了同一模式的有轨电车线路，如图 1-8 所示。截止到 2016 年 1 月，我国开通运营现代有轨电车的城市有 9 个，运营里程达到 161.7km，在建或即将通车里程 116.3km。国内现代有轨电车发展情况如表 1-2 所示。

图 1-8　上海张江、天津滨海有轨电车

城市	运营线路（km）	在建线路（km）	车辆	供电
沈阳	60	7.8	70%和100%低地板钢轨钢轮	接触网
大连	23.3	—	70%低地板钢轨钢轮	接触网
天津	7.8	—	100%低地板胶轮导轨	接触网
北京	—	9.0	100%低地板钢轨钢轮	地面供电
青岛	8.8	—	100%低地板钢轨钢轮	接触网
南京	7.7	9.1	100%低地板钢轨钢轮	蓄电池
苏州	18.0	17.2	100%低地板钢轨钢轮	接触网
淮安	20.1	—	100%低地板钢轨钢轮	超级电容
上海	9.8	—	100%低地板胶轮导轨	接触网
宁波	—	8.0	100%低地板钢轨钢轮	超级电容
珠海	—	8.9	100%低地板钢轨钢轮	地面供电
广州	7.7	—	100%低地板钢轨钢轮	超级电容
成都	—	45.3	100%低地板钢轨钢轮	超级电容
武汉	—	20.0	100%低地板钢轨钢轮	超级电容
合计	161.7	116.3		

注：统计数据截至 2016 年 1 月。

（1）大连现代有轨电车

大连有轨电车始建于 1908 年，新中国成立初期拥有 11 条线路，经过 100 多年的城市发展与演变，最终保留了 2 条线路（201 路、202 路），线路全长约 23.3km。其中 201 路为传统的单节古典式有轨电车，202 路是经过改扩建后的现代有轨电车线路，如图 1-9 所示。

图 1-9　大连 201、202 路有轨电车

202 路现代有轨电车线路于 2002 年 12 月完成改造并通车运行，该线路北起兴工街，南到河口，全长 12.6km（其中旧线改造 7.1km、新建 5.5km），共设 19 座车站，是大连市西部地区贯穿南北，连接新区、旅游点及城区的重要交通线路。全线设车辆段 1 座，占地约 150 亩，车辆段内设置控制中心 1 处。

202 路有轨电车系统采用了 70%低地板钢轮钢轨制式，三模块编组车辆，全长 25.2m，额定载客量 242 人，最高运营速度 60km/h，全线采用接触网供电。

目前，202 路现代有轨电车全线配属列车约 22 列，发车间隔为 4.0～5.0min，日客流约 8～10 万人次/日，全线旅行速度约 22km/h。202 路的运营，有效构建了城市南北向并连接城市中心区的主要客流通道。

（2）沈阳浑南新区现代有轨电车

2013 年 8 月，沈阳市浑南新区一次建成并开通运营规划网络中的 4 条现代有轨电车线路，总长约 60km，成为我国城市新区现代有轨电车一次建设成网运营的典范，如图 1-10 所示。浑南新区现代有轨电车线网覆盖了奥体中心、21 世纪大厦等综合交通枢纽站，与城市快速轨道交通和常规公交实现无缝对接。全线设车辆段 1 座，占地约 150 亩，车辆段内设置控制中心 1 处。

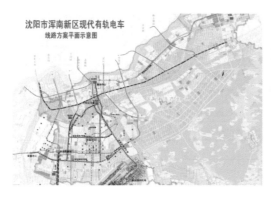

图 1-10　沈阳浑南新区现代有轨电车线网及车辆图

浑南现代有轨电车车辆采用 70% 低地板和 100% 低地板车辆两种类型，三模块编组车辆长 28.8m，额定载客量 265 人，最高运行速度 70km/h；供电方式以接触网为主、车载超级电容供电为辅。

沈阳浑南现代有轨电车的运行采用了信号优先及交通组织优化的方式，目前旅行速度约 20～25km/h。由于浑南新区现状人口偏少，现代有轨电车整体客流规模偏小，日均客流量约 4.0 万人次，高峰时段发车间隔最短为 6min。

（3）南京河西新城现代有轨电车 1 号线

2014 年 8 月，南京市建成运营河西新城现代有轨电车 1 号线，线路位于南京河西新城，衔接了城市轨道交通 2 号线、10 号线和 S3 线四个地铁车站，线路定位为河西南部骨干型公共交通，兼顾引导河西南部地区的城市及商业开发功能，有轨电车线网及车辆如图 1-11 所示。线路全长 7.76km，全线设 13 座车站，平均站间距 644m；设计最高时速

图 1-11　南京河西新城现代有轨电车 1 号线线路及车辆图

70km/h，采用站台售检票的运营模式。

河西新城现代有轨电车 1 号线车辆采用 100％低地板钢轮钢轨制式，五模块编组车辆全长 32.23m，额定载客量 300 人，最高运行速度 70km/h，采用车站充电、蓄电池供电方式。

由于河西新城南部区域处于开发建设阶段，目前日客流量约 0.6 万人次，随着主要商业体、住宅及公用设施的交付，预计未来客流会有比较大增长，目前采用信号相对优先方式时列车的旅行速度约 21km/h。

（4）广州海珠现代有轨电车

2014 年 12 月，广州海珠现代有轨电车开通运营，线路全长 7.7km，始于万胜围站，止于广州塔站，共设 11 座车站，平均站间距 784m，线路沿江边绿化带敷设，线路方案及车辆如图 1-12 所示。停车场选址位于猎德大桥与珠江帝景之间的磨碟沙公园内部，控制中心位于停车场内，总占地面积约 1.5hm²。海珠现代有轨电车环岛敷设，目前建成的试验段主要服务于沿线旅游及会展需要。

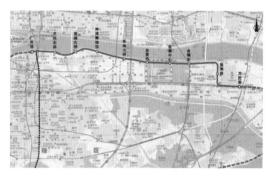

图 1-12　广州海珠现代有轨电车线路及车辆图

海珠现代有轨电车车辆采用 100％低地板超级电容无接触网供电制式。四模块编组车辆全长 36.4m，额定载客量 280 人，最高运行速度为 70km/h，开通初期发车间隔为 13min。目前日客流约 1.2 万人次。

（5）苏州高新区现代有轨电车 1 号线

2015 年 1 月，苏州高新区现代有轨电车 1 号线通车运营，线路方案及运营车辆如图 1-13 所示，线路全长 18.19km，全线规划建设 22 座车站，根据沿线土地开发时序按照

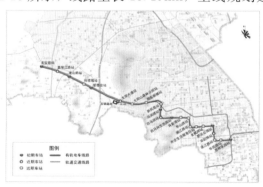

图 1-13　苏州高新区现代有轨电车一号线线路及车辆图

"一期建成、分期开通"原则，初期开通运营 10 个站点，平均站间距约 1.8km。该线路贯穿苏州高新区，串联了高新区政府、西部生态新城和苏州乐园等多个旅游景点及行政中心，项目定位为高新区内部公交骨干系统，是苏州地铁的延伸、过渡和补充。全线设车辆段 1 座，占地约 150 亩，车辆段内设置控制中心 1 处。

苏州现代有轨电车 1 号线车辆采用了 100％低地板钢轮钢轨制式，五模块编组车辆全长 32.3m，额定载客量 300 人，最高运行速度为 70km/h，全线采用架空接触网方式供电。

苏州高新区现代有轨电车 1 号线目前日客流量约 1 万人次，旅行速度约 25km/h，全线配属 17 辆车，高峰期发车间隔为 8min。苏州高新区目前正在实施现代有轨电车 2 号线、3 号线。

（6）淮安现代有轨电车一期工程

2015 年 12 月，淮安现代有轨电车一期工程建成通车。线路全长度约 20.1km，全线均为地面线，共设 23 座车站，有轨电车线路及运营车辆如图 1-14 所示。线路起点为淮海北路体育馆站，终点为商贸城站。线路走向为交通路—运河广场北—和平路—翔宇大道—楚州大道—商贸城，平均站间距 923m。全线设板闸车辆段 1 座，车辆段内设控制中心一处。

图 1-14 淮安现代有轨电车线路及车辆图

淮安现代有轨电车一期工程车辆采用 100％低地板钢轨钢轮制式，车载超级电容无触网供电制式。四模块编组车辆全长 36.4m，额定载客量 280 人，最高运行速度为 70km/h，开通初期发车间隔为 13min。

淮安现代有轨电车全天运营 16h，开行约 200 列次，运行图兑现率达到 99.6％，目前工作日客流约 1.3 万人次，节假日最高约 4.7 万人次。

综上，国内主要城市开通运营的现代有轨电车主要技术经济指标见表 1-3。

国内主要城市现代有轨电车主要技术指标表　　　　　　　　表 1-3

技术指标	南京	苏州	淮安	广州	沈阳	大连
开通线路（条）	1	1	1	1	4	1
线路长度（km）	7.76	18.19	20.1	7.7	60	12.6
站点数（座）	13	初期：10 远期：22	23	11	73	19

技术指标	南京	苏州	淮安	广州	沈阳	大连
平均站间距(m)	644	初期：1800 远期：827	923	784	820	700
车辆长度(m)	32.3	32.3	36.4	36.4	28.8	25.2
供电方式	无接触网蓄电池	架空接触网	无接触网超级电容	无接触网超级电容	架空网＋超级电容	架空接触网
舒适度	100%低地板	100%低地板	100%低地板	100%低地板	70%、100%低地板	70%低地板
投融资模式	BT	自筹自建	BT	自筹自建	BT	自建
投资(亿)	12.4	31.5	36.5	7.7	48.6	8
最高时速(km/h)	70	70	70	70	70	60
旅行速度(km/h)	21	25	24	20.1	20～25	22
运营时长(h)	13	15.5	15.5	13	16	17
票价(元)	2	2～3	2～3	2	2	1

注：投资为初步设计概算，表单仅限于钢轮钢轨现代有轨电车技术指标。

1.2.2 基本特征

通过对有轨电车发展历程的总结，结合国内已开通运营的现代有轨电车的车辆、规划、建设和运营的特点，现代有轨电车系统的基本特征包括以下几个方面：

（1）外观形象好

随着轨道交通装备制造业的技术进步，现代有轨电车的车辆外形可以结合城市特征进行定制化设计，充分蕴含城市文化，提升城市形象。例如迪拜现代有轨电车采用了钻石造型的车头，体现了迪拜城市的奢华与大气，如图 1-15（a）所示；巴西里约热内卢有轨电车采用了足球造型车头，如图 1-15（c）所示，体现了足球作为巴西文化生活的主流形象。

（2）环境污染小

伴随着城市化进程的加快，城市交通拥堵、环境污染问题日益严重，现代有轨电车主要采用电能驱动，钢轮钢轨走行，能有效降低能耗。在同等运行条件下运送同等规模的乘客，以每公里·人排放的 CO_2 为例，现代有轨电车运行过程中排放 17g，公共汽车排放 50g，家用汽车排放量达到 152g，现代有轨电车当量排放最低。同时，现代有轨电车排放的 CO 和 NO_x 也远低于公共汽车和小汽车。而且现代有轨电车的能量消耗来自电能，废弃物排放发生在电厂，远离城市居住区也便于集中处理，因此现代有轨电车属于绿色、节能、环保的交通方式，作为"快速、准点、便捷、舒适、安全"的公共交通方式之一，能

图 1-15　各城市现代有轨电车车辆

（*a*）迪拜现代有轨电车（钻石）；（*b*）法国兰斯现代有轨电车（香槟）

（*c*）巴西现代有轨电车（足球）；（*d*）意大利现代有轨电车（蚕宝宝）

有效缓解城市生活环境的恶化。不同交通工具废气排放量比较如表 1-4 所示。

不同交通工具废气排放量比较 ［g/（km·人）］　　　　　　　　　　表 1-4

交通方式	CO	NO_x	CO_2
有轨电车	0.02	0.43	17
公共汽车	1.98	0.95	50
家用汽车	9.34	1.28	152

（3）投资成本低

现代有轨电车因其功能定位、服务对象、运行需求和敷设方式不同，其工程造价也不尽相同。根据对国内现代有轨电车建设统计分析：从建设成本上看，现代有轨电车每公里的造价为 0.8～1.5 亿元，高于常规公交和快速公交（BRT），但远低于城市快速轨道交通（地铁和轻轨）；从运能方面看，现代有轨电车的单向运能达到 0.5～1.5 万人/h，高于常规公共交通和快速公交（BRT），低于城市快速轨道交通；从单位运能水平下各种交通方式的造价来看，现代有轨电车 0.8～1.5 亿元，快速公交 0.3～0.6 亿元，常规公交为 0.1～0.2 亿元左右，轻轨、地铁为 2.4～6.0 亿元。因此，现代有轨电车的单位运能造价低于轻轨和地铁，服务水平要高于常规公共交通和快速公交（BRT），属于性价比较高的出行交通工具，如表 1-5 所示。

各交通工具技术经济特性比较 表 1-5

指　　标	常规公共交通	快速公共交通	现代有轨电车	轻轨	地铁
运营速度（km/h）	12～15	20～30	18～25	25～40	25～40
运能（万人/h）	<0.5	0.8～1.2	0.5～1.5	1～3	3～6
单位运能造价[万元/（km·万人）]	0.1～0.2	0.3～0.6	0.8～1.5	2.4～5.0	4.0～6.0
建设周期	短	较短	较短	较长	长
车辆折旧率	高	较高	低	低	低

（4）资源消耗低

现代有轨电车在资源消耗上具有两个优势，一是占用城市土地资源少，现代有轨电车车辆运行于固定的轨道上，占地面积小，上下行横向占地宽度只需要 7～7.5m。线路布设方式主要可以包括路中和路侧两种，如图 1-16 所示。

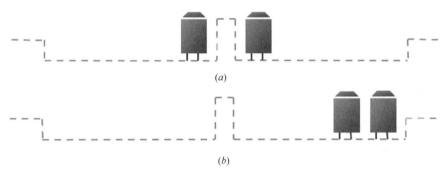

(a)

(b)

图 1-16　现代有轨电车道路布设横断面示意图
（a）路中布设方式；（b）路侧布设方式

现代有轨电车通行占用宽度较小，通过利用道路中央或路侧的绿色分隔带布设，在维持良好的景观下可以合理利用道路资源，有效增加了城市道路的通行能力和服务水平，这是远优越于快速公交（BRT）系统的显著特点，如表 1-6 所示。在当前城市的土地资源稀缺，道路空间有限交通拥堵的现状下，现代有轨电车作为新型公共交通方式运用于城市交通具有重大意义。

现代有轨电车与 BRT 系统用地资源对比 表 1-6

对比指标	现代有轨电车系统	BRT 系统
最小转弯半径（m）	25	45
最小站台宽度（m）	2.0～3.5	2.0～3.0
最低红线控制（m）	7	7.5
车道最小宽度（m）	3.00	3.75

二是能耗小，现代有轨电车的供电电压一般为 DC750，与常规公交和小汽车相比，运营能耗最小。经计算，现代有轨电车的平均能耗为公交车的 1/4，小汽车的 1/9。

（5）低地板设计

现代有轨电车的车辆地板至轨顶高一般低于 350mm，略高于地面，乘客上下车非常方便。由于采用了交流传动和微机控制制动技术，并且在平顺的轨道上行驶，车辆在运行时的加速度和制动产生的减速度受到了严格的控制，其平稳性和舒适性明显优于公交汽车。

现代有轨电车系统融入无障碍人性化设计理念，关注弱势群体消费需要。由于采用100％低地板设计，各种辅助用车也能非常方便进出有轨电车，如图1-17所示，且在有轨电车内可以自由变换位置，充分体现社会发展的需求，符合人文关怀服务理念。

图1-17　婴儿车进出现代有轨电车车辆

1.2.3　借鉴及反思

近年来现代有轨电车以其"科技、人文、生态、高效"的特点，在我国呈现出快速发展的态势作为城市公共交通体系的重要组成部分，由于其运量适中，在城市公共交通体系中处于承上启下、分工协作的地位，有效构建了多模式、多层次的城市公共交通体系，为城市居民出行提供了多元化的选择。综合国内外现代有轨电车发展历程和运用经验，主要借鉴如下：

（1）有轨电车有效地填补了公共交通系统"运能链"和"速度链"的空白

随着城市的扩张，居民交通出行需求和平均出行距离也在不断增加，私家汽车数量的不断增长导致交通设施供给过度集中于道路机动化交通，使得公共交通优势越来越不明显，从而对城市的可持续发展产生了极大的威胁与挑战。城市空间层次化格局和居民交通出行需求多样化发展，需要不同速度、不同运能、不同运输距离的公共交通工具进行支撑。

现代有轨电车通过自由模块编组可实现单向0.5～1.5万人次/h的运能，属于中低运量范畴，相比较于轻轨的1～3万人次/h的运能，以及城市公交0.2～0.6万人次/h的运能，有轨电车可有效地填补公共交通"运能链"空白；同时，现代有轨电车最高运行速度达70km/h，平均旅行速度为18～25km/h，属于准快速范畴，相比较于地铁的30～35km/h、城市公交的12～15km/h的旅行速度，有轨电车可有效地填补公共交通"速度链"空白。因此，现代有轨电车在城市公共交通体系中可起到"承上启下"的作用。

在欧洲许多大中城市，都充分发挥现代有轨电车自身的优势，与地铁系统联合协调发展，将其逐步发展成城市快速轨道交通系统的衔接与补充，形成快速轨道交通、有轨电车和常规公交多网融合、多模式发展的城市公共交通体系。

因此，现代有轨电车与其他交通系统应建立良好的接驳关系，在交通节点形成良好的换乘环境。例如：公共汽车与有轨电车之间的同站台换乘，郊外有轨电车站旁设置小汽车、公共汽车、自行车停车场等，从而实现一体化接驳换乘。

（2）有轨电车线路为保证其"生命力"，需与城市重要交通枢纽相衔接

现代有轨电车系统属于城市公共交通产品，主要服务于城市居民的出行，因此线路要尽可能地与城市综合客运枢纽相衔接，并与城市快速轨道交通和常规公交相换乘，各自既分工明确又相互配合，共同提高公共交通效率，保证其"生命力"。如柏林、慕尼黑、斯图加特等城市的现代有轨电车均接入了铁路综合枢纽，并在枢纽体内实现"无缝换乘"，且慕尼黑有轨电车线路车站与地铁车站进行了地上、地下不同层次的立体换乘，并在有条件的地方与常规公交实现了同站台换乘（图1-18）。前文所提到的波尔多市、墨尔本有轨电车也与其他交通方式有良好的衔接条件。

图1-18　慕尼黑有轨电车换乘市郊铁路图

（3）现代有轨电车与城市、人和谐共处，相得益彰

在欧洲，现代有轨电车无处不在，大到数百万人口的国际大都市，小到十几万人口的小城市，都可以见到有轨电车运行的踪影。现代有轨电车的发展不单单局限于其交通功能的发挥，也注重与城市元素的融合，以达到带动城市更新的效果。如法国波尔多，1996年市政府决定改造城市公交系统，建设现代有轨电车带动城市更新，提升波尔多的旅游品质。波尔多城市公交系统改造计划成为了欧洲城市交通创新的窗口，其主要特点包括以下几个方面：

① 将城市建筑、景观与交通设施完美结合，注重现代有轨电车车辆外观与古建筑、桥梁及广场的有效融合，如前文中图1-5所示；

② 市中心3条现代有轨电车线路沿线的街道和广场限制机动车进入，使之成为"城市步行者的天堂"；

③ 以现代有轨电车线路为骨架重新构建城市公共交通网络，逐步形成功能清晰、衔接顺畅的多层级、立体化的公共交通网络。

现代有轨电车与其他机动车相比，具有固定的轨道，对于行人交通更加安全，行驶过程中零排放，低噪声，为沿线行人提供了更佳的步行环境；现代有轨电车在城市建筑物之间穿行，车与人"和谐共存"，犹如跳动的动脉增加了城市的灵性。

（4）有轨电车可以传承城市历史，打造城市名片

由于现代有轨电车主要采用地面敷设，国外很多城市非常注重将其与城市文化要素相融合，使现代有轨电车在成为城市动态风景的同时，展现了城市文化、营销城市品牌。墨尔本拥有世界上最大的有轨电车系统，市中心有专为游客设置的免费观光有轨电车线路，串联了市中心的各旅游景点，运行中的观光车辆成为墨尔本一道独特的动态风景线。另外，由于制造业的技术进步，现代有轨电车的外形可结合城市要素特征实现定制化设计，充分蕴含城市文化，彰显城市形象。例如，马赛的"乘风破浪型"、兰斯的"细长型香槟酒杯"、里昂的"蚕宝宝"等现代有轨电车外观设计，都体现了现代有轨电车与城市文化的融合与传承。

现代有轨电车在我国的发展目前步入快速期，但从已开通现代有轨电车的几个城市运营情况看，初期运营效果较一般，大部分城市把有轨电车线路布设在城市新区或城市边缘区，客运量不大，客运收入也不高，对解决城市交通拥堵、提高公共交通服务水平的作用也不明显。作为城市公共服务基础设施的投资决策，如果既不能有效解决城市交通拥堵的社会问题，又需要长期对其运营亏损进行补贴，政府将不可避免承受来自市民及舆论的压力。总体来看，现代有轨电车在国内的应用存在问题如下：

（1）孤立现代有轨电车系统发展和应用，忽略了资源整合效能

我国近年来开通运营的现代有轨电车线路大都处于城市边缘，从其运营情况来看，普遍存在运营初期客流支撑不足、服务功能得不到充分发挥、运营效益不高等问题。上海张江现代有轨电车于2009年年底开通运营，由于线路周边500m范围内为低密度的科技园区，人口和岗位覆盖率低，日均客流不到6000人次，线路客流强度不足0.1万人次/km·日。苏州高新区现代有轨电车1号线开通试运营一个月客流量为18.5万人次，日均客流为6000人次/日，客流强度为0.034万人次/km·日。这些已开通运营的现代有轨电车的客运收入不足抵消运营投入，基本处于亏损状态。

现代有轨电车的发展被孤立在城市外围或城市新区，缺少与城市中心区、客流集散量大的城市枢纽之间衔接，成了"叫好不叫座"的城市观光交通工具。因此，现代有轨电车的发展和应用需要协调处理"城市外围新区具有较好实施条件，但客流较少"与"中心城区客流需求旺盛，但实施空间不足"两者之间矛盾。

（2）对现代有轨电车系统特点认识不足，片面夸大了现代有轨电车的功能

现代有轨电车的一般运输能力为0.5~1.5万人次/h；而从目前已经开通运营现代有轨电车的城市看，除了大连有轨电车，大部分发车间隔在10min以上，高峰小时运输能力达不到0.5万人次/h。

根据对近年来国内开通的沈阳浑南、南京河西和苏州高新区现代有轨电车初期运营情况的调研，南京河西现代有轨电车1号线旅行速度为18~20km/h；提速后的沈阳浑南新区现代有轨电车最高旅行速度为24km/h，最低为19km/h；苏州高新区现代有轨电车2014年年底开通，由于交叉口和车站间距均较大，旅行速度最高达到27km/h。从实际运营效果来看，现代有轨电车的旅行速度普遍较低，旅客在途时间较长，并未达到社会公众对现代有轨电车"快速、准点、便捷、舒适、安全"的预期。

目前大部分城市开通运营的现代有轨电车线路长度在7~18km之间，少数线路长度在20km左右，国内单线运营里程最长为沈阳浑南新区有轨电车5号线，线路长度为21.1km。也有不少城市规划了多条线路长度大于30km的有轨电车线路，用于加强中心

城市与周边中小城镇之间的联系，但是有轨电车是否适合承担这样的功能，成为中长距离的客运主导方式值得商榷。

（3）首期线路的选择偏重考虑其实施性，对其建设时机及建设标准认识不足

由于受城市建筑和道路空间资源的制约，现代有轨电车线路难以引入城市人口密集、出行需求旺盛的城市中心区，而城市新区由于开发尚未完全成熟，交通体系不够健全，居民出行量相对较小，客流严重不足；因此，现代有轨电车先期实施线路的选择需要全面客观论证，依据需求主导、交通引导、投入产出、实施便捷等进行多因素比选，合理确定规划线路的建设时机，避免陷入尴尬的发展局面。

（4）过于片面追求技术先进性，对有轨电车发展方向和建设成本缺少控制

我国现代有轨电车多项关键技术并没有实现自主研发和国产化，而 100％ 低地板车辆和无触网供电制式等技术引进提高了车辆购置成本。

为了单一追求景观要求，我国目前修建的现代有轨电车均采用整体道床。由于整体道床的技术要求高，地基沉降标准严格（工后沉降不大于 50mm），在地质条件较差的地区，不仅需要增加道床混凝土工程数量，而且还会大幅度提高地基处理的工程造价。

为了保障有轨电车交通的快速、安全，通常需采用较多的工程措施减少社会交通对现代有轨电车的运行干扰，体现在设置更多的高架桥梁通过交叉口、把有轨电车隔离在既有道路外侧边缘、采用跨线桥或地下通道解决横向穿越以及采用车站售检票等措施，这些工程措施虽然提高了有轨电车运营效率和安全，但是提高了工程造价和后期维护费用，影响了旅客使用的便捷性。

（5）需要重新反思小汽车的作用，重新认识公共交通系统

现代城市中，当道路的修建速度再也无法赶上小汽车增长速度时，交通拥堵便会抵消了小汽车出行的优势，自由驾驶的需求被交通拥堵带来的沮丧所代替，由此带来的城市道路拥堵、空气污染、噪声振动、能源消耗、安全事故等指标快速上升，使城市品质急速下降。

公共交通系统和小汽车系统在出行理念上是截然相反的。公交系统要求每个乘客牺牲少许个人自由，大家共处在一个交通工具内，在不同交通工具间进行换乘，并通过步行或慢行系统到达目的地。这种系统虽然没有小汽车自由方便，但比小汽车占用的城市资源及产生的排放要小得多，更符合我国城市道路资源少、城市空间小、出行人数多的国情。现代有轨电车是城市公共交通系统的重要组成部分，也是城市发展过程中遇到障碍时理性回归的产物。我们需要重新审视城市公共交通发展政策，研究公交优先策略如何落实到具体的对策措施中。

综合近年来国内有轨电车的发展情况以及相关问题的反思，需要结合现代有轨电车的适应性，科学合理地定位其在城市公共交通中的应用，立足自身需要和长远发展，解决好功能定位，应以"快速、准点、便捷、舒适、安全"为建设目标。

1.3　编制目的与意义

现代有轨电车在我国的应用尚处于初期探索和经验积累阶段，在有轨电车规划设计、建设与运营管理方面尚无通用的国家级工程技术规范和标准。现代有轨电车工程建设大多

参照我国城市轨道交通技术标准。作为地面行走为主的现代有轨电车系统，与城市快速轨道交通系统相比存在较大差异，在工程技术指标、系统参数和关键技术等方面，需要总结和完善与现代有轨电车自身特点相适应的工程技术标准。

《现代有轨电车工程技术指南》的编制以江苏省目前已开通的南京河西新城现代有轨电车、苏州高新区有轨电车、淮安有轨电车的项目为基础，其突出意义体现在四个方面：

第一，总结规划、建设、运营及管理方面的经验教训，为江苏省现代有轨电车的科学发展提供技术支持。江苏省在全国较早开展了现代有轨电车的规划建设，已建成运营的现代有轨电车项目在车辆选型、供电制式、投融资、建设管理方面各有不同，特别是在新技术、新工艺和新材料的消化创新上做了很多工作，有不少经验教训，这些经验的总结将有利于后续项目的不断完善。

第二，提炼符合江苏省省情的现代有轨电车关键技术指标和参数，优化、规范有轨电车的建设。江苏省城镇化的发展处于全国前列，城市居民对公共交通的服务要求较高，现代有轨电车建设、运营应考虑江苏省的省情，在制式选择、列车编组、发车间隔、旅行速度以及造价控制等方面综合考虑，做到因地制宜。

第三，以《现代有轨电车工程技术指南》的推广运用为基础，为编制《江苏省有轨电车技术规程》作铺垫。《现代有轨电车工程技术指南》共11章，涵盖规划、线路、土建、机电等多个专业，对现代有轨电车的技术特点、运行参数及关键技术进行了系统阐述，通过各类方案的特点分析，研究了各种关键技术方案的适应性，并辅以多个应用案例的分析，进一步分析总结了各种专业技术方案的应用特点，进而将最终形成《江苏省有轨电车技术规程》，指导江苏省现代有轨电车的建设与发展。

第四，形成内容丰富的现代有轨电车工具书，为从业人员提供参考，助推行业发展。现代有轨电车起源于欧洲，由于我国国情的特殊性，我国各地对现代有轨电车的适用性、功能定位、规划方案的合理性、车辆及各专业制式的选择、运营管理等方面多有争议，制约了项目的决策过程，《现代有轨电车工程技术指南》较好地回答了上述问题，可以为相关人员提供参考。

1.4 适 用 范 围

适用于现代有轨电车规划、设计、建设、运营和管理等活动，可为项目决策、规划设计、建设和运营管理等提供参考，以及行车组织和运营管理提供借鉴指导，同时，也适合其他省份城市参考使用。

第2章 现代有轨电车运行特征

现代有轨电车的运行特征主要包括运行过程中的技术参数和适应性指标，是由现代有轨电车技术特点所决定的。表征现代有轨电车运行过程特征的主要参数有区间运行、车站起停、交叉口延误等，而表征其适应性特征的指标主要有发车间隔、旅行速度、运输能力和客流负荷强度等。本章在分析现代有轨电车与其他公共交通方式技术特性基础上，系统地阐述现代有轨电车运行特征，有利于把握现代有轨电车的适应性，科学合理定位现代有轨电车在城市公共交通体系中的应用。

2.1 与其他公共交通方式差异性分析

现代有轨电车与城市快速轨道交通及快速公交（BRT）在车辆技术性能、行车组织和运行控制方式上存在很大的差异。

（1）城市快速轨道交通系统。采用完全独立路权、固定闭塞或移动闭塞信号控制的交通系统，车辆设计最高运行速度为100km/h，最大加速度$0.9m/s^2$，最大减速度$0.9m/s^2$，停站时间为19s，司机换端走行时间为48s，车辆折返时间为60s，A型车车辆长度为21～24m，B型车车辆长度19～21m，C型车车辆长度15～19m，车辆使用年限一般为30年，车站间距在城市中心区或居民稠密地区一般为1km，在城市外围区一般为2km，超长线路的车站间距可适当加大。其中，区间长度、停站时间及折返时间是影响发车间隔和旅行速度的主要因素，如北京地铁4号线优化调整停站时间和折返时间后，高峰期发车间隔可达到2min，是目前国内运行效率最高的城市快速轨道交通线路。在运能等级上，Ⅰ类地铁系统线路单向运能达到4.5～7万人/h，Ⅱ类地铁系统单向运能达到2.5～5万人/h；在适应性与交通功能上，城市快速轨道交通适用于市区常住人口300万以上，地方财政一般预算内收入100亿以上的城市，主要服务于高峰小时单向客流量3万人次/h以上的客流廊道，承担城市公共交通骨干功能。

（2）快速公交（BRT）系统。采用混合或半独立路权、地面交通信号控制的城市快速公共交通系统，车辆设计最高运行速度为80km/h，通过交叉口最大速度为35km/h，最大加速度$2m/s^2$，最大减速度$2.5m/s^2$，车辆长度为9～18m，车辆平均使用寿命8～10年，车站间距介于常规公交车站与地铁车站之间，即在城市中心区一般为500～600m，在城市边缘区则在800m左右。由于BRT是在既有道路中通过开辟专用道路空间来实现快捷、准时的服务，因此道路交通环境及车辆性能是影响BRT运行效率的主要因素，同时因BRT车辆加、减速度大，制动距离短，并可以利用其他车道进行超车和并行，因此BRT系统可以采用高密度发车提高其运输能力。在运能等级上，根据国内已开通运营的BRT工程实践，单向运能达到1.0万人次/h；在适应性与交通功能方面，BRT系统适用于高峰小时单向客流量0.6～1.0万人次/h左右的客流廊道，在中小城市能够承担公共交通骨干功能，在大城市能够承担快速轨道交通的延伸、补充、联络和过渡功能。但 BRT 系统也存在需开辟专用车道，挤占既有道路空间资源，在平峰时段专用车道利用率不高等不足。

（3）现代有轨电车系统。采用半独立路权形式，即一般路段采用隔离形式的专用路权方式，而在交叉口通常采用与社会车辆共享路权的方式，按照信号控制通过，车辆设计最高运行速度为 70km/h，通过交叉口最大速度为 35km/h，最大加速度 1.0m/s²，最大减速度 1.2m/s²，停站时间为 30s，司机换端走行时间为 45s，车辆折返时间为 22s，5 模块车辆长度约 33m，7 模块车辆长度约 44m，车辆使用年限一般为 30 年，车站间距与 BRT 车站基本相当，在城市中心区或城市新区内部一般为 500～800m，在城市新区与主城区之间可适当加大至 1km 以上。由于现代有轨电车主要依靠司机瞭望驾驶，且在交叉口主要采用信号控制的混行方式，因此，交通环境、车辆折返时间、停站时间和交叉口延误是影响其运行的主要因素。在运能等级上，单向运能达到 1.0 万人次/h；在适应性与交通功能上，现代有轨电车适用于高峰小时单向客流量 0.5～1.0 万人次/h 的客流廊道，在大城市承担快速轨道交通加密、补充功能，在城市外围承担快速轨道的延伸功能，在城市新区或中小城市承担区域内部骨干公共交通功能。

三种不同制式公共交通方式的基本参数比较如表 2-1 所示。

快速轨道交通、BRT、现代有轨电车运行基本参数表 表 2-1

指　　标	快速轨道交通		BRT	现代有轨电车	
最高运行速度(km/h)	100		80	70	
通过交叉口最大速度(km/h)	—		35	35	
最大加速度(m/s²)	0.9		2	1.0	
最大减速度(m/s²)	0.9		2.5	1.2	
车辆停站时间(s)	19		—	30	
司机换端走行时间(s)	48			45	
车辆折返时间(s)	60		—	22	
车辆长度(m)	A 型车	21～24	9～18	5 模块	33
	B 型车	19～21		7 模块	44
	C 型车	15～19		5+5 模块	66
车辆使用寿命(年)	30		8～10	30	

2.2　现代有轨电车运行的主要技术参数

现代有轨电车系统运行技术的参数主要包括交叉口延误、车辆停站延误、起停附加时间和车辆折返延误等，这些参数是影响现代有轨电车运行特征的重要参数。

（1）交叉口通行延误

现代有轨电车线路一般结合城市道路网规划，敷设在城市道路上，在平面交叉口通常采用混合路权方式与社会车辆按照交通信号通行。影响现代有轨电车交叉口通行延误的信号控制策略主要分为定时信号控制、相对信号优先和绝对信号优先三种策略。

① 交叉口定时信号控制策略。现代有轨电车线路与城市主干路等交通流量大的道路

相交时，为了保证地面交通良好的运转，减少对被交道路的交通影响，通常采用与社会车辆按照固定配时方案的信号控制策略即不实施信号优先通过交叉口。

② 交叉口相对信号优先策略。现代有轨电车与次干路、支路等交通流量相对较小的道路相交时，为提高其运营效率，一般可以采用相对信号优先策略。

相对信号优先是通过延长现代有轨电车绿灯相位或缩短红灯相位来保证现代有轨电车通行。延长绿灯相位：当现代有轨电车在绿灯相位快结束到达交叉口时，延长该绿灯相位，实现不停车直接通过交叉口，如图 2-1 所示。缩短红灯相位：当现代有轨电车在红灯相位到达交叉口时，提前开启绿灯相位，最大限度减少现代有轨电车停车等待时间，实现优先通过。

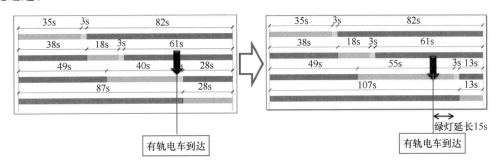

图 2-1 绿灯延长策略案例

③ 交叉口绝对信号优先策略。当现代有轨电车在红灯相位到达交叉口时，在红灯相位中插入一个现代有轨电车专用相位或其他优先通过方式，实现现代有轨电车不停车直接通过交叉口，待现代有轨电车完全通过后，按照原有相位顺序继续运行。

若现代有轨电车相位绿信比（指现代有轨电车车辆通过的绿灯相位时长与信号周期的比值）取值为 0.2～0.3，则三种信号策略下的交叉口通行延误时间分别如表 2-2 所示。

不同信号控制策略下的交叉口延误　　　　　　　　　　　　　　　　表 2-2

信号控制策略	定时信号控制	相对信号优先	绝对信号优先
平均延误时间（s）	39.6	22.4	0
平均延误次数（次）	0.77	0.36	0

（2）车辆停站延误

现代有轨电车停站时间是指车辆进入车站至离开车站所有停车作业的时间总和，主要由开门时间、乘客上下车时间、关门时间、启动时间等构成。直接影响全程旅行时间和旅行速度。影响现代有轨电车停站时间的因素主要包括：高峰小时车站的上下人数、高峰小时列车开行对数、车站的售检票系统、车票制式。

① 车上售检票单一票价制：

$$t_{停站} = [\max(P_上/N \cdot n_上 \cdot T_上, P_下/N \cdot n_下 \cdot T_下) \cdot K] + T_1 \qquad (2-1)$$

式中　K——不均匀系数，用以描述乘客在站台上的不均匀分布对上下车时间的影响，一般取 1.3～1.7；

　　　N——高峰小时开行的列车对数；

　　　T_1——开关门反应及动作时间。对于一般性车站，开门时间一般取 3s，预告和关门时间取 3s，各车门上下客不均衡延误时间取 3s，关门后列车启动反应时间取 2s。对于采用安全门的车站，初期停站时间在非安全门车站的停站时间基础上增加 4s，远期增加 3s；

$P_上$——高峰小时上车乘客数（取早、晚高峰最大值）（人/h）；

$P_下$——高峰小时下车乘客数（取早、晚高峰最大值）（人/h）；

$n_上$、$n_下$——分别为上客车门数量和下客车门数量（条）；

$T_上$——乘客上车时间，一般取 1.4s/人；

$T_下$——乘客下车时间，一般取 0.6s/人。

② 车外售检票

$$t_{停站} = [(P_上 + P_下)/N \cdot n \cdot K] \cdot (T_上 + T_下)/2 + T_1 \tag{2-2}$$

式中　$T_上$、$T_下$——取值均为 0.6s/人，其他参数取值同上。

③ 车外售票/车上检票

若采用车外售票/车上检票方式时，乘客在车站刷卡付费并获得付费凭证，在车上由工作人员检票。此方式下，列车停站时间和车上售检票一致。

以上几种情况的停站时间如表 2-3 所示。

不同售检票模式下的停站时间 表 2-3

参数设置	$P_上$	$P_下$	$n_上$	$n_下$
	20 人	20 人	2	3
测算结果	车上售检票		车外售检票	
	单一票价制	计程票价制		
	40s	45s	25s	

由此可见，车外售检票比车上售检票的时间节约 15～20s，但需要在站台配置售检票设备与监管人员，运营成本将会有所提高。

（3）起停附加时间

起停附加时间指列车起动附加和停车附加时间的总和。

列车起动附加时间是指车辆启动并加速到正常行车速度所需要的时间，与车辆按正常行车速度行驶通过该段起动距离之间的时间差，如式（2-3）所示。

$$t_{起加} = t_起 - t_通 \tag{2-3}$$

式中　$t_{起加}$——车辆起动附加时间（min）；

$t_起$——车辆启动并加速到正常行车速度所需的时间（min）；

$t_通$——车辆按正常行车速度通过车辆起动距离的时间（min）。

车辆停车附加时间是指车辆在按正常行车速度行驶时，从制动开始到车辆停车静止所需的时间，与车辆按正常行车速度通过该段停车距离的时间差，如式（2-4）表示：

$$t_{停加} = t_停 - t_通 \tag{2-4}$$

式中　$t_{停加}$——车辆停车附加时间（min）；

$t_停$——车辆从制动开始到完全停车为止所需要的时间（min）；

$t_通$——车辆按正常速度通过停车距离所需要的时间（min）。

现代有轨电车平均启动加速度为 1.0m/s²，制动减速度为 1.2m/s²，基于以上参数，测算不同速度下的起停附加时间，即起动附加时间与停车附加时间的和。当车辆运行最高速度为70km/h时，起停附加时间合计为18s。另外，出于安全考虑，在现代有轨电车通过交叉口时需保证其速度不高于35km/h，所以当车辆最高速度70km/h时，减速至35km/h通过交叉口后再加速至70km/h需要加减速附加时间为15s。

（4）车辆折返延误

折返是在现代有轨电车到达终点站后，通过折返线与渡线转换至对向轨道的过程。折返时间包括司机换端走行时间45s与车辆折返作业时间22s。因此，现代有轨电车受折返时间制约的最小发车间隔不应小于其折返总时间67s。

（5）区间行驶时间

现代有轨电车站间距为站点与站点之间的距离，城市内部站间距一般取500~800m；城市外围，由于沿线客流量小、城市功能节点分布相对较少，站间距相对较长，一般在1000m以上。车辆在不同长度的区间运行时间如表2-4所示。

现代有轨电车区间运行时间表

表2-4

区间长度（m）	400	600	800	1000	2000
运行时间（s）	38	49	60	70	120

2.3 主要运行指标的计算与分析

现代有轨电车一般沿城市道路敷设，其运行不仅受到停站时间、折返能力等指标影响外，还受到平交路口通行能力的影响，而平交路口通行能力主要受到交叉口信号控制策略、信号相位时长以及车辆通过交叉口的时间等因素的影响。因此，现代有轨电车运行指标的计算要综合考虑道路交通环境。根据现代有轨电车行车延误分析，通过设定相关的运行环境参数可以模拟计算现代有轨电车组·最小发车间隔、旅行速度、车辆配属、运输能力和客流负荷强度等指标。

2.3.1 最小发车间隔

最小发车间隔是决定现代有轨电车开行对数和运输能力的重要参数。综合考虑交叉口延误、车辆停站、区间运行和车辆折返时间等因素的影响，现代有轨电车最小发车间隔应为不同影响因素所需时间的最大值，如式（2-5）所示。

最小发车间隔 ＝ max｛交叉口通行延误,停站时间,区间行驶时间,车辆折返延误｝

(2-5)

根据上述行车延误分析，交叉口通行延误是主要影响因素，按照不同的信号控制策略，最小发车间隔计算如表2-5所示。

现代有轨电车最小发车间隔计算表

表2-5

信号控制方式	绿信比	最小发车间隔（min）		
		模块　　　相交车道数	4车道	6车道	8车道
绝对信号优先	—	2		

信号控制方式	绿信比	最小发车间隔（min）			
		模块 \ 相交车道数	4 车道	6 车道	8 车道
相对信号优先	0.3	5 模块	2.0	2.3	2.3
		7 模块	2.1	2.3	2.4
		5+5 模块	2.3	2.5	2.5
	0.25	5 模块	2.6	2.8	2.8
		7 模块	2.6	2.8	2.9
		5+5 模块	2.8	2.9	3.2
	0.2	5 模块	3.2	3.5	3.5
		7 模块	3.5	3.5	3.8
		5+5 模块	3.5	3.8	4.2
定时信号控制	0.3	5 模块	3.0	3.3	3.3
		7 模块	3.2	3.3	3.5
		5+5 模块	3.3	3.8	3.8
	0.25	5 模块	3.8	4.0	4.0
		7 模块	3.8	4.0	4.3
		5+5 模块	4.0	4.3	4.6
	0.2	5 模块	4.6	5.0	5.0
		7 模块	5.0	5.0	5.5
		5+5 模块	5.0	5.5	6.0

通过分析可知，对于交叉口信号绝对优先策略，折返和区间运行是影响现代有轨电车最小发车间隔的主要因素，当区间长度大于 1000m 时，区间运行时间是主要影响因素；当区间长度小于 1000m 时，折返是主要影响因素。因此，在交叉口绝对信号优先策略的情况下，考虑到现代有轨电车运营安全，建议最小发车间隔不低于 2min。

在交叉口相对信号优先策略与定时信号控制策略的情况下，道路交叉口通行延误是决定现代有轨电车最小发车间隔的最主要因素。综合表 2.5 的计算结果，在定时信号控制策略、被交道为 8 车道和绿信比为 0.2 最不利条件下现代有轨电车的最小发车间隔为 6min；在相对信号优先的策略下，最不利情况下的最小发车间隔为 4.2min。

根据以上计算分析，综合考虑交通负荷状态、交通组织状况、现代有轨电车运行安全和运营效率等因素，在交叉口相对信号优先的控制策略下，现代有轨电车的最小发车间隔不宜小于 5min。建成初期最小发车间隔在高峰时段不宜大于 8min，平峰时段不宜大于12min。远期高峰时段不宜大于 5min，平峰时段不宜大于 10min。

2.3.2 旅行速度及车辆配属

（1）现代有轨电车的旅行速度

旅行速度应等于全线长度与全线单向单次旅行时间的比值，全线单向单次旅行时间应等于列车以最高速度通过全线的时间、各站点停车时间、各路口延误时间、每次停车、减速前后的起停附加时间和加减速附加时间、单次折返时间的总和，如式（2-6）所示。

$$V_{旅行} = L_{线路}/(\sum t_{停站} + \sum t_{延误} + n_{减速}t_{加减} + n_{停车}t_{起停} + t_{折返}) \qquad (2\text{-}6)$$

在三种不同信号优先策略下，交叉口间距按 400～800m，站间距按 500～1000m，计算现代有轨电车旅行速度结果如表 2-6 所示。

旅行速度计算评价表 　　　　　　　　　表 2-6

交叉口间距（m）	站间距（m）					
	500	600	700	800	900	1000
定时信号						
400	12.95	13.43	13.80	14.09	14.32	14.51
500	14.67	15.29 *	15.77 *	16.15	16.46	16.72
600	15.68	16.85 *	17.44 *	17.90	18.28	18.59
700	16.50	17.80	18.86	19.40	19.85	20.22
800	17.16	18.58	19.73	20.70	21.21	21.64
相对信号优先						
400	15.79	16.51	17.07	17.52	17.88	18.18
500	17.53	18.43 *	19.13 *	19.69	20.14	20.53
600	18.35	19.97 *	20.79 *	21.46	22.00	22.46
700	18.98	20.72	22.18	22.93	23.56	24.08
800	19.49	21.33	22.87	24.18	24.88	25.46
绝对信号优先						
400	19.16	20.94	22.42	23.68	24.77	25.70
500	19.96	21.89 *	23.52 *	24.91	26.11	27.16
600	20.53	22.58 *	24.32 *	25.81	27.10	28.22
700	20.95	23.10	24.92	26.48	27.84	29.04
800	21.29	23.50	25.39	27.02	28.43	29.68

注：深色阴影部分数据服务水平较差；浅色阴影部分数据表示服务水平较好；数据标 * 表示常规站点与交叉口间距范围。

由表 2.6 可知，交叉口间距和站间距是影响现代有轨电车旅行速度的主要因素。当交叉口间距低于 500m 时，在定时信号控制策略下，旅行速度均低于 18km/h，即便在相对信号优先策略下，也有 50% 的测算结果低于 18km/h。影响旅行速度的另外一个重要因素是站间距，根据表 2-6 的测算结果，当站间距小于 700m 时，站间距对于旅行速度影响较大，而超过 700m 时影响较小，因此 700m 的站间距是旅行速度计算的中位线。为了获得较为理想的旅行速度，建议敷设现代有轨电车线路的平面交叉口间距不低于 600m，平均设站距离不低于 700m。

① 在正常的定时信号控制策略下，旅行速度较低，超过 1/2 测算结果小于 18km/h，交叉口平均间距 500～600m，车站平均间距为 600～700m，旅行速度仅为 15.3～17.4km/h。

② 在相对信号优先策略下，旅行速度有一定提升，1/3 测算结果低于 18km/h，1/3

测算结果超过 22km/h。旅行速度仅为 18.4～20.8km/h，较定时信号控制策略下提高约 20%。

③ 在绝对信号优先策略下，超过 1/2 测算结果大于 22km/h。旅行速度为 21.9～24.3km/h，较相对信号优先策略下提高约 18%。

由此可见，采用信号优先策略有利于提高现代有轨电车的旅行速度。根据以上分析计算，综合考虑公共交通相关规定及现代有轨电车的实际运行效果，建议针对现代有轨电车旅行速度设定评级标准：当旅行速度小于 15km/h 时，与常规公交的运营速度相当，服务水平定级为较差；在 15～20km/h 范围内，服务水平一般；在 20～25km/h 范围内，可以定位为快速公交系统，服务水平定级为良；当旅行速度大于 25km/h 时，服务水平定级为优。因此，为保持现代有轨电车"快速"、"准点"、"便捷"、"舒适"的性质，在条件许可情况下，建议现代有轨电车的旅行速度目标值不低于 25km/h。

（2）车辆配属

车辆配属是现代有轨电车行车组织的重要参数，不仅关系到工程造价，还影响到车辆基地规模及运营维护的成本。因此，合理配属车辆不但能够节省车辆采购费用，还能节约土地资源。现代有轨电车系统车辆配属与车辆的旅行速度与发车间隔有关，具体计算公式如式（2-7）所示：

$$车辆配属 = 1/（旅行速度 \times 发车间隔）\qquad (2-7)$$

根据最小发车间隔，在不同的旅行速度下，最大的车辆配属如表 2-7 所示。

不同速度与发车间隔下车辆配属（辆/km）　　　　　　表 2-7

速度（km/h） 间隔（s）	18	19	20	21	22	23	24
4	0.83	0.79	0.75	0.71	0.68	0.65	0.63
4.5	0.74	0.70	0.67	0.63	0.61	0.58	0.56
5	0.67	0.63	0.60	0.57	0.55	0.52	0.50
6	0.56	0.53	0.50	0.48	0.45	0.43	0.42
7	0.48	0.45	0.43	0.41	0.39	0.37	0.36
8	0.42	0.39	0.38	0.36	0.34	0.33	0.31
9	0.37	0.35	0.33	0.32	0.30	0.29	0.28
10	0.33	0.32	0.30	0.29	0.27	0.26	0.25

根据以上计算，初期高峰时段最小发车间隔按照 8min，旅行速度为 20km/h 时，单向单公里车辆配属宜为 0.4 辆；远期最小发车间隔为 5min，旅行速度仍保持 20km/h 时，单向单公里车辆配属宜为 0.6 辆，旅行速度越高，所需车辆配属越少。

2.3.3　运输能力

现代有轨电车运输能力为单位小时能够运送的最大旅客人数，不但与最小发车间隔有关，还与车辆的最大载客量有关。具体关系如式（2-8）所示。

$$运输能力（万人次/h）= 列车最大载客量（人次）\times（60/最小发车间隔）/10000 \qquad (2-8)$$

不同模块的车辆，最大载客量不同。当采用 6 人/m² 的站立标准时，5 模块、7 模块及 5＋5 模块车辆最大载客量分别为 300 人、400 人及 600 人。基于以上分析，现代有轨电车不同运行条件下的运输能力如表 2-8 所示。

现代有轨电车最大运输能力计算表 表 2-8

信号控制方式	绿信比	最大运输能力（万人次/h）			
		相交车道数 模块	4 车道	6 车道	8 车道
绝对优先	—	5 模块	0.9		
		7 模块	1.20		
		5＋5 模块	1.8		
相对信号优先	0.3	5 模块	0.87	0.78	0.78
		7 模块	1.15	1.07	1.03
		5＋5 模块	1.56	1.38	1.38
	0.25	5 模块	0.69	0.63	0.63
		7 模块	0.94	0.86	0.82
		5＋5 模块	1.26	1.20	1.08
	0.2	5 模块	0.54	0.51	0.51
		7 模块	0.70	0.70	0.62
		5＋5 模块	1.02	0.90	0.84
定时信号控制	0.3	5 模块	0.60	0.54	0.54
		7 模块	0.78	0.74	0.70
		5＋5 模块	1.08	0.96	0.96
	0.25	5 模块	0.48	0.45	0.45
		7 模块	0.66	0.62	0.57
		5＋5 模块	0.90	0.84	0.78
	0.2	5 模块	0.39	0.36	0.36
		7 模块	0.49	0.49	0.45
		5＋5 模块	0.72	0.66	0.60

表 2-8 的计算结果表明：

（1）在绝对信号优先策略下，5 模块现代有轨电车运输能力为 0.9 万人次/h；7 模块为 1.2 万人次/h。绝对信号优先策略相当于全线独立路权，实际应用较少。

（2）在相对信号优先策略下，5 模块现代有轨电车运输能力为 0.5～0.8 万人次/h；7 模块为 0.7～1.2 万人次/h。相对信号优先是现代有轨电车交叉口控制常用的策略，既能保障现代有轨电车的旅行速度，又能提高运输能力。

（3）在定时信号控制策略下，5 模块有轨电车运输能力为 0.36～0.60 万人次/h；7 模块为 0.45～0.78 万人次/h。因此，在定时信号控制策略下，现代有轨电车的运能较小，运输效率低，其运输能力仅相当于常规公交。

此外，在相对信号优先和两辆 5 模块的车辆连挂（即 5＋5 模块）的情况下，现代有轨电车的运输能力能够达到 1.0～1.5 万人次/h；但多模块车辆连挂对车站长度要求较高，交叉口通行时间较长，实际应用较少。

以色列有轨电车如图 2-2 所示，采用两辆 5 模块的车辆连挂形式，一列车的额定载客量 600 人，车辆长度约 70m，站台长度有 35m 和 70m 两种形式。

图 2-2　以色列有轨电车案例

2.3.4　客流负荷强度

客流负荷强度是表征现代有轨电车系统所承担交通荷载能力的重要指标，是确定现代有轨电车线网功能、交通制式、建设时机和运营组织的关键因素。现代有轨电车系统客流负荷强度的主要影响因素包括运输能力、发车间隔、服务水平、客流变化规律及旅客出行距离与时间等。

按照初期和远期两个运营阶段，采用"服务水平极限法"，即假定合理的极限服务水平，计算现代有轨电车线路最大和最小负荷强度。客流强度计算公式如式（2-9）所示：

$$I = \frac{p_e n_t b_t}{\overline{L}_t} + \frac{p_f n_f b_f}{\overline{L}_f} \tag{2-9}$$

式中　I——客流强度，万人次/（km·日）；

　　　p_e——站席标准，近期取 4 人/m²，远期取 6 人/m²；

　　　n_t——高峰通过的列车数（列）；

　　　b_t——高峰车辆满载率，取值 0.75～0.9；

　　　$\overline{L}_t$——高峰平均出行距离（km）；

　　　n_f——平峰通过的列车数（列）；

　　　b_f——平峰车辆满载率，取值 0.35～0.5；

　　　$\overline{L}_f$——平峰平均出行距离（km）。

计算结果如表 2-9 所示。

现代有轨电车客流强度计算　　　　　　　　　　　表 2-9

主要指标			5 模块		7 模块	
			初期	远期	初期	远期
高峰时段	服务水平	运营时间	6：00～22：00			
		站立标准（人/m²）	4	6	4	6
		发车间隔（min）	8	5	8	5
		平均乘距（km）	7.5	7.5	7.5	7.5
		车辆容量（m²）	50	50	70	70
		单车运输能力（人次/辆）	200	300	280	420
		高峰运营占比	0.3	0.3	0.3	0.3
		高峰满载率	0.7	0.9	0.7	0.9
		高峰配车（辆/h）	7.5	12	7.5	12
		高峰用车（辆/h）	36	58	36	58

主要指标			5模块		7模块	
			初期	远期	初期	远期
平峰时段	服务水平	站立标准（人/m²）	4	6	4	6
		发车间隔（min）	12	8	12	8
	平均乘距（km）		8.5	8.5	8.5	8.5
	单车运输能力（人次/辆）		200	300	280	420
	平峰运营占比		0.7	0.7	0.7	0.7
	平峰满载率		0.3	0.5	0.3	0.5
	平峰配车（辆/h）		5	8	5	8
	平峰用车（辆/h）		56	84	56	84
客流强度〔万人次/（km·日）〕			0.21	0.71	0.3	1.0

表 2-9 计算结果表明：

（1）若采用 5 模块车型，在服务水平下限即站席标准为 4 人/m²，高峰发车间隔 8min，平峰发车间隔 12min 时，客流强度最低为 0.21 万人次/（km·日）；

（2）远期当服务水平采用站席标准为 6 人/m²，高峰发车间隔 5min，平峰发车间隔 10min 时，客流强度最低为 0.71 万人次/（km·日）；

（3）当客流强度超过 0.71 万人次/（km·日），小于 1.0 万人次/（km·日）时，建议采用 7 模块车型。

（4）从实际运营经验来看，现代有轨电车运营成本每公里为 200～300 万元/年，且在不同程度上受运营管理人员配备数量、发车间隔、编组以及速度等方面的影响。运营票价参照常规公交票价计 2 元/人，则若不考虑其他收支，系统运量最少需达到 150～200 万人次/年，折合客流强度为 0.4～0.55 万人次/（km·日）。根据以上分析研究，现代有轨电车适宜的负荷强度为 0.2～1.0 万人次/（km·日）。

2.4　现代有轨电车运行特征总结

根据对现代有轨电车适应性相关的发车间隔、旅行速度、运输能力和客流强度等关键性指标研究，得出主要结论：

（1）最小发车间隔

影响现代有轨电车最小发车间隔的主要因素包括交叉口通行、车辆停站、区间行驶、车辆折返等时间延误，其中交叉口的通行延误是最主要的因素。现代有轨电车作为中低运量的城市公共交通系统，在相对信号优先策略下，现代有轨电车最小发车间隔不宜小于 5min，建成初期高峰时段最小发车间隔不宜大于 8min，平峰时段的最大发车间隔不宜大于 12min。远期高峰时段最小发车间隔不宜大于 5min，平峰时段最大发车间隔不宜大于 10min。

（2）旅行速度

在交叉口平均间距 500～600m，车站平均间距为 600～700m 情况下，当执行正常的定时信号控制策略，旅行速度为 15.3～17.4km/h。当执行相对信号优先策略，旅行速度为 18.4～20.8km/h，较定时信号控制策略下提高约 20％；当执行绝对信号优先策略时，旅行速度可增加到 21.9～24.3km/h。由此可见，现代有轨电车的旅行速度范围为 15～25km/h。

基于现代有轨电车的功能定位及其技术特点，建议在条件许可情况下，把旅行速度不低于 25km/h 作为设计阶段速度目标值。当旅行速度低于 25km/h 时，通过采取信号优先策略、减少平面交叉口和设站数量等措施，提高旅行速度以保障其服务质量与竞争优势。对于运行时间要求更高的线路，还可以通过采用立体交叉、站台售检票和跨站运行等方式，使旅行速度目标值达到 25km/h 以上。

（3）运输能力和车辆配属

当全线采用相对信号优先策略时，载客量为 300 人的车辆高峰小时单向合理的运输能力为 0.5～0.8 万人次/h；载客量为 400 人的车辆的最大运输能力不高于 1.2 万人次/h。

当旅行速度为 20km/h，初期高峰时段最小发车间隔为 8min 时，单向单公里车辆配属宜为 0.4 辆，当远期最小发车间隔调整为 5min 时，单向单公里车辆配属宜为 0.6 辆。

（4）客流负荷强度

作为地面轨道交通系统，现代有轨电车系统运输能力受交叉路口、车站、配线等因素影响最大，高峰小时的运量在 0.5～1.5 万人次/h，初期客流强度在 0.2 万人次/（km·日）左右，远期最大负荷强度不高于 1.0 万人次/（km·日）。

考虑现代有轨电车的运营效益和实际运输能力，如果拟建线路预测远期客流强度低于 0.4 万人次/（km·日），不建议采用现代有轨电车制式；当远期客流超过 1.0 万人次/（km·日），说明该廊道客流需求超越了中低运量的现代有轨电车线的服务能力，建议在轻轨和地铁方式之间进行综合选择。若初期客流负荷强度低于 0.2 万人次/（km·日），则不宜作为现代有轨电车近期实施线路。

第3章 现代有轨电车功能定位

本章从城市空间拓展、交通资源集约化利用、综合交通体系发展等方面，结合国内外相关案例，分析现代有轨电车在城市公共交通体系中的角色定位，总结现代有轨电车在城市发展中的适应性；针对不同的城市规模、经济发展水平和区位条件等，阐述现代有轨电车的功能定位、规划建设条件和建设原则。并以江苏省相关城市为例，探讨城市公共交通体系的影响因素及发展模式，利用模糊层次分析法，研究不同类型城市的公共交通体系适宜的发展模式。

3.1 现代有轨电车系统在公共交通体系中的角色定位

我国城市公共交通体系已由常规公共汽车交通为主体的单一模式，向包括城市快速轨道交通、快速公交、常规公交和出租车等多模式、多层次方向发展，但是城市公共交通整体发展形势不容乐观。虽然各个城市公交车数量、公交线路长度都在逐年增长，近年来很多城市地铁建设也加快了发展速度，有些城市已经形成了一定的规模，但大部分城市的公共交通客运总量依旧增长缓慢，公共交通出行比重低；面对城市化、机动化进程的加速，公共交通在运输能力、运营效率和服务水平方面不能适应城市交通需求，城市公共交通的系统结构和发展方向需要不断的优化与调整。

现代有轨电车具有运量适中、建设周期短、投资省和见效快的特点。在公共交通体系中，其技术特点和运行特征决定了其处于城市公共交通体系的中间层次，弥补快速轨道交通与常规公交之间速度和运能的空白。现代有轨电车系统在城市公共交通体系中的角色如图3-1所示。

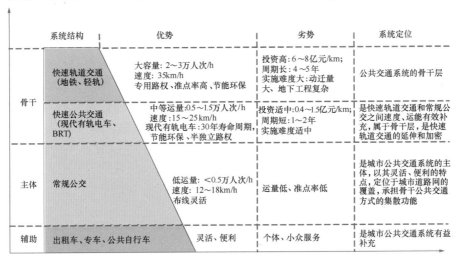

图 3-1 公共交通系统层次结构图

由于现代有轨电系统在城市公共交通体系中处于中间层次，因此，现代有轨电车在城市公共交通体系中的应用需要协调处理与上层的城市快速轨道交通及作为公共交通主体的常规公交的关系，在总体发展规划体系下确定现代有轨电车的应用模式和线网布局思路。

3.2 现代有轨电车的适应性

现代有轨电车属于地面轨道交通系统，作为电力驱动的城市公共交通方式，与小汽车相比，具有环境污染小、运量大、出行效率高和乘坐舒适的优势，能够有效提高公共交通服务水平。通过对现代有轨电车系统技术特点、运行特征及相关指标分析，现代有轨电车在我国城市中的适应性主要包括以下几个方面：

（1）现代有轨电车能够适应城市发展对环境的要求。

现代有轨电车与旧式有轨电车相比较，在舒适度、运行速度和安全性能等方面有了较大创新和突破，更加符合城市居民出行要求。与常规公交或快速公交（BRT）相比，现代有轨电车无尾气排放，车外噪声小于 70db（A），低于城市快速轨道交通（地铁、轻轨），具体环境指标如表 3-1 所示。

现代有轨电车与其他公共交通环境影响对比表　表 3-1

指　　标	BRT	现代有轨电车	轻轨	地铁
环境污染	较低	较低	低	低
车外噪声（db（A））	≥90	≤70	≤80	80～85
尾气排放（g/km/人）	约15	无	无	无

节能减排和生态环境的建设，已经成为城市宏观发展及可持续发展的要求；打造生态宜居的城市，提升人们的生活品质，成为城市的发展目标。现代有轨电车相对于地面上运营的其他交通方式，在人均能耗、噪声、废气排放上都具有显著的优势，有利于改善城市环境。另外，现代有轨电车可通过定制化方式设计与城市特征、景观条件相适应的车型外观，传承和发扬城市历史文化，使得现代有轨电车系统可以像建筑、景观一样成为城市的名片。因此，现代有轨电车非常适应城市发展对环境的要求，属于环境友好型的绿色出行交通方式。

（2）现代有轨电车能够适应城市空间演化对公共交通发展的要求。

城市空间布局特征与交通工具发展及出行方式结构的变化密切相关，主导交通方式影响着城市形态的拓展速度和形式，同时城市空间布局又反作用于城市交通方式的选择。一方面，现代有轨电车的建设会带动沿线土地的利用和开发，是以公共交通为导向的发展模式（TOD）的最直接体现；另一方面，城市空间格局的演变也会引导现代有轨电车线网布设。通过双向互动，达到因地制宜、整体最优的目标。我国长春、大连、天津、上海、北京、广州等城市都进行了现代有轨电车线网布局规划。结合现代有轨电车在国内外的实际应用情况，现代有轨电车在各种城市空间结构的应用如表 3-2 所示。

现代有轨电车应用分析　表 3-2

适用地区	角色定位	应用城市
中小城市	承担主城区内部主要的客流需求，提供主线专用路权和快捷、高容量的运营服务	瑞典哥德堡、德国波恩、澳大利亚墨尔本、法国南特、中国江苏淮安

适用地区	角色定位	应用城市
大城市	加强市区外围地区与主城区之间的联系，构建骨干线网作为市郊与市中心的联络路线	美国圣地亚哥、波特兰、圣克拉拉、英国曼彻斯特、日本广岛、中国江苏南京
大城市外围	组团之间快速交通联系方式，减少市中心不必要的穿越交通量，构建可达性高、造价低的都市外环路线	法国巴黎、比利时布鲁塞俄、德国柏林、中国北京、中国上海
城市新区	周边新型及工业园区类似独立的中小型城市，客运需求量较小，采用专用路权、快捷、高容量的运营服务	英国伦敦、Croydon、Dockland，天津泰达工业开发区、中国江苏苏州高新区
特殊地区	供游客观光的现代有轨电车、与国铁共线运营现代有轨电车	澳大利亚悉尼、德国萨尔布吕肯、中国陕西西安曲江新区

（3）现代有轨电车能够适应道路交通资源集约化利用的要求。

现代有轨电车具有转弯半径小、轴载轻的特点，可以利用既有的城市道路进行灵活布设，既可以利用道路中分带布置在道路中央，也可以利用侧分带或路边绿化带布置在道路一侧，在道路用地资源比较紧张的路段也可以布置在既有车道上，与社会车辆共享路权。因此，现代有轨电车系统能够灵活适应城市道路规划。南京河西新城现代有轨电车1号线路中敷设效果如图3-2所示。

利用道路绿化带进行敷设时，不需要扩建城市道路，仅适当调整布置道路断面即可为城市交通增加运能。重新布置的绿化带（草地、灌木、乔木）仍然是城市生态系统的重要组成部分，对道路交通而言也有降噪、吸尘、减少雨水冲刷、涵养水源的作用。现代有轨电车与绿化带集约共用地块形成了真正的绿色交通系统，这对土地资源稀缺、空气污染严重、道路交通拥堵的城市显得尤为重要。

图3-2 南京河西新城现代有轨电车

（4）现代有轨电车能够适应城市多模式、多层次的综合交通体系构建的要求。

城市快速轨道交通逐步成为我国大城市、特大城市缓解交通拥堵、减少环境污染等社会问题的主要解决方案。快速轨道交通由于具有快捷、准点和运量大的特点，逐步成为城市公共交通体系中的主骨干。城市快速轨道交通的发展也改变了过去以常规公交为主的单一公共交通体系发展模式。现代有轨电车通过模块编组可适应0.5～1.5万人次/h的运能需求，属于中低运量范畴，可有效的弥补公共交通系统中大运量的城市快速轨道交通和低运量的常规公交之间的"运能链"空白；同时，现代有轨电车最高运行速度达70km/h，旅行速度为18～25km/h，属于准快速范畴，可有效的弥补公共交通"速度链"空白，在城市公共交通体系中可起到"承上启下"的作用，有利于构建多模式、多层次的公共交通体系，适应多元化的交通出行需求。

在各种交通方式共存的情况下，城市公共交通布局模式得到优化：在城市中心区，快速轨道交通、现代有轨电车和常规公交覆盖了高密度的交通出行；在城市中心区与外围区域枢纽之间，城市快速路、轻轨或市郊铁路承担了主要的交通联系；城市外围区域交通则由铁路、公路、航空或其他运输方式承担，最终构建成城市立体综合客运交通体系。

多模式公共交通系统的快速形成，使得公共交通系统结构由单一层次变为多层次，公共交通线网由单层变成为多层，不同线网层次之间、不同交通方式之间的衔接换乘成为这个体系构建的关键。因此，现代有轨电车车站与快速轨道交通车站应注意地上、地下不同层次的立体换乘，并在有条件的地方与常规公交、公共自行车实现换乘。多模式、多层次的公共交通系统结构如图 3-3 所示。

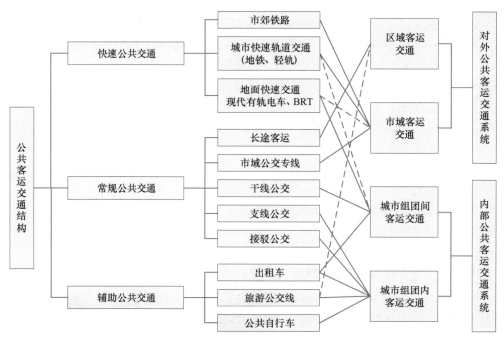

图 3-3　多模式、多层次公共交通系统结构

3.3　现代有轨电车的功能定位

现代有轨电车依据其技术及交通的特性，相对于城市快速轨道交通，其转弯半径小、造价低，但在运量和运输效率上通常不及地铁；但相对于常规公交，现代有轨电车具有运能大、舒适性好、可靠性高、环境友好等优点。因此，现代有轨电车系统作为城市公共交通的重要组成部分，在不同城市以及城市不同区域的综合交通体系中发挥着不同的功能，其功能定位主要有以下几个方面。

3.3.1　在大城市，承担城市快速轨道交通加密、补充的功能

对于人口众多、客流规模庞大的特大城市、大城市，快速轨道交通系统是该类城市中心区的骨干交通方式，但随着城市的发展，轨道交通线网密度无法满足客流日渐增长的需

求；然而在中心城区受工程条件和经济承载力等各种因素制约，加密轨道交通难度加大。因此，采用选线灵活、造价低的现代有轨电车系统，承担中心城区轨道交通线网加密和补充的功能，以实现与快速轨道交通之间的良好衔接，提高中心城区的公共交通整体服务水平。

为了发挥现代有轨电车对城市快速轨道交通的补充功能，在实际应用过程中应关注以下两个重点：

（1）需要加强与城市快速轨道交通车站、常规公交车站的换乘设计。在这种多模式、多层次的公共交通体系中，现代有轨电车处于中间层次，需要与骨干层次的快速轨道交通、毛细层次的常规公交做好换乘站点的一体化衔接设计，提高换乘效率。

（2）需要妥善处理现代有轨电车系统与远期快速轨道交通网络之间的关系。明确地区未来公交模式的发展模式，为现代有轨电车的建设标准确定方向，这对于现代有轨电车系统的旅行速度、建设长度、建设标准都具有重要作用。

南京江宁区现状人口95万人，用地面积达到1558km²，南京市域城市快速轨道交通线网规划了地铁1、3、5、12号线及S6等5条线路延伸或经过该地区，目前已经建成通车1、3号线。根据江宁区城市总体发展规划，既有城市快速轨道交通网并不能实现区域主要客流廊道和集散点的覆盖。因此，按照"差异化分区、服务和引导兼顾"的原则，江宁区2014年规划了中运量的现代有轨电车网络作为城市快速轨道交通网络的加密和补充。江宁区现代有轨电车网络共规划了9条线路构建"2横3射1环"的线网结构。目前即将建成麒麟现代有轨电车1号线，近期建设现代有轨电车2、3、4号线，将现代有轨电车网络作为区域内快速轨道交通的加密和补充，进一步发挥对中心城镇协调发展的带动作用。江宁区现代有轨电车线网规划如图3-4所示。

图3-4 南京江宁区现代有轨电车线网规划

3.3.2 在中等城市或大城市的新区，承担区域内部公交主骨干功能

对不具备城市快速轨道交通建设的中等城市，现代有轨电车可作为第一层次的骨干公交方式，分布在城市主要客流走廊上，与对外交通枢纽形成综合换乘体系，与常规公交共同组成一体化公共交通系统。

在我国很多大城市的新区，由于开发强度和人口密集度尚未达到一定水平，建设城市快速轨道交通，势必造成建设投入高、客流量支持不足和投资效益低下等问题。因此，在大城市的新区修建现代有轨电车，并使之达到一定的网络规模，发挥其公共交通骨干作用，既可以解决地区内部的交通出行问题，也可以与市郊铁路和城市快速轨道交通相接驳，沟通城市中心区域，能够有效缓解城市开发需求与基础设施供给之间的矛盾，实现交通引导开发的功能。

因此，从城市经济能力和实际客流支持角度考虑，在我国中等城市或大城市的新区，现代有轨电车较城市快速轨道交通具有更广泛的应用前景和更好的适用性。在实际应用过程中需要注意以下几个问题：

（1）发挥现代有轨电车的网络规模效益。现代有轨电车线路应形成网络，各条线路之间能够良好换乘；同时又需要充分考虑到建设投资与客流需求之间的关系，适度控制好线网规模，即：要从实际财政支撑和主骨干定位出发，现代有轨电车系统优先考虑提升主要骨干走廊的客运能力，采用常规公交提高客流覆盖面。

（2）保障现代有轨电车的技术优势。在城市中心区，尤其是进入城市老城区等建设约束条件较多的区域，现代有轨电车作为主骨干系统，可以考虑采用信号优先、部分高架或地下等工程措施，提高其适应性，发挥现代有轨电车"快速、准点、便捷、舒适、安全"的优势。

（3）加强常规公交与现代有轨电车之间的换乘。根据现代有轨电车沿线站点周边用地及交通组织条件等，形成公交换乘枢纽，集聚客流。

开封市是我国中原地区历史悠久的文化名城，中心城区 548km²，市区人口约 160 万人。依据开封市城市总体发展规划，结合城市发展对快速公共交通的需求，为优化公共交通网络结构，2015 年开封市规划了"3 横 5 纵 4 射"中运量的公共交通线网，总规模约 120km，并选择现代有轨电车作为系统制式。为适应开封市古城、新城空间结构，线网采用了的典型的"方格网＋放射状"的结构，开封市现代有轨电车线网规划如图 3-5 所示。

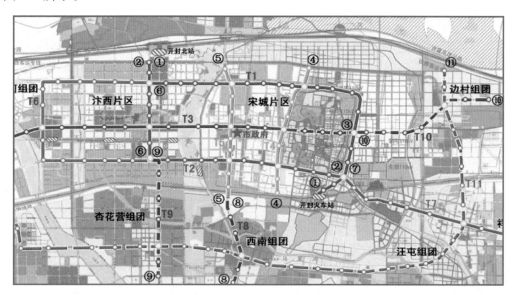

图 3-5 开封市现代有轨电车线网规划

3.3.3 在城市外围，承担城市快速轨道交通的延伸功能

对于特大城市、大城市的外围区域，城市快速轨道交通系统服务于大客流走廊；对于快速轨道交通系统的外围延伸线路，由于沿线人口岗位比较分散，客流规模不大，若采用快速轨道交通系统会造成工程建设与投资的浪费。因此，从客流适应性和经济合理性等方面考虑，可选择现代有轨电车作为轨道交通的接驳线。在保证一定客流需求和服务水平的

同时，还可节约工程投资和运营成本，提高网络整体效益。

为了发挥现代有轨电车作为城市快速轨道交通的延伸功能，也需要关注两个方面的重点：

（1）需要选择合适的客流走廊和建设时机。适宜的建设时机选择非常关键，城市快速轨道交通的延伸区域大都属于城市新区或郊区，通过交通引导区域发展的需求很明显，但是客流支持往往存在严重不足。因此，需要选择合适的客流走廊和建设时机，若拟建线路远期客流强度低于 0.4 万人次/（km·日），不建议采用现代有轨电车制式；若初期客流负荷强度低于 0.2 万人次/（km·日），则不宜作为现代有轨电车近期实施线路。

（2）需要做好与其他公共交通方式的接驳和换乘。作为承担城市快速轨道交通在城市外围区域延伸功能的现代有轨电车系统，其服务范围往往是客流量达不到快速轨道交通建设的标准。因此，需要加强常规公交对现代有轨电车的换乘，发挥现代有轨电车在城市外围区域的客流廊道功能，进而实现与快速轨道交通的集散功能。

南京麒麟科技创新园是南京市重点布局的创新创业载体，园区总面积 83km²。根据南京市域轨道交通线网规划，经过麒麟科创园的城市快速轨道交通线路有已经运营的地铁 2 号线，规划建设的有地铁 8、10、12 号线及宁句城际 S6 线，城市快速轨道交通线网密度较高。南京麒麟科创园现代有轨电车 1 号线，起自南京地铁 2 号线马群站，沿芝嘉东路和沧麒东路铺设，途经百水芊城社区、南湾营、麒麟商务区、中央公园以及王五庄等区域，线路全长 9.1km，设置车站 11 座。功能定位为麒麟科创园公共交通主干线路，承担城市快速轨道交通的延伸功能。南京麒麟科创园现代有轨电车 1 号线走向如图 3-6 所示。

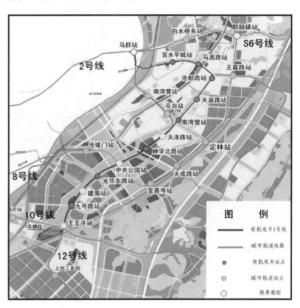

图 3-6　麒麟科创园现代有轨电车 1 号线示意图

3.3.4　在有特殊要求的区域，承担旅游、商业特色交通的功能

在景观要求高或有特殊要求的地区，如旅游景点、特色商务区、影视基地等，作为特色交通方式，承担景点之间及其与外围主要的客流集散点之间的交通联系。在实际应用过程中应重点关注以下两个方面问题：

（1）需要突出现代有轨电车的特色服务功能。这种模式重点是发挥现代有轨电车的车辆外观形象特征和客流服务，不应过于强调其运营速度。因此，可以考虑采用混合路权等不同的形式，提高现代有轨电车的人文氛围及其适用范围。

（2）需要因地制宜灵活布置。充分利用现代有轨电车建设的灵活性，结合景观要求，在敷设方式和断面布置上，采用多样化的布置形式，进行现代有轨电车系统与周边环境的融合设计。

广州首条现代有轨电车起于万胜围站，止于广州塔站，线路全长约7.7km，共设11座车站。沿线途径海珠区众多景点，如广州塔、赤岗塔、珠江·琶醍啤酒文化创意艺术区、珠江-英博国际啤酒博物馆、广州会展公园、亲水公园、琶洲国际会展中心、琶洲塔、黄埔古港古村、海珠湿地、T.I.T创意园、纯阳观、孙中山大元帅府纪念馆等众多景点，通过与周边环境的融合设计，使现代有轨电车线

图 3-7　广州现代有轨电车海珠线旅游观光融合设计

路成为一条"特色文化旅游体验线"，被喻为"广州浪漫之路"，如图 3-7 所示。

3.4　规划建设基础条件

城市社会经济基础、城市发展规模和交通需求是城市轨道交通规划建设的基础条件，而国家宏观政策和城市总体发展规划是城市轨道交通规划建设的重要影响因素，选择适宜的公共交通发展模式主要取决于城市交通需求和政府财政支持能力。为了规范地铁、轻轨系统的规划建设，2003年国务院办公厅发布了《关于加强城市快速轨道交通建设管理的通知》（81 号），从人口规模、地方财政和客流规模三个方面对地铁、轻轨系统修建条件进行了界定；2015 年国家发改委又发布了《关于加强城市轨道交通规划建设管理的通知》（49 号），对地铁、轻轨的修建又在客流和财政两个层面进行了进一步的要求。通过类比我国城市快速轨道交通建设的基本条件，结合现代有轨电车的运输能力、运行特征、建设与运营投入等特点，现代有轨电车线网规划的基础条件可参考表 3-3。

城市轨道线网规划的基础条件　　　　　　　　　　　　　　表 3-3

序号	基本指标	地铁	轻轨	现代有轨电车
1	城市国内生产总值（亿元）	1000	600	300
2	政府财政收入（亿元）	100	60	30
3	城市人口规模（万人）	300	200	50
4	城市化率（%）	≥60	≥60	≥60
5	远期高峰小时断面客流需求（万人）	≥3	≥1	0.5~1.5
6	近期线路客流负荷［万人次/（km·日）］	≥0.7	≥0.4	≥0.2

由表 3-3 可知，现阶段具备现代有轨电车线网规划的基础条件：地方财政一般预算收入在30 亿元以上，国内生产总值达到 300 亿元以上，城区人口在 50 万人以上，规划线路的客流规模达到单向高峰小时在 0.5~1.5 万人，近期实施线路负荷强度不低于 0.2 万人次/（km·日）。

城市规模的大小将直接影响城市公共交通方式的选择、布局规划和建设规模。一般来说，大中城市以及经济发展较好的中小城市均可发展现代有轨电车。在百万人口以上的大城市、特大城市，单向客流量长期稳定在 2~2.5 万人次/h 的线路，通常采用城市快速轨道交通，如需修建现代有轨电车，则应选择全封闭专用路权方式。在客流量大的城市中心修建快速轨道交通的同时，还可以根据客流量的需要，修建市区和郊区、大型工业区及商业区的现代有轨电车，作为快速轨道交通网络的加密和补充。在 $50\sim100$ 万人口的中等城市，当高峰小时单向客流量为 $1\sim2.5$ 万人次/h 时，适宜选用现代有轨电车的全封闭或半封闭形式，发挥公共交通主骨干的功能。同时，当居民出行的平均距离在 $5\sim9\mathrm{km}$ 时，与现代有轨电车的旅行速度和运输能力也非常适应。

3.5 现代有轨电车建设目标

为了科学指导现代有轨电车系统的规划建设与运营管理，《现代有轨电车工程技术指南》在系统研究现代有轨电车的运行特征和技术特点的基础上，分析了现代有轨电车在城市公共交通系统中的角色和定位。为了充分发挥现代有轨电车的技术优势，构建衔接顺畅、运行高效和多模式、多层次城市公共交通体系，现代有轨电车规划建设应满足"快速、准点、便捷、舒适和安全"在总结国内外现代有轨电车的发展历程、基本特征的基础上，我们认为其建设应满足"快速、准点、便捷、舒适、安全"的目标。

（1）快速

现代有轨电车功能上介于常规公交与快速轨道交通之间，其运量和速度应有效地衔接常规公交和快速轨道交通。目前常规公交一般旅行速度约 $15\mathrm{km/h}$，快速轨道交通的一般旅行速度为 $35\mathrm{km/h}$。现代有轨电车采用地面敷设为主，与其他交通方式共享路权，行车受到社会交通干扰较大，目前国内已开通运营的现代有轨电车项目中，多数项目旅行速度仅略快于常规公交，一般在 $20\mathrm{km/h}$ 左右，这与乘客的出行需求差距较大。

为保证现代有轨电车的服务效率，充分发挥现代有轨电车在城市公共交通体系中的作用，在条件许可情况下，建议现代有轨电车的旅行速度目标值不低于 $25\mathrm{km/h}$。可以采取的措施有：①车站的站间距不应低于 $800\mathrm{m}$；②平面交叉口的间距不低于 $800\mathrm{m}$，对通行量较小的支路口进行归并，与主干路或快速路的交叉口宜采用立交或下穿的方式通过；③采用栏杆、绿植等隔离措施，减少行车过程中的不利干扰。

（2）准点

作为中低运量的轨道交通方式，现代有轨电车以地面敷设为主，在机动车交通量大和高速化的情况下，不可避免地会降低其运行效率。服务可靠性是乘客评价现代有轨交通服务质量的关键指标，而准点率是目前国内最常用、最直观的服务可靠性指标之一。准点率是在考察时段内，在动态的交通网络中，车辆能准点到站/离站的能力。准点率越高，现代有轨电车服务可靠性越高，对居民出行的吸引力越大，服务水平也越高。

为保证现代有轨电车的服务效率，建议新开通现代有轨电车项目列车运行图兑现率不应低于 95%，列车发车准点率不应低于 95%。可以采取的措施有：①减少混合或共享路权，有条件尽可能采用独立路权；②交叉口尽可能采用信号优先控制策略；③加强司机培训，确保行驶过程的安全和快速；④对路段采取栏杆、绿植等隔离措施，减少行车过程中的不利干扰；⑤设置必要的安全警示设施，加强出行安全宣传。

（3）便捷

为了充分发挥现代有轨电车在城市公共交通体系中的骨干作用，提高客流吸引强度，进一步扩大其服务范围，应充分保障现代有轨电车乘坐的便捷性。可采取如下措施：

① 选用低地板的现代有轨电车，方便乘客乘降。为了更好地服务于乘客，方便乘客乘降及在车内自由变换位置，现代有轨电车车辆转向架技术不断更新与发展，车辆地板面高度小于等于 350mm（入口处无台阶），低地板面积占整个车辆地板面积的比例也越来越大，在运营中能更好地服务于老人、小孩、残障人士等特殊群体。

② 对现代有轨电车站点与其他交通方式接驳换乘进行一体化规划。主要包括与城市轨道交通、常规公交、非机动车（含公共自行车）、出租车、P＋R停车换乘等一体化衔接。与城市轨道交通的接驳换乘应以立体换乘为主，要求各系统车站的布置在空间上应尽量靠近，出入口衔接上应遵循就近、便捷的原则；与常规公交的衔接应结合各自换乘客流需求，统筹考虑，一体化布局；常规公交线路安排上，应结合现代有轨电车功能定位及线路走向，对既有常规公交线路进行合理的调整与补充；有条件的现代有轨电车车站可以与公交站台合并设置，实现同台换乘提高现代有轨电车的服务水平；在现代有轨电车停靠站附近可考虑布置自行车停放设施，鼓励自行车换乘现代有轨电车。

（4）舒适

现代有轨电车相对于传统有轨电车，不仅外观设计有特色，整体性能也有了极大提高。采用100％低地板技术能有效保障乘客无障碍的上下车；先进设备制造工艺，可在视觉、信息、门窗、空调等各方面提高乘客的舒适性；并且车辆运行噪声低、振动小，与城市环境良好的融合。为确保乘客的乘坐体验，发挥低地板车辆的特性，现代有轨电车的规划建设上可进一步采取如下措施，提高舒适性。

① 在线路和轨道上，应注重线型设计，不宜采用过小的曲线半径；②线路中心距离环境敏感点小于20m及穿越地段，应采用轨道减振扣件、弹性轨枕整体道床和钢轨连续包裹材料进行减振；③车站的设计上应以合理安排列车运行、快速疏解旅客为主要目标，提倡简约实用为主要设计原则；④区间绿化上，应以草坪和低矮灌木为主，并与城市的绿化风格一致，使现代有轨电车在成为城市动态风景的同时，保证行车的安全。

（5）安全

现代有轨电车运行于开放的交通环境中，外界因素对现代有轨电车的安全运行影响较大。做好现代有轨电车交通安全措施是降低交通事故，是保障生命安全的前提与关键。

国内外的现代有轨电车交通事故大部分为以旅客意外、与轨旁移动单位碰撞为主，保障有轨电车交通的快速、安全，可以采取以下工程措施：①减少社会交通对现代有轨电车的运行干扰，例如部分路段修建人行天桥梁通过大型交叉口、对现代有轨电车运行路段进行物理隔离、旅客进站可采取地下通道或人行天桥方式；②在运营管理上应加强宣传和管理，规范乘客行为；③在交叉口范围内设置必要的警示、引导标志、信号灯，确保乘客及行人的人身安全。

3.6 城市公共交通发展模式研究

3.6.1 城市公共交通发展模式

根据各种轨道交通方式及快速公交（BRT）等各自的特点分析，按照各种方式的优势组合以及运量和速度等级的匹配，城市公共交通系统可以分类为四种组合发展模式。

模式一：地铁、轻轨系统为骨干，中低运量为补充，常规公交加密覆盖。地铁或轻轨系统作为城市公共交通的骨干，主要承担城市通勤交通出行、缓解城市交通拥堵、支撑并引导城市空间的拓展；中低运量的交通方式作为地铁或轻轨系统的加密、补充及延伸，与其共构成城市公共交通的主体；常规公交则作为"毛细血管"为大中运量公共交通系统集散客流。在此模式下，地铁及轻轨系统网络化运行是作为城市公共交通体系骨干的基本特点，现代有轨电车线网初期是地铁轻轨系统的加密和补充，远期应以网络化运营为目标。

模式二：地铁或轻轨系统与中低运量交通方式相互补充，共同作为城市公共交通的骨干。地铁或轻轨系统仅作为城市或某一区域内的公共交通的骨架，主要解决核心区域交通问题或承担对外区域的联系；中低运量制式的公共交通则在此骨架基础上进行进一步的延伸拓展形成城市公共交通的骨干；常规公交则作为公共交通的主体，在为骨干层公共交通系统集散客流的同时，承担城市组团内部的交通出行。该模式的特点是地铁和轻轨仅在城市主要客流廊道发挥骨干作用，中运量现代有轨电车网应作为地铁轻轨网的补充，有效拓展和延伸地铁和轻轨的骨干功能。

模式三：现代有轨电车为骨干，常规公交为主体。现代有轨电车承担城市主客流走廊交通出行、引导城市的发展、提升城市的形象；常规公交则作为公共交通的主体，在为现代有轨电车系统集散客流的同时，承担城市组团内部的交通出行。

模式四：BRT系统为骨干，常规公交为主体。BRT主要承担城市主客流走廊交通出行、引导城市的发展、优化交通结构；常规公交则作为公共交通的主体，在为BRT系统集散客流的同时，承担城市组团内部的交通出行。

模式三、模式四适用于不具备城市快速轨道交通建设条件的大城市或中等城市。

3.6.2 城市公共交通发展模式选择影响因素

影响以上四种模式选用的主要因素包括：

（1）城市社会经济发展水平。各种轨道交通方式及BRT系统的建设成本和政府的财政能力是制约其发展的关键要素，城市公共交通发展模式的选择一定要与城市自身的经济实力和财政能力相符合。

（2）城市总体发展规划。城市轨道交通及BRT规划必须服从城市总体规划中确定的城市形态和空间发展规划，并以总体发展规划确定的城市发展战略为基本依据，应当与城市总体规划的规划范围保持一致，与土地利用规划保持协同。

（3）城市发展规模。不同的城市用地规模或规划范围，对交通出行的影响在于居民的平均出行距离，因此各种公共交通方式在不同的城市规模中发挥着不同的作用。

（4）客流需求。城市交通需求是城市居民对交通基础设施的需要程度。城市交通需求的大小，尤其是城市居民公共交通需求的大小，是决定城市轨道交通及BRT规划建设最直接并具有决定意义的因素。各种轨道交通及BRT系统需要在客流分布密集、客流需求旺盛的廊道上，才能真正发挥社会经济效益。

（5）国家宏观发展政策。城市基础设施建设项目都是由国家和当地政府出资兴建，因此国家的政策导向对城市轨道交通及BRT系统规划和建设有直接影响。

3.6.3 城市公共交通发展模式选择方法

公共交通发展模式的选择和综合评价，可引入目前常用的层次分析法、模糊综合评判法、灰色关联度法等系统评价方法。层次分析法的优点是能把其他方法难以量化的评价因素通过两两比较加以量化，有效地确定各影响因素的相对重要程度。

（1）建立交通制式评估要素两两比较判断矩阵

城市公共交通发展模式评价被定义为目标层 A。A 被分解为城市人口（B₁）、生产总值（B₂）、财政收入（B₃）与城市化率（B₄）四个指标。这四个因素共同构成了该模型中的准则层。交通制式在本次评价模型中由地铁、轻轨、现代有轨电车、BRT 及常规公交五种制式构成了方案层。如图 3-8 所示。

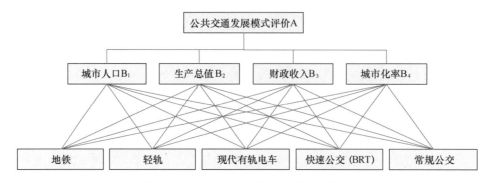

图 3-8　公共交通发展模式评价层次模型

从模型的准则层开始，对同一层次各元素关于上一层次中某一准则（或目标）的重要性进行两两比较，直到方案层，最后确定各要素在该层中相对于某一准则所占的比重，即把每个风险要素对上层某一目标的影响程度进行排序。判断矩阵具有三个性质：（1）$a_{ij} > 0$；（2）$a_{ij} = 1/a_{ji}$；（3）$a_{ii} = 1$，称为正互反判断矩阵。判断矩阵的值直接反映了人们对各元素相对重要性的认识，一般采用 1～9 比例标度对重要性程度赋值，标度及其含义如表 3-4 所示。

比例标度量化表　　　　　　　　　　　　　　　　　　　　　　　　表 3-4

标度	含　义
1	表示两因素 i、j 相比，i 因素与 j 因素相同重要
3	表示两因素 i、j 相比，i 因素比 j 因素略重要
5	表示两因素 i、j 相比，i 因素比 j 因素较重要
7	表示两因素 i、j 相比，i 因素比 j 因素非常重要
9	表示两因素 i、j 相比，i 因素比 j 因素绝对重要
2，4，6，8	以上前后两级之间对应的标度值
倒数	两因素相比后者比前者的重要性标度

（2）层次单排序及其一致性检验

对判断矩阵进行归一化处理，得到矩阵 Λ，采用的归一化方法是将矩阵中的各因素除以各列的和，如 a_{13} 除以 a_{13}、a_{23}、a_{33} 三个数之和。对 A 中各行要素求平均数，得到最大特征根对应的归一化向量 $W_1 = (w_1, w_2, w_3 \cdots w_n)\mathrm{T}$。由 $A \times W_1$ 得出的向量中的元素进行求和，得到最大特征根 $\lambda_{\max}$。

引入平均随机一致性指标 RI，对 $n=1 \sim 11$，平均随机一致性指标 RI 的取值如表 3-5 所示。

n	1	2	3	4	5	6	7	8	9	10	11
RI	0	0	0.58	0.90	1.12	1.25	1.32	1.41	1.45	1.49	1.51

定义为一致性比例，$CR = \dfrac{CI}{RI}$，若 $CR \leqslant 0.1$ 时，则称判断矩阵通过了一致性检验，可用其归一化特征向量作为权向量，若 $CR > 0.1$，则该矩阵没有通过一致性检验，需要考虑重新构造比较矩阵。

同理，对 B_1、B_2、B_3、B_4 进行归一化处理，得到 W_2、W_3、W_4、W_5，并进行一致性检验。

（3）层次总排序及一致性检验

设方案层中的不同方对准则层中因素的层次单排序一致性指标为 CI_j，随机一致性指标为 RI_j，则层次总排序的一致性比率为：

$$CR = \frac{a_1 CI_1 + a_2 CI_2 + \cdots + a_m CI_m}{a_1 RI_1 + a_2 RI_2 + \cdots + a_m RI_m}$$

当 $CR < 0.1$ 时，可认为层次总排序通过一致性检验，我们可依据总排序权向量表示的结果来判断要素对目标影响大小。如不通过检验，就需要重新考虑模型或重新构造那些一致性比率 *CR* 较大的成对比较矩阵。

（4）公交发展模式选择

根据 $W = (W_2, W_3, W_4, W_5) \times W_1$ 的结果对地铁、轻轨、现代有轨电车、BRT 进行排序：①当地铁权重最大，轻轨与现代有轨电车次之时，选择模式一；②当轻轨权重最大，现代有轨电车与 BRT 次之时，选择模式二；③当现代有轨电车权重最大，BRT 或常规次之时，选择模式三；④当 BRT 权重最大，常规公交次之时，选择模式四。

3.6.4　主要城市公共交通发展模式的选择

以南京市公共交通发展模式研究为例，采用层次分析法进行公共交通发展模式选择实证分析。

南京市是江苏省会，地处中国东部地区，长江下游，濒江近海，全市下辖 11 个区，总面积 6597km²。2015 年末，全市常住人口 823.6 万人，城镇人口 670.4 万人，城镇化率达到 81.4%，全年实现地区生产总值 9720.77 亿元，财政收入 1020.3 亿元。结合南京市地区发展及经济人口状况，建立目标判断矩阵，如表 3-6 所示。

目标比较矩阵　　　　　　　　　　　　　　　表 3-6

A	人口	生产总值	财政收入	城市化率
人口	1	1/2	3	5
生产总值	2	1	6	8
财政收入	1/3	1/6	1	4
城市化率	1/5	1/8	1/4	1

则：
$$A = \begin{pmatrix} 1 & 1/2 & 3 & 5 \\ 2 & 1 & 6 & 8 \\ 1/3 & 1/6 & 1 & 4 \\ 1/5 & 1/8 & 1/4 & 1 \end{pmatrix}$$

同理，结合南京市人口、生产总值、财政收入、城市化率对地铁、轻轨、现代有轨电车及 BRT 的影响，其判断矩阵如下所示：

$$
B_1 = \begin{Bmatrix} 1 & 3 & 5 & 7 & 8 \\ 1/3 & 1 & 3 & 5 & 6 \\ 1/5 & 1/3 & 1 & 2 & 3 \\ 1/7 & 1/5 & 1/2 & 1 & 2 \\ 1/8 & 1/6 & 1/3 & 1/2 & 1 \end{Bmatrix} \quad B_2 = \begin{Bmatrix} 1 & 2 & 4 & 5 & 6 \\ 1/2 & 1 & 2 & 4 & 5 \\ 1/4 & 1/2 & 1 & 3 & 4 \\ 1/5 & 1/4 & 1/3 & 1 & 2 \\ 1/6 & 1/5 & 1/4 & 1/2 & 1 \end{Bmatrix}
$$

$$
B_3 = \begin{Bmatrix} 1 & 2 & 3 & 6 & 7 \\ 1/3 & 1 & 2 & 5 & 6 \\ 1/4 & 1/2 & 1 & 3 & 4 \\ 1/6 & 1/5 & 1/4 & 1 & 2 \\ 1/7 & 1/6 & 1/5 & 1/2 & 1 \end{Bmatrix} \quad B_4 = \begin{Bmatrix} 1 & 2 & 4 & 7 & 8 \\ 1/2 & 1 & 3 & 6 & 7 \\ 1/6 & 1/5 & 1 & 3 & 4 \\ 1/7 & 1/6 & 1/3 & 1 & 2 \\ 1/8 & 1/7 & 1/4 & 1/2 & 1 \end{Bmatrix}
$$

分别对目标判断矩阵 A 及准则判断矩阵 B_1、B_2、B_3、B_4 进行归一化处理与一致性检验，可得 A、B_1、B_2、B_3、B_4 的不一致程度在容许范围内。

层次总排序的一致性比率 CR＝0.0286＜0.1，层次总排序通过一致性检验。

根据 $W = (W_2, W_3, W_4, W_5) \times W_1$ 可得

$$
W = \begin{Bmatrix} 0.5198 & 0.4481 & 0.4498 & 0.4656 \\ 0.2634 & 0.2654 & 0.2764 & 0.3119 \\ 0.1095 & 0.1618 & 0.1619 & 0.1214 \\ 0.0650 & 0.0749 & 0.0669 & 0.0603 \\ 0.0431 & 0.0498 & 0.0451 & 0.0409 \end{Bmatrix} \times \begin{Bmatrix} 0.2839 \\ 0.5437 \\ 0.1227 \\ 0.0497 \end{Bmatrix} = \begin{Bmatrix} 0.4693 \\ 0.2685 \\ 0.1450 \\ 0.0704 \\ 0.0468 \end{Bmatrix}
$$

因此，根据南京的人口、经济及城市发展状况，城市公共交通发展适宜选择模式一，即：构建地铁、轻轨系统为骨干，中低运量为补充，常规公交实现加密覆盖的公共交通系统。

结合江苏省不同县市的人口、经济及城市发展数据，对江苏省各县市的轨道交通适应性进行分析计算，主要成果如表 3-7 所示：

江苏省相关区域城市公共交通选择模式

表 3-7

	模　式	适应城市
模式一	城市快速轨道交通为骨干＋现代有轨电车为补充＋常规公交为覆盖	南京市、无锡市、常州市、苏州市、南通市
模式二	城市快速轨道交通、现代有轨电车为骨干＋常规公交为覆盖	江阴市、常熟市、张家港市、昆山市、淮安市、扬州市、镇江市、泰州市
模式三	现代有轨电车为骨干＋常规公交为覆盖	宜兴市、太仓市、如皋市、东台市、丹阳市、泰兴市
模式四	BRT 为骨干＋常规公交为覆盖	睢宁县、新沂市、邳州市、溧阳市、海安县、如东县、启东市、海门市、连云港市、盐城市、滨海县、靖江市、宿迁市、沭阳县

表 3-7 分析结果表明：

（1）对于南京、苏州、无锡、常州等经济发展水平高的特大城市或大城市，宜选择以

地铁、轻轨系统为骨干，现代有轨电车为补充，常规公交加密覆盖的城市公共交通发展模式。地铁系统作为城市公共交通的骨干，主要承担城市通勤交通出行、缓解城市交通拥堵、支撑并引导城市空间的拓展；现代有轨电车作为地铁系统的加密、补充及延伸，与其共构成城市公共交通的主体；常规公交则作为"毛细血管"为大中运量公共交通系统集散客流。

（2）对于淮安、扬州等经济发展水平中等的大城市，宜选择以地铁或轻轨系统与现代有轨电车相互补充，共同作为城市公共交通的骨干的城市公共交通发展模式。地铁或轻轨系统服务于城市公共交通主客流廊道，现代有轨电车服务城市公共交通次级客流廊道，则在此骨架基础上进行进一步的延伸拓展形成城市公共交通的骨干；常规公交则作为公共交通的主体，在为骨干层公共交通系统集散客流的同时，承担城市组团内部的交通出行。

（3）对于宜兴市、太仓市等经济发展水平较高，但不具备城市快速轨道交通建设条件的中等城市，为契合城市发展定位，宜选择以现代有轨电车为骨干，常规公交为主体的城市公共交通发展模式。现代有轨电车承担城市公共交通主客流廊道交通出行、引导城市的发展、提升城市的形象；常规公交则作为公共交通的主体，并为现代有轨电车系统集散客流。

（4）对于睢宁县、新沂市等经济发展水平相对较低的中等县（市）城市，宜选择以BRT系统为骨干，常规公交为主体的城市公共交通发展模式。BRT主要承担城市主客流廊道交通出行、引导城市的发展、优化交通结构；常规公交则作为公共交通的主体，并为BRT系统集散客流。

第4章 车辆及限界

现代有轨电车系统是电力牵引的地面轨道交通工程，车辆作为实现安全、快捷、高效的载运设备，是整个系统的核心组成部分。现代有轨电车系统包括线路、轨道、车站、桥梁、路基、限界、供电、车辆基地等。车辆制式与运营模式和管理方式密切相关，合理选用车辆及其技术条件是控制工程投资、降低运营成本和提高运营效益最有效的途径之一。

限界是现代有轨电车车辆运行及轨道周围构筑物超限的轮廓线，是工程建设、管线和设备安装位置等必须遵守的依据，也是车辆安全行车的重要保障。

4.1 车 辆

现代有轨电车车辆是采用电力驱动并在轨道上行驶的轻型轨道交通工具，一般采用模块化编组、70％或100％的低地板，走行方式主要以钢轮钢轨制式为主。

4.1.1 概述

现代有轨电车车辆与传统地面公共交通工具相比，现代有轨电车车辆在技术性能方面有很大的优势，如载客运能较大、车辆外形美观、乘坐宽敞舒适、运营系统完善、使用寿命较长等。其显著特征表现在以下几个方面：

（1）车辆外形可实现定制化设计，车头、车身外观造型可根据城市特质、文化禀赋进行定制设计，能更好地与城市相融合，并成为城市文化景观的组成部分。

（2）模块化编组，车辆采用多模块连接的编组形式，能够灵活适应不同需求的城市客流特征。

（3）采用低地板车型，车厢地板包括70％或100％两种低地板形式，空间宽敞，方便手推车或残障人士上下车，融入了人性化设计理念（图4-1）。

图 4-1 低地板现代有轨电车车辆及站台

（4）小曲线半径技术，车辆走行部采用新型转向架技术，最小平曲线转弯半径达到25m，提高了对线路的适应性和灵活性。

（5）供电方式多样化，车辆可采用多种供电方式，接触网供电与无接触网供电可以灵活地适应城市环境景观的要求。

（6）弹性车轮的应用，车体与转向架之间安装了弹性车轮，降低了小直径车轮引起的高轮轨作用力，减小车体及部件的振动，有效提高了乘客舒适性、降低了运行噪声。

4.1.2 车辆选型原则

车辆是现代有轨电车系统最重要的载体，车型的选择是有轨电车系统整体方案确定的关键因素之一，它不仅影响系统的运能，而且对工程造价、运营成本均有一定的影响。车辆选型一般应遵循以下原则：

（1）现代有轨电车车辆类型及编组应根据当地的客流预测、线路条件、运输能力和环境景观要求等因素综合比较选定。

（2）现代有轨电车车辆应采用模块化设计，可由多种模块组成，也可多编组重联运营，车辆编组应能满足运营需要，且运输能力应与远期客流要求相适应。

（3）车辆应选择技术成熟、安全可靠的制造工艺，确保在全寿命周期内正常运行时的行车安全和人身安全，并具备故障、事故和灾难情况下对人员和车辆救助的条件。

（4）车辆应能满足运行线路的技术条件，以规定的速度安全通过最小半径的平面曲线区段。

（5）车辆应采取减振与降噪措施，以减小振动和噪声对环境的影响，体现"绿色、生态"的设计理念。

（6）车体宜采用减轻自重的材料，尽可能轻量化；外形可进行定制化设计，能体现城市文化特色。

（7）车辆应具有自诊断功能，能及时发现故障，便于维修与保养。

4.1.3 车辆技术

1. 低地板车型选择

现代有轨电车在长达百年的发展过程中，为了更好地服务于乘客，方便乘客上下车及便于乘客在车内变换位置，车辆转向架技术不断更新与发展，车辆地板面高度越来越低，低地板面积占整个车辆地板面积的比例也越来越大。主流的低地板车辆地板高度小于等于350mm，类型可分为70%低地板有轨电车、100%低地板有轨电车两种。

（1）70%低地板现代有轨电车

70%低地板车辆端部采用传统的刚性转向架，车辆为动力转向架，车辆的中部通常使用不带动力的小轮径转向架。车辆的中部全部设置低地板面，各模块的低地板面相互贯通，而车辆的端部为高地板面，低地板面占整个车辆地板面的比例约为70%。见图4-2、图4-3。

（2）100%低地板现代有轨电车

100%低地板车辆是指整个乘客区域内无台阶的低地板现代有轨电车。在70%低地板有轨电车技术基础上，随着车辆结构形式及转向架技术的发展，通过对独立轮对转向架车轮横向、纵向耦合技术以及传统转向架牵引电机、制动盘、一二系悬挂布置安装技术的研究改进，从而实现了100%低地板车辆的生产制造（地板面允许存在较小的斜坡，一般不大于8%，局部不大于12%）。见图4-4、图4-5。

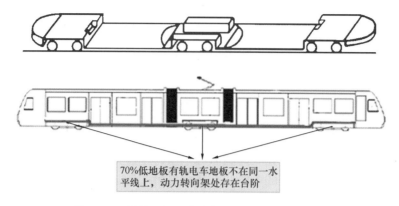

70％低地板有轨电车地板不在同一水平线上，动力转向架处存在台阶

图4-2 70％低地板现代有轨电车车辆底板示意图

(a)

(b)   (c)

图4-3 70％低地板现代有轨电车
(a) 车辆外观图；(b) 车内构造图；(c) 转向架

目前，70％低地板与100％低地板现代有轨电车在国内均有应用，沈阳浑南新区现代有轨电车，采用了我国中车长春客车制造厂生产的70％和100％两种形式的低地板车辆；南京河西新城现代有轨电车1号线、苏州高新区现代有轨电车1号线均采用了中车浦镇车

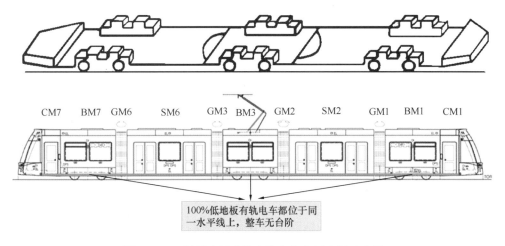

图 4-4　100％低地板现代有轨电车车辆底板示意图

(a)

(b)　　　　　　　　　(c)

图 4-5　100％低地板现代有轨电车

(a) 车辆外观图；(b) 车内构造图；(c) 转向架

辆厂引进庞巴迪技术生产的 100％低地板车辆。随着转向架技术的发展，100％低地板车辆技术已经相对成熟，由于地板面均为同一平面，在运营中能更好地服务于老人、小孩、残障人士等特殊群体，相比较 70％低地板车型，100％低地板车辆更能适应大部分城市"宜居、宜游、宜业"的城市总体发展的要求。同时，这两类车型外观流线型、科技感等，均能够很好地与现代城市形象相融合，因而是目前国内现代有轨电车发展的两类主流车型。

2. 车辆转向架技术发展

现代有轨电车经历了高地板、70％低地板、100％低地板等几个发展阶段。现代有轨电车地板降低的过程，实际上是低地板车辆转向架技术更新与发展的过程。从目前开通运营的现代有轨电车线路来看，有轴转向架、独立轮对转向架都已实现了 100％低地板车辆技术要求。两者的特点如下：

（1）有轴转向架

传统有轴转向架技术成熟，曲线运动时具有自导向功能，直线运动时能够实现自动对中，有利于降低脱轨的危险。且有轴转向架避免采用复杂的耦合装置，结构简单，性能良好，车轮磨耗较小；缺点是转向架上部区域的地板面要比其他区域略高，连接处有一个很小的斜坡，而且为实现地板高度小于 350mm，采用了轮径小于 600mm 的小型车轮。目前庞巴迪的 Flexity2 型车和长春客车厂生产的沈阳浑南 100％低地板车辆均采用了这种转向架型式，如图 4-6 所示。

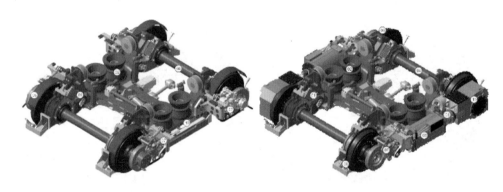

图 4-6 有轴转向架

（2）独立轮对转向架

独立轮对转向架利用低位横轴将左右车轮横向耦合或取消横轴通过牵引电机将同侧车轮纵向耦合，实现全车低地板的贯通。由于车轮纵向耦合方式取消了轮对之间的横轴，在直线或曲线段运行时主要依靠轮缘导向，因此轮缘偏磨比较严重；其次，由于缺乏自动对中的能力，在车辆运行过程中会因轨道不平顺等原因而偏离轨道中心，进而增加了脱轨的危险。目前比较成熟的是西门子采用的轴桥式纵向耦合动力轮转向架，该转向架将牵引电机-齿轮装置纵向布置，使同一侧的前、后两个独立车轮纵向耦合在一起，同时采用低横轴连接左右车轮，利用这种结构实现自对中并减少横向摆动。目前西门子的 Combino 系列车型采用了这种独立轮对转向架型式，如图 4-7 所示。

3. 车体铰接结构形式

为了便于曲线通过，车辆各模块通常采用铰接车体结构，铰接型式包括浮车铰接型、单车铰接型、转向架铰接型三种基本类型。

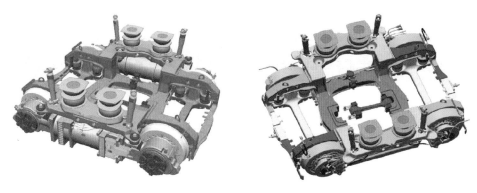

图 4-7 轴桥式纵向耦合动力轮转向架

（1）浮车铰接型

浮车铰接型结构是100％低地板现代有轨电车的主流结构形式。由于悬浮车底部没有转向架，减少了转向架数量，因此可以降低制造成本；其次，悬浮车内部消除了由车轮引起的凸出部位，使得车内拥有更有效的内部空间，可横向布置座椅，为乘客提供了更多的座位。此铰接型式以庞巴迪的 Flexity2 车型为代表。见图4-8。

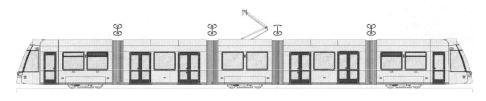

图 4-8　浮车铰接型

（2）单车铰接型

100％低地板现代有轨电车单车铰接结构形式，即每个模块车辆下都有一个转向架，此铰接型式以西门子-Combino 系列车型为代表。见图4-9。

图 4-9　单车铰接型

（3）转向架铰接型

转向架铰接型结构是通过铰接型转向架将两相邻车体连接在一起，转向架位于两相邻车体之间，从而也减少了转向架数量，降低了车辆制造成本。此铰接型式以斯柯达的DL6W 车型为代表。见图4-10。

4.供电方式选择

供电系统的主要任务是为车辆提供牵引动力，保证列车的安全、稳定运行。供电方式作为车辆动力的来源，需要根据现代有轨电车系统的车辆、限界、技术经济性、景观等多方面因素进行综合比较后确定。

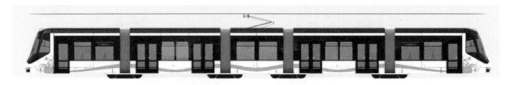

图 4-10　转向架铰接型

在 20 世纪以前，现代有轨电车的供电方式比较单一，主要采用架空接触网受流的供电方式，该种方式具有结构简单、技术成熟、安全可靠、成本低廉等优点。但是，由于全部线路均需架设接触网，尤其在道路交叉口附近，接触网相互交织，对沿线景观会造成一定的影响，特别是在城市核心区对景观有特殊要求的区域，接触网受流供电的现代有轨电车应用也受到了一定的限制，图 4-11 是德国柏林街头在交叉口处有轨电车架空接触网状态。

图 4-11　道路交叉口接触网交织

为适应现代城市发展的需要，无接触网制式也正在成为现代有轨电车供电方式发展的新方向，目前国内外现代有轨电车车辆的供电方式主要为无接触网和有接触网两类，如图 4-12 所示。

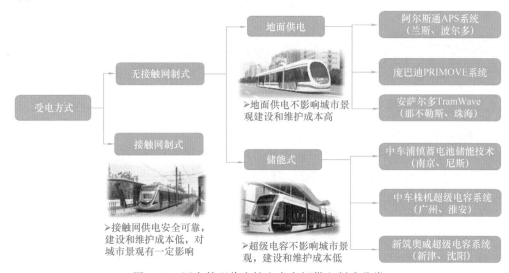

图 4-12　国内外现代有轨电车车辆供电制式分类

（1）接触网制式

车辆通过车顶设置的受电弓从架空接触网取得电能，通常采用的供电电压为直流750V，目前国内现代有轨电车厂商都可以生产满足这种供电方式的车辆。其特点为：车辆通过全区间受电弓可以有持续、稳定的电能保障，且能更好地适应各种线路条件的行驶要求。该方式需要全线布设接触网，对沿线景观会有一定影响。目前国内苏州现代有轨电车1号线、沈阳浑南新城现代有轨电车均采用了架空接触网供电制式，如图4-13所示。

图4-13 使用架空接触网供电的现代有轨电车

（2）无接触网制式

应用于现代有轨电车系统的无接触网供电方式主要可分为两类：一是采用分段地面供电；二是采用车载储能供电。

1）分段地面供电

当前相对成熟的分段地面供电技术有阿尔斯通的APS系统，安萨尔多的电磁吸附式Tram Wave技术以及庞巴迪的无线感应供电PRIMOVE系统。分段地面供电技术需要铺设特殊的导电轨和车载受流装置，通常也称为第三轨供电系统。

① APS系统

APS系统是无接触网供电技术在商业化运营中首次得到应用的技术，其系统组成及轨道外观如图4-14所示。

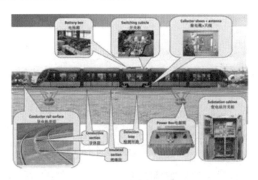

图4-14 APS系统组成

APS系统由深埋于地下的多个电源箱、车载集电靴、天线及开关柜等组成。其工作原理为将普通现代有轨电车第三轨分成若干相互绝缘的导电轨，采用地面电源供电，整条接触轨分为若干绝缘段和导体段,当导体段天线检测环线感应到车载天线信号时,嵌入式电源箱对相应的导体段供电;嵌入式电源箱仅对集电靴所在的导体段供电,当集电靴驶离该导体段,电源箱立刻切断该导体段的电源。现代有轨电车属于路面交通,且部分地段与行人共享路权,APS 系统保证了车体以外空间的导电轨不带电,从而确保了供电系统的安全性。

② 电磁吸附式 Tram Wave 技术

意大利安萨尔多公司的 Tram Wave 技术是由运用于公交车的 Stream 系统转化而来。意大利人从 1994 年开始研发 Stream 系统,并于 1998 年在意大利的里雅斯特得到了商业运营,Tram Wave 第三轨及车载受流器如图 4-15 所示。

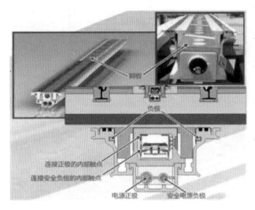

图 4-15　Tram Wave 系统组成

该系统由车载受流器与埋置于地下的供电装置构成,二者通过磁力相互作用,使得车辆通过某段轨道时,该轨道与电源正极导通,车驶离该处轨道时,轨道与安全负极导通,保证无车时的供电导轨的安全性。

大连机车车辆有限公司于 2012 年从意大利安萨尔多公司引进 Tram Wave 技术,并应用于珠海现代有轨电车 1 号线工程。2014 年 11 月,珠海现代有轨电车 1 号线首期工程梅华路段的铺轨正式完成,意味着我国首次采用意大利"Tram Wave"地面供电技术的现代有轨电车开始上线调试。2016 年 8 月大连机车车辆有限公司生产的车辆已在珠海现代有轨电车 1 号线部分区段进行试运行,如图 4-16 所示。

图 4-16　珠海现代有轨电车 1 号线

③ 无线感应供电 PRIMOVE 技术

庞巴迪公司推出的 PRIMOVE 无线感应供电技术，是在轨道中分段铺设逆变器，将轨道供电电缆 750V 的直流电逆变为 400V/20Hz 的交流电，轨道中铺设的初级感应线圈通过不超过 70mm 的气隙在次级线圈感应出约 400V 的交流，再将交流电转换为 600V 的直流电，供给牵引系统。尽管无线传输的效率能做到 90% 以上，但由于能量经过了 DC/AC、交流感应、AC/DC 等多个环节，因此其系统效率较一般牵引系统略低，整个系统的效率为 50%～60%。PRIMOVE 系统组成如图 4-17 所示。PRIMOVE 系统在德国奥格斯堡有轨电车得到了应用。

图 4-17　PRIMOVE 系统供电示意图

2）车载储能装置供电系统

目前，在现代有轨电车中使用最广泛的车载储能供电方式包括超级电容和蓄电池供电。

① 超级电容供电

超级电容供电的原理是在车站设置超级电容充电设备，区间采用车载超级电容供电，单次充电最大运行距离 3～5km；其特点是利用停站时间进行充电，具有充放电时间快、功率密度大、使用寿命长等优势。中车株洲电力机车有限公司于 2012 年引进西门子 100% 低地板有轨电车技术，并于 2013 年自主研发超级电容储能系统应用于 100% 低地板现代有轨电车，电容单体容量范围 7500～30000F，最高储能量可达到 21kW/h，可进行 10s 快速补充电或在 30s 内单次满充电。目前国内应用案例有广州海珠现代有轨电车、淮安现代有轨电车一期工程，如图 4-18 所示。

图 4-18　采用超级电容供电的现代有轨电车

② 蓄电池供电

蓄电池供电的原理是在部分车站设置电池充电设备，按照浅充浅放的方式利用列车进站停站时间进行快速补电。目前电池储存电量为 $80\sim120kW/h$，单次充电最大运行距离约 10km；其特点是利用停站时间充电，运行途中无接触网，电池重量轻，体积小。国内由中车南京浦镇车辆厂于 2011 年引进采用车载蓄电池供电的 100% 低地板车型，车载蓄电池在车辆驶入无接触网区域时可为车辆牵引系统提供电能，而当车辆驶入有触网区域或车辆制动时可进行快速补电，供电电压 DC750V。目前国内应用案例有南京河西新城现代有轨电车 1 号线，如图 4-19 所示。

图 4-19　采用蓄电池供电的现代有轨电车

超级电容、蓄电池供电方式对比见表 4-1。

超级电容与蓄电池技术性能比较　　　　　　　　　　　　表 4-1

性能指标	超级电容	动力电池
能量转换	电能	化学能（钛酸锂）——电能
内部反应	极化电解质的物理反应	氧化还原化学反应
过程可逆性	充放电过程可逆	充放电过程可逆，能量转换有损耗
使用损耗	使用不当造成电解液泄漏	化学介质活性的降低 负极材料钝化使得容量衰减
内部阻抗	低阻抗，根据耐压要求可调	充电时内阻下降，放电时内阻上升
受温度影响	很小的活性极化；工作范围：$-40\sim$ $+70℃$	明显的活性极化温度关系；工作范围：$-25\sim+45℃$
充放电速度	快，10s 快速补充电、30s 内单次满充电	慢，利用站停时间补充电
储能密度（Wh/kg）	低，为蓄电池的十分之一，$3\sim15Wh/kg$	高，$20\sim200Wh/kg$
总重量、体积	大，占用空间大	小，占用空间小
最高速度	70km/h	70km/h
寿命（深度充放电）	100 万次	2000 次左右
能量回收	90%	60%
维护	维护少	需要日常维护及检测
工程应用	淮安、广州海珠环岛现代有轨电车	南京河西新城现代有轨电车

超级电容与动力蓄电池两类供电方式，均能很好地适应无接触网条件下现代有轨电车的动力需求，且目前在国内已运营的现代有轨电车项目中应用良好。超级电容的主要优点为充电快、维护少；缺点为储能密度低、总重量及体积较大、单次充电运行距离较短。动力蓄电池主要优点为储能密度高、总重量及体积较小、单次充电运行距离较长；缺点为充电慢、维护相对较多。

通过对现代有轨电车无接触网、有接触网两种车辆供电方式的技术特点分析，这两类供电方式在国内均有应用，如苏州高新区现代有轨电车1号线采用了技术成熟的接触网受流供电方式。在无接触网供电车型的运用方面，第三轨供电技术主要由各大车辆制造商进行技术开发和商业推广，存在技术专有属性，因而在市场兼容和售后维护方面存在不足；而蓄电池、超级电容技术随着清洁能源技术的不断进步，逐步成为全社会共同推动的主流技术，并随着现代有轨电车的不断发展，应用也越来越广泛。另外，氢能源燃料电池、法拉第膺电容等新型能源技术也正在被研发和推广应用，目前氢能源燃料电池技术由中车四方车辆厂研发推广并在佛山高明区、青岛城阳区、河北唐山现代有轨电车等项目上进行了应用，法拉第膺电容技术则处于研发阶段。

5. 现代有轨电车主流车型介绍

（1）国内车辆生产情况简介

现代有轨电车车辆的主要性能参数由于各生产厂家的制造和研发特点不同也略有差别，其详细参数视具体车型而定。目前国内现代有轨电车车辆生产制造情况如表4-2所示。

国内现代有轨电车车辆生产运用情况　　　　　　　　　　　表4-2

城市/线路	选用车型	线路	车辆供应商
大连有轨电车202路	70%	既有	大连现代轨道交通有限公司
长春轻轨	70%/100%	既有	中车长春轨道客车股份有限公司
沈阳浑南新区现代有轨电车	70%/100%	新建	中车长春轨道客车股份有限公司
成都新津现代有轨电车	70%	新建	成都长客新筑轨道交通装备有限公司
苏州高新区现代有轨电车1号线	100%	新建	中车南京浦镇车辆厂
珠海现代有轨电车1号线	100%	新建	中车大连机车车辆有限公司
南京河西新城现代有轨电车1号线	100%	新建	中车南京浦镇车辆厂
广州海珠现代有轨电车	100%	新建	中车株洲电力机车有限公司
淮安现代有轨电车一期工程	100%	新建	中车株洲电力机车有限公司

（2）主流车型技术特点及运用

① 庞巴迪Flexity2型车辆

庞巴迪Flexity2车型由中车南京浦镇车辆厂于2011年从加拿大庞巴迪（Bombardiar）公司引进，采用传统有轴转向架技术，100%低地板车型，车轮采用轮径小于600mm的小型轮。此车型应用于南京河西新城现代有轨电车1号线（图4-20）、苏州高新区现代有轨电车1号线项目，南京河西新城现代有轨电车1号线正线区间采用车载蓄电池供电，车站设架空接触网进行充电，车辆基地出入线及停车库线采用架空接触网供电；苏州高新区现代有轨电车采用同样车型，全线设架空接触网供电。

图 4-20 南京河西新城现代有轨电车 1 号线

根据客流需要，初、近期采用 5 模块车辆，远期最大编组采用 7 模块车辆，铰接型式为浮车铰接型结构。车辆模块组合情况如下：

5 模块/列：＝Mc1＊F1＊Tp＊F2＊Mc2＝；

7 模块/列：＝Mc1＊F1＊Tp＊F2＊T＊F3＊Mc2＝；

式中　Mc1、Mc2——安装动车转向架和司机室的动车模块；

　　　　　　Tp——安装受电装置和拖车转向架的拖车模块；

　F1、F2、F3——悬浮车体模块；

　　　　　　　T——动车模块；

　　　　　　　＊——铰接车钩；

　　　　　　　＝——半自动车钩。

② 西门子 Combino 系列车辆

由中车株洲电力机车有限公司于 2012 年从德国西门子（Siemens）公司引进，采用西门子轴桥式纵向耦合动力轮转向架技术，100％低地板车型。动力来源于 9500F 超级电容储能供电，车辆利用停站在 30s 内快速完成充电，制动时能将 85％以上的制动能量回收反馈至超级电容形成电能储存，实现能量的循环利用。

此车型应用于广州海珠线和淮安现代有轨电车 1 号线项目（图 4-21），采用车载超级电容制式的现代有轨电车车辆，车站设架空接触网进行充电，正线区间、车辆基地均为超级电容供电。根据客流需要，初、近期采用 4 模块车辆，远期采用 6 模块车辆，铰接型式为单车铰接型结构。车辆模块组合情况如下：

4 模块/列：＝Mc1＊T＊M＊Mc2＝；

6 模块/列：＝Mc1＊M＊T＊M＊T＊Mc2＝；

式中　Mc1、Mc2——安装动车转向架和司机室的动车模块；

　　　　　　　T——安装受电装置和拖车转向架的拖车模块；

　　　　　　　M——安装动车转向架的动车模块；

T——动车模块；

＊——铰接车钩；

＝——半自动车钩。

图 4-21 淮安现代有轨电车一期工程实物图

③ 安萨尔多 Sirio 系列车辆

由中车大连机车车辆有限公司于 2012 年从意大利安萨尔多（Ansaldo Breda）公司引进，采用传统有轴转向架技术，100％ 低地板车型。地面第三轨供电采用电磁吸附式 TramWave 系统供电制式，该供电系统由车载受流器与埋于地面以下的第三轨供电装置组成。

此车型应用于珠海现代有轨电车 1 号线项目（图 4-22），根据客流需要，初、近、远期均采用 5 模块车辆，铰接型式为浮车铰接型结构。车辆模块组合情况如下：

图 4-22 珠海现代有轨电车 1 号线

5 模块/列：＝Mc1 * F1 * Tp * F2 * Mc2＝；

式中　Mc1、Mc2——安装动车转向架和司机室的动车模块；

　　　　Tp——安装拖车转向架的拖车模块；

　　F1、F2——悬浮车体模块；

　　　　T——动车模块；

　　　　*——铰接车钩；

　　　　＝——半自动车钩。

④ 中车长客海豹、海狮系列车辆

由中车长春轨道客车股份有限公司自主研发，采用传统有轴转向架技术，70%或100%低地板车型。供电制式选用传统接触网供电方式，也可采用超级电容供电方式。

此车型应用于沈阳浑南新区现代有轨电车项目（图4-23），采用架空接触网供电（局部不设接触网路段采用超级电容供电）。根据客流需要，初、近期采用3模块车辆，铰接型式为单车铰接型结构；远期采用3模块车辆两列连挂型式，模块间铰接型式为单车铰接型结构，两列车通过半自动车钩连接。车辆模块组合及编组情况如下：

图4-23　沈阳浑南新区现代有轨电车

3 模块/列：＝Mc1 * Tp * Mc2＝；

远期两列编组：＝Mc1 * Tp * M * M * Tp * Mc2＝；

式中　Mc1、Mc2——安装动车转向架和司机室的动车模块；

　　　　M——安装动车转向架的动车模块；

　　　Tp——安装受电弓和拖车转向架的拖车模块；

　　　　*——铰接车钩；

　　　　＝——半自动车钩。

目前国内已经运行的现代有轨电车车辆在模块编组、长度、载客等方面存在一定差异，具体如表4-3所示。

车型	庞巴迪 Flexity2 系列	西门子 Combino 系列	安萨尔多 Sirio 系列	长客海豹、海狮系列
额定载客数量	300～490 人	305～465 人	276 人	245～465 人
车辆编组	5～7 模块灵活编组	4～6 模块灵活编组	5 模块或 5+5 连挂编组	3～7 模块灵活编组
车辆长度	32～43m	36～54m	32m	28～48m
车辆宽度	2.65m	2.65m	2.65m	2.65m
车辆高度	3300～3600mm	3300～3600mm	3440mm	3300～3600mm
地板高度	100%低地板，距地面高度 330mm	100%低地板，距地面高度 350mm	100%低地板，距地面高度 350mm	70%、100%低地板，距地面高度分别为 805mm、380mm
受电方式	蓄电池、接触网	超级电容、接触网	地面供电：电磁吸附式 TramWave	超级电容、接触网
客室净高	≥2100mm	≥2100mm	2060mm	≥2100mm
车门开启方式	电动塞拉门	电动塞拉门	电动塞拉门	电动塞拉门
单位面积定员	定载 6 人/m²、超载 8 人/m²	定载 6 人/m²、超载 8 人/m²	定载 6 人/m²、超载 8 人/m²	定载 6 人/m²、超载 8 人/m²
车辆最大轴重	11t≤T≤12.5t	10t≤T≤12.5t	11t≤T≤12.5t	10.5t≤T≤12.5t
车辆平均加速度	0.8m/s²	0.6m/s²	0.6/s²	0.5m/s²

4.2 限　界

限界是工程建设、管线和设备安装位置等必须遵守的依据。规定限界的目的，是防止车辆在直线或曲线上运行时与各种建筑物及设备发生接触，保证车辆的安全通行。

4.2.1 概述

现代有轨电车工程限界分为车辆限界、设备限界和建筑限界三种（图 4-24）。

（1）车辆限界，是指车辆在轨道上按规定速度运行时在受其悬挂部件的位移、允许范围内的磨耗、外部侧风等因素影响的情况下，车辆各部位偏离轨道基准中心所允许的程度，车辆运行时各点必须在此允许空间范围内。按列车运行区域可分为区间车辆限界、站台计算长度内车辆限界和车辆基地内车辆限界。

（2）设备限界，是用以限制设备安装的控制线。可按所处地段分为直线设备限界和曲线设备限界，曲线地段设备限界应在直线设备限界基础上，按平面曲线不同半径、过超高或欠超高引起的横向和竖向偏移量，以及车辆、轨道参数等因素综合计算确定。

（3）建筑限界，是在设备限界基础上，考虑了设备和管线安装尺寸并预留一定的安全间隙后确定的最小有效断面。建筑限界中不包括测量误差、施工误差、结构沉降、位移变形等因素。

（4）限界坐标系，垂直于直线轨道线路中心线的二维平面直角坐标。横坐标（X 轴）与设计轨顶平面相切，纵坐标（Y 轴）垂直于轨顶平面，该基准坐标系的坐标原点为轨道中心点（图 4-25）。

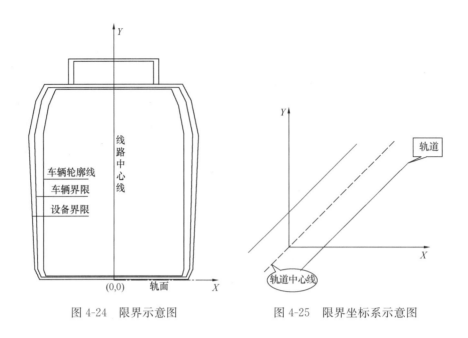

图 4-24　限界示意图　　　　图 4-25　限界坐标系示意图

4.2.2　限界的确定

1. 限界确定的原则

目前国内还没有标准的现代有轨电车限界规范，限界确定宜采用"车辆轮廓—车辆限界—设备限界—建筑限界"的流程。限界确定应遵循以下基本原则：

（1）车辆、设备限界确定的原则

① 车辆、设备限界制定既要考虑车辆技术参数、轨道参数也要考虑车辆运行环境，如风载、车速等。直线地段设备限界与车辆限界之间应留有足够的安全间距，并保证车辆在故障运行状态下不超出设备限界。

② 车辆、设备限界应根据车辆的轮廓尺寸和技术参数、轨道特性、受电方式、施工方法、设备安装等综合因素进行分析计算。

③ 车辆、设备限界一般是按平直线路的条件进行确定。

④ 车辆、设备限界制定应适应铰接车辆的动态包络线特点。铰接式现代有轨电车由于曲线加宽内外侧的差异，应考虑进入曲线时可能产生更大加宽值。

（2）区间建筑限界确定的原则

① 区间建筑限界，当采用碎石道床时应按路基宽度、两侧排水沟以及管线布置方式等因素确定；当采用整体道床时应按设备限界及设备安装尺寸计算确定。

② 对双线区间，当两线间无建（构）筑物时，两条线设备限界之间的安全距离不应小于 100mm。

③ 线路一侧设置接触网支柱时，接触网系统最大突出点与设备限界之间的安全间隙应不小于 100mm；无接触网支柱时，设备限界与建（构）筑物之间的安全间隙一般情况下不应小于 100mm，特殊困难情况下不应小于 50mm。

④ 建筑限界高度按设备限界顶部高度另加不小于 200mm 安全间隙进行确定。

⑤ 道岔区的建筑限界，应在直线地段建筑限界的基础上，根据不同类型的道岔和车

辆技术参数，分别按欠超高和曲线轨道参数计算合成后进行加宽。

（3）车站建筑限界确定的原则

① 站台面不应高于车厢入口处地板面，空车静止状态下二者高差不应大于 50mm。

② 站台计算长度内的站台边缘至轨道中心线的距离，应按不侵入车辆限界确定。站台边缘与车辆轮廓线之间的间隙，偏大容易使乘客踏空，形成安全隐患，偏小容易侵入车辆限界内。当现代有轨电车过站最高速度为 30km/h，经计算车站站台边缘与车辆轮廓间的缝隙理论上 80mm 是可行的，因此站台边缘与车辆轮廓间的缝隙宜为 80mm。目前南京河西新城现代有轨电车 1 号线站台边缘与车辆轮廓间的缝隙 100mm，苏州高新区现代有轨电车 1 号线为 50mm。

③ 站台计算长度外的站台边缘至轨道中心线距离，宜按设备限界另加不小于 50mm 安全间隙进行确定。

④ 车站范围内其余部位建筑限界，应按区间建筑限界的规定执行。

2. 限界的计算方法

限界的计算各机构采用的方法有所不同，其中城市轨道交通限界计算较为典型的方法有以下三种：

（1）《地铁限界标准》CJJ 96—2003

《地铁限界标准》CJJ 96—2003 是中国建设部于 2003 年 11 月批准实施的地铁限界标准，旨在为了实现地铁限界的通用化、系列化、标准化，推动车辆规格统一，有效控制工程规模，确保地铁工程建设和运行的安全。此标准适用于运行在隧道内、高架线，车辆最高速度为 80km/h 的钢轮钢轨、标准轨距的地铁 A 型和 B 型车辆限界的计算。

（2）UIC505

UIC505 是由国际铁路联盟于 1997 年颁布实施的跨国铁路运输的标准，其计算基于已确定的基准轮廓线，将影响限界计算的各主要因素均视为非随机因素，不考虑侧风和制造公差，将各偏移进行线性累加，计算后再增加一定的安全距离。采用此方法计算得到的包络线范围大，可靠度高，出现侵限的概率很小，计算结果偏保守，造成的工程投资浪费。

（3）Bostrab

Bostrab 是德国在 1997 年颁布的适用于城市轻轨交通的限界计算标准。该标准考虑了从轨枕到车顶的全部因素，引入了列车运行速度、加速度和力的参数，对各种车辆参数和轨道参数划分为非随机因素和随机因素，高架线引入了风荷载，车辆限界计算中不考虑一系悬挂和二系悬挂的破损工况，计算模式既可计算直线区段车辆限界，也可以计算曲线地段车辆限界，适应范围广泛，是一种目前比较科学全面的限界计算方法。三种限界计算方法对比如表 4-4 所示。

限界计算方法对比表　　　　　　　　　　　　　　　　　　　　表 4-4

限界计算方法	适用对象	优　缺　点
CJJ 96	常规两轴转向架，且每车配两个转向架	国内地铁车辆均采用该计算方法，应用成熟，计算结果准确可靠。适用对象仅限于常规地铁车辆，不适用车型种类较多的有轨电车

限界计算方法	适用对象	优　缺　点
UIC505	各种车型	适应各种车型。虽是国际标准，但计算精度不够高。理念是已知动态限界的基准轮廓线、减去缩减，最终确定机车车辆制造限界，但有轨电车限界在国内暂时还不够成熟，也没有统一的限界标准，反推限制车辆的轮廓线不合理
Bostrab	各种车型	Bostrab 作为 CJJ 96 的主要参考文献，计算方法科学、周密

综上所述，目前国内现代有轨电车车型种类较多，选择的限界计算方法应该包容各种车型，具有通用性。限界计算方法宜参照《德国 Bostrab 限界暂行规范》。

4.2.3　限界数据

以南京河西新城现代有轨电车 1 号线采用的庞巴迪 Flexity2 型 100％低地板现代有轨电车为实例，分析说明车辆限界、设备限界和建筑限界的确定。

（1）制定限界的主要参数。

① 车体长度：5 模块 32230mm。

② 车辆最大宽度：2650mm。

③ 车辆高度（距轨面）：3600mm（不包括受电弓）。

④ 地板面距轨面高度（车门处）：330mm。

⑤ 转向架轴距：1850mm。

⑥ 车门采用电动塞拉门。

⑦ 正线平面最小曲线半径为 50m。

⑧ 无砟轨道结构高度为 600mm。

⑨ 轨距：1435mm。

⑩ 车站采用架空刚性接触轨，为车载蓄电池提供快速充电，接触轨距轨道面高度不高于 4300mm，曲线地段轨道最大超高 120mm。

（2）线间距。

① 直线段

区间直线段最小线间距为 3100mm。

② 曲线段

区间采用无接触网供电方式（车载蓄电池），曲线段各曲线半径下的最小线间距如表 4-5 所示。

轨道中心最小间距表（无接触网）　　　　　　表 4-5

半径（m）	轨道中心间距（mm）	半径（m）	轨道中心间距（mm）
30＜R≤60	3500	500＜R≤2000	3200
60＜R≤300	3400	2000＜R	3100
300＜R≤500	3300		

（3）建筑限界。

① 建筑限界以车辆轮廓线、车辆限界、设备限界及受电弓限界图等条件为基础，根

据施工工法，并考虑设备尺寸及安装要求、轨道结构高度等控制因素后确定。

② 地面侧式车站、岛式车站站台边缘至线路中心线距离为 1425mm，站台面至轨面高度为 280mm。

③ 直线段车辆动态外部限界为：距轨道中心线 1495mm，线路中心线至路侧的设备限界为 1595m，电缆沿线路布设在两线之间的道床面上。

④ 车站上空设置刚性架空网用于车辆到站后充电，顶部建筑限界高度为 4300mm。

（4）曲线加宽办法。

由于车辆除转向架模块外，还配有悬挂模块，曲线入口时内部位移与通过恒定半径的曲线时的内部位移存在差异。最恶劣的情况出现在当第一个悬挂模块（"客室模块"）和第二个转向架模块之间的铰接正处于直线和曲线轨道的过渡区，因此曲线内侧加宽分为恒定曲线段内侧加宽和曲线出入口处内侧加宽。曲线加宽如表 4-6 所示。

各种曲线加宽量表（无砟轨道）　　　　　　　　　　表 4-6

R (m)	Y_1 (mm)	Y_2 (mm)	W_1a (mm)	W_1b (mm)	W_2 (mm)
25	528	575	152	199	376
30	473	512	130	169	343
34	441	476	117	152	324
40	405	434	103	132	302
50	356	379	86	109	270
60	323	343	74	94	249
80	282	297	60	75	222
100	278	278	72	72	206
120	275	275	80	80	195
160	269	269	89	89	180
200	252	252	88	88	164
300	215	215	79	79	136
500	138	138	59	59	79
700	89	89	51	51	38
1000	103	103	64	64	39
>1000	0	0	0	0	0

注：R——曲线半径；

　　Y_1——在恒定曲线段线间距加宽；

　　Y_2——在曲线出入口处线间距加宽；

　　W_1a——恒定曲线段内侧加宽；

　　W_1b——曲线出入口处内侧加宽；

　　W_2——曲线外侧加宽。

（5）直线段当车辆行驶速度为 50km/h、70km/h 时的车辆轮廓线、车辆限界、设备限界坐标值分别如表 4-7、表 4-8 和图 4-26 所示。

50km/h直线段限界坐标值列表　　　　　　表 4-7

直线段车辆轮廓线坐标值（mm）					
控制点	0	1	2	3	4	5
X	0	1100	1225	1325	1325	1290
Y	3600	3600	3300	2762	200	80
直线段车辆限界坐标值（mm）					
控制点	$0'$	$1'$	$2'$	$3'$	$4'$	$5'$
X	0	1230	1345	1481	1430	1369
Y	3640	3640	3383	2715	210	45
直线段设备限界坐标值（mm）					
控制点	$0''$	$1''$	$2''$	$3''$	$4''$	$5''$
X	0	1285	1430	1545	1470	1410
Y	3700	3700	3380	2715	210	15

70km/h直线段限界坐标值列表　　　　　　表 4-8

直线段车辆轮廓线坐标值（mm）					
控制点	0	1	2	3	4	5
X	0	1100	1225	1325	1325	1290
Y	3600	3600	3300	2762	200	80
直线段车辆限界坐标值（mm）					
控制点	$0'$	$1'$	$2'$	$3'$	$4'$	$5'$
X	0	1240	1360	1495	1435	1372
Y	3640	3640	3383	2715	210	45
直线段设备限界坐标值（mm）					
控制点	$0''$	$1''$	$2''$	$3''$	$4''$	$5''$
X	0	1300	1460	1595	1490	1410
Y	3700	3700	3380	2715	210	15

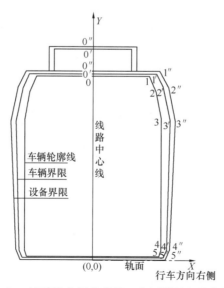

图 4-26　直线段车辆轮廓线、车辆限界和设备限界

（6）上、下行轨道同侧或中央敷设时，区间行驶采用无接触网供电方式的地面直线段区间限界如图 4-27 所示，侧式车站限界如图 4-28 所示，岛式车站限界如图 4-29 所示。

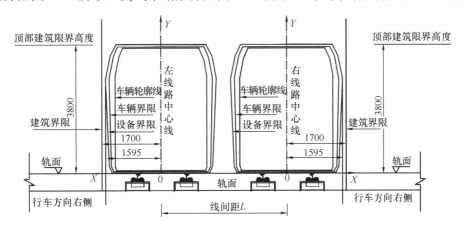

图 4-27　地面直线段敷设区间限界

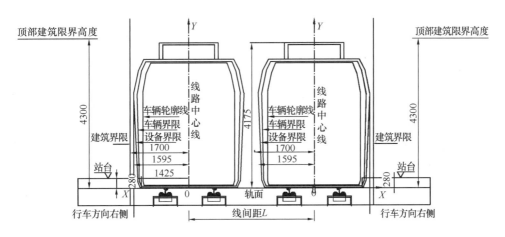

图 4-28　侧式车站限界

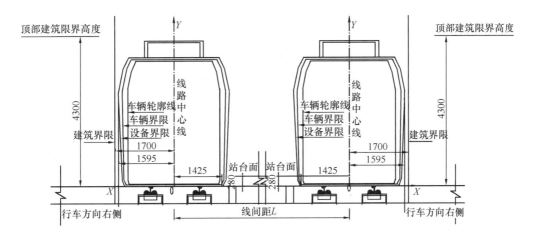

图 4-29　岛式车站限界

第5章　线路与行车组织

现代有轨电车线路一般沿城市道路敷设于地面，采用半封闭、半独立或独立路权，双线运行时采用右侧行车制式。线路布设应充分考虑城市道路的既有或规划条件，并需统筹兼顾城市道路交通组织方案。线路按运营功能定位，区分为正线、配线和车场线，配线包括联络线、折返线、停车线、渡线、出入线、安全线等。现代有轨电车行车组织主要包括路权形式、旅行速度、驾驶特征、控制方式及运行组织等内容。

5.1　线　　路

5.1.1　线路设计原则

现代有轨电车线路走向应符合城市总体规划，选择城市交通的主要客流廊道，联系主要客流集散点，以便有效承载客流并与其他公共交通方式进行衔接换乘，减少对城市道路的交通干扰，同时应有效节约土地，降低工程造价。由于现代有轨电车工程单位造价较高，线路建成后的变更，不但造成投资的巨大浪费，还将影响沿线城市道路的交通组织，所以线路方案应经慎重研究、综合比选后选定。线路方案设计应遵循以下主要原则：

（1）现代有轨电车线路设计应依据线网规划、城市总体规划及城市综合交通规划，确定线路的功能定位和运营需求，明确线路走向、起迄点设置和站点设置，并应兼顾近远期结合，预留远期线路延伸条件，做好用地控制规划。

（2）线路设计应充分体现网络化、公交化的运营理念，合理设置不同线路间的联络线，满足系统网络化运营的需求。

（3）线路设计应根据线路的功能定位、预测客流、运营需求、工程实施条件等因素，合理选择相应的路权形式。独立路权区段应具备设置防止人车入侵设施的条件。

（4）线路敷设方式应根据城市总体规划、工程地质和环境气候条件，因地制宜地选定，并应以地面线为主，在人口密集区和城市建成区等特殊路段可局部采用高架线或地下线。

（5）地面线路在道路断面上的布置可采用路中式、双向同侧和单向单侧三种方式。线路平面应结合道路等级、交通组织需求和景观设计要求，因地制宜选择与道路红线的关系。

（6）线路平面的选择宜避免与国防、军事光缆，高压、次高压燃气等重要管线长距离重合，并宜预留远期横向过轨的市政管线埋设条件。

（7）线路与道路相交路口的平、立交关系，应根据城市道路交通现状及规划交通流量大小、交通性质确定。平交路口处应设置交通信号灯等防护设施，并与周边景观环境协调。

（8）地面线路沿道路敷设时，与相邻机动车道、非机动车道、人行道之间应设置明显的分隔设施。分隔设施可采用物理分隔，如路缘石、护栏、隔离墩等，交叉口等特殊区域可采用概念分隔，如车道标线、反光道钉等。

（9）车站分布以线网规划的换乘节点、城市交通枢纽为基本站点，并结合城市道路布局和客流集散点分布确定。车站应与其他交通方式的换乘便捷，车站间距应根据城市的现状及规划、线路功能定位和旅行速度目标等要求综合确定，宜为500~1500m。

（10）线路与相邻建筑物距离应符合城市环境保护要求，符合城市风景名胜和文物保护等相关规定。

5.1.2 现代有轨电车路权

依据现代有轨电车与社会车辆行驶时车道占用关系，现代有轨电车路权形式可分为独立路权、半独立路权和混合路权三种模式。由于我国现代有轨电车的建设多数是依托既有道路进行改造建设，一般采用地面敷设方式，现代有轨电车采用较多的是半独立路权和混合路权两种路权形式。

1. 独立路权

独立路权形式是指在特定的道路上，现代有轨电车享有全部的、排它的绝对道路使用权，具有独立的运行空间，不受其他车辆干扰，列车旅行速度及通行能力高。此种路权形式通常需要采用立体交叉、封闭运行，因此工程造价相对较高，工期较长。

独立路权形式一般适用于既有道路条件不佳，交通需求量大的通道型客流走廊。国内已建成现代有轨电车线路只是在部分交叉口采用独立路权，如苏州高新区现代有轨电车1号线部分交叉口采用高架桥梁跨越，以保障现代有轨电车运营的效率与安全，并减少对相交道路的交通影响。

2. 半独立路权

半独立路权形式是指在特定路段上，通过标线或实体隔离设施将现代有轨电车与其他城市交通相隔离，在交叉口采用信号相对优先策略，保障现代有轨电车享有比其他社会车辆优先通过的权利。此种路权形式对既有道路改造的工程量较少、造价较低、工期较短、效果较明显，但对道路的交通组织影响较大。

目前国内现代有轨电车多采用半独立路权形式，适用于道路空间条件较好，交叉口间距合理，且可以采用信号相对优先策略，交通需求明显的客流廊道上。

3. 混合路权

混合路权形式是指在特定路段上，现代有轨电车与社会车辆共享路权。该形式车道利用率高，对既有道路改造小、造价低。但该形式现代有轨电车运行受其他社会车辆或行人干扰大，运营效率、旅行速度及准点率低。混合路权形式适用于道路资源紧张、改造条件受限、对旅行速度及准点率要求不高的线路上。如大连202路有轨电车兴工街至东关街段线路采用混合路权。

路权形式的选择，在实际运用过程中也可以结合实际情况采用几种路权形式的组合方案。一般现代有轨电车线路布设在多条城市道路上，不同路段的道路条件各不一样，可根据道路具体情况，合理选用不同的路权形式，考虑到国内规划建设的现代有轨电车实际情况，重点对半独立路权和混合路权的线路进行分析。

5.1.3 线路平面

线路平面由直线、圆曲线和缓和曲线组成。圆曲线半径应综合考虑车辆类型、地形条件、运行速度、环境要求等因素，因地制宜合理选用；缓和曲线是设置在直线与圆曲线之间的一种曲率连续变化的曲线。

1. 圆曲线最小曲线半径

因现代有轨电车线路一般沿城市道路进行地面布设，线路平面受交叉路口、建（构）筑物影响，可能需要设置较小半径的圆曲线。最小曲线半径的选择主要受现代有轨电车车辆最小转弯半径、城市道路、运行速度、乘客舒适度等影响。

（1）车辆最小转弯半径

目前世界上广泛使用的现代有轨电车主要有加拿大庞巴迪公司的 Flexity 系列、法国阿尔斯通公司的 Citadis 系列以及德国西门子公司的 Avenio 系列，国内车辆生产企业生产的现代有轨电车车辆，也多是通过引进、吸收上述国外公司的技术，车辆技术极限最小转弯半径主要受转向架轴距及结构影响，三种系列车型的最小转弯半径如表 5-1 所示。

现代有轨电车最小转弯半径 表 5-1

有轨电车型号	最小转弯半径（m）
庞巴迪 Flexity 系列	15
阿尔斯通 Citadis 系列	20
西门子 Avenio 系列	18

由表 5-1 可知，目前主流的现代有轨电车车辆的最小转弯半径为 15～20m，因此现代有轨电车线路的最小曲线半径一般不受车辆自身技术极限转弯半径的限制。

（2）行车速度对曲线半径的影响

现代有轨电车车辆在通过曲线时会产生离心加速度，为了维持车辆的平衡，需要给车辆提供相应的向心加速度。现代有轨电车线路一般设置外轨超高，由车辆的重力加速度产生水平分量来平衡车辆的离心加速度。如图 5-1 所示。

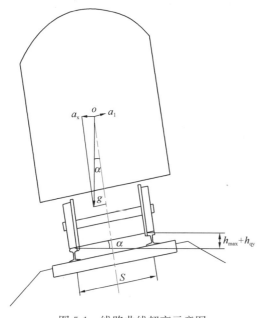

图 5-1 线路曲线超高示意图

根据受力平衡分析可以推导出：

$$R_{mim} = \frac{11.8v^2}{h_{max} + h_{qy}} \quad (5-1)$$

式中　R_{min}——最小曲线半径（m）；

　　　h_{max}——最大超高允许值（mm）；

　　　h_{qy}——允许欠超高（mm）；

　　　v——行车速度（km/h）。

可以看出，行车速度 v 一定时，最小曲线半径 R_{min} 由最大超高 h_{max} 和允许欠超高 h_{qy} 的取值决定。

当超高值过大时，列车在曲线上低速行驶或者临时停车就会有向内倾覆的危险。因此，为了保证行车安全，需要设定最大超高允许值。根据中国铁道科学研究院 1980 年的试验研究，当列车停在超高 $h_{max} = 200mm$ 及以上的曲线上时，部分旅客感到站立不稳，行走困难且有头晕感觉。《高速铁路设计规范》TB 10621—2014 采用的最大超高允许值 $h_{max}=175mm$；《城际铁路设计规范》TB 10623—2014 采用的最大超高允许值 $h_{max}=170mm$；《地铁设计规范》GB 50157—2013 采用的最大超高允许值 $h_{max}=120mm$。

现代有轨电车运行速度略低于地铁，最大超高允许值建议与地铁保持一致，即 $h_{max}=120mm$。

当行车速度高于计算超高的均衡速度时，将会产生未被平衡的横向加速度 a，即欠超高 h_{qy}。欠超高过大时，对列车通过曲线的安全性、舒适性和轨道横向稳定性都会造成影响。根据国内铁路相关试验结果，未被平衡的离心加速度 a、欠超高 h_{qy} 与乘客舒适度的关系如表 5-2 所示。

欠超高与乘客舒适度的关系　　　　　　　　　　表 5-2

a（m/s²）	h_{qy}（mm）	乘客反应
0.26	40	无感觉
0.39	60	基本无感觉
0.52	80	稍有感觉
0.59	90	有些感觉，能适应
0.72	110	较大感觉，尚能客服
0.85	130	甚大感觉，需用力平衡
1	153	更甚感觉，站不稳，无法行走

《高速铁路设计规范》TB 10621—2014 欠超高允许值标准如表 5-3 所示。

高速铁路欠超高允许值标准　　　　　　　　　　表 5-3

舒适度条件	优秀	良好	一般
欠超高允许值 h_{qy}（mm）	40	60	90

《城际铁路设计规范》TB 10623—2014 欠超高允许值标准如表 5-4 所示。

城际铁路欠超高允许值标准　　　　　　　　　　表 5-4

舒适度条件	优秀	良好	一般
欠超高允许值 h_{qy}（mm）	40	80	110

《地铁设计规范》GB 50157—2013 规定的未被平衡的横向加速度，正常取 $a=0.4m/s^2$，对应的欠超高允许值 $h_{qy}=60mm$；瞬间取 $a=0.5m/s^2$，对应的欠超高允许值 $h_{qy}=80mm$。

现代有轨电车由于采用了低地板的新型车辆，相比地铁可以承受更高的未被平衡的离心加速度，因此可适当提高现代有轨电车未被平衡的横向加速度，建议现代有轨电车未被平衡的横向加速度值，一般取 $a=0.5m/s^2$，欠超高允许值 $h_{qy}=80mm$；困难条件下取 $a=0.7m/s^2$，欠超高允许值 $h_{qy}=110mm$。

现代有轨电车由于采用了低地板的新型车辆，车辆重心较低，适当提高现代有轨电车未被平衡的横向加速度，对于乘坐的舒适性影响不大，建议现代有轨电车未被平衡的横向加速度值，一般取 $a=0.5m/s^2$，欠超高允许值 $h_{qy}=80mm$；困难条件下取 $a=0.7m/s^2$，欠超高允许值 $h_{qy}=110mm$。

将以上参数取值代入式（5-1）中计算可得：一般情况下 $R_{min}=0.059v^2$，困难条件下 $R_{min}=0.051v^2$；以最高设计时速 $v=70km/h$ 计算并取整，一般条件下 $R_{min}=300m$，困难条件下 $R_{min}=250m$。

经计算分析，现代有轨电车线路最小曲线半径主要受行车速度、曲线超高和欠超高控制。现代有轨电车在按正常速度运行并按设计速度设置曲线超高时，一般条件下最小曲线半径 $R_{min}=300m$，困难条件下 $R_{min}=250m$；现代有轨电车线路在交叉口转弯并与城市道路上的车辆共享路权，现代有轨电车应以行车速度 $v\leqslant20km/h$ 限速运行，最小曲线半径 $R_{min}=50m$，有轨电车线路可结合道路交叉口的竖向设计设置一定的超高。

车场线因不载客、不受乘客舒适度影响，且行车速度较低，车场线最小曲线半径的取值可依据车辆的最小转弯半径选取，车场线最小曲线半径可取 $R_{min}=20m$。

（3）最小曲线半径对城市道路的影响

现代有轨电车一般采用地面敷设方式，布置于道路路中或路侧，因此，现代有轨电车最小曲线半径的取值如与城市道路最小曲线半径不匹配，便会对城市道路造成影响。根据《城市道路工程设计规范》CJJ 37—2012，城市道路圆曲线最小曲线半径如表5-5所示。

城市道路圆曲线最小曲线半径　　　　　表 5-5

设计速度（km/h）		100	80	60	50	40	30	20
不设超高最小半径（m）		1600	1000	600	400	300	150	70
设超高最小曲线半径（m）	一般值	650	400	300	200	150	85	40
	极限值	400	250	150	100	70	40	20

现代有轨电车的运行速度一般在 $20\sim70km/h$，在设置曲线超高的情况下，对应的圆曲线最小曲线半径如表5-6所示。

现代有轨电车圆曲线最小曲线半径　　　　　表 5-6

设计速度（km/h）		70	60	50	40	30	20
设超高最小曲线半径（m）	一般值	300	220	150	100	65	25
	困难值	250	190	130	85	45	20

比较表5-5和表5-6可知，在现代有轨电车线路按设计速度设置曲线超高时，其圆曲线最小曲线半径的取值可以与城市道路最小曲线半径相匹配。

一般十字形交叉口路缘石的最小半径为：主干道 $20\sim25m$；次干道 $10\sim15m$；支路 $6\sim9m$。在城市道路交叉口路段，当现代有轨电车的运行速度限制在 $v=20km/h$ 时，现代有轨电车线路的最小曲线半径不宜小于50m，困难条件下可取25m，大于交叉口最小转弯半径会影响平面交叉口交通组织，并造成地块切割，因此，线路敷设时需要结合城市道路的实际情况进行调整。

十字路口处现代有轨电车分别敷设于路中、路侧，不同曲线半径线路对交叉口和地块的影响如图5-2所示。

2. 缓和曲线和曲线超高

（1）缓和曲线线型的选定

缓和曲线线型主要包括回旋线、三次抛物线、七次四项式型、半波正弦型、一波正弦

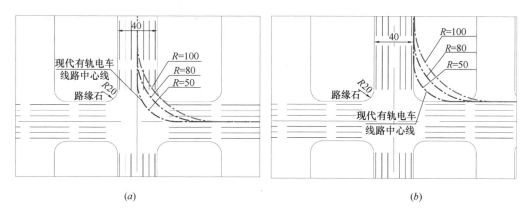

图 5-2 不同曲线半径线路对道路和地块影响

(a) 路中敷设方式；(b) 路侧敷设方式

型、双纽线等类型，考虑到三次抛物线线型简单、设计方便和平立面有效长度等特点，现代有轨电车一般采用三次抛物线型的缓和曲线，曲率半径由∞～R过渡变化。

(2) 缓和曲线长度

缓和曲线长度是现代有轨电车平面线型的主要参数之一。为保证列车运行的安全和乘客舒适度的要求，缓和曲线应有足够的长度，但过长的缓和曲线将影响平面选线和纵断面设计的灵活性，引起工程投资的增加。因此，缓和曲线长度的选择应因地制宜、合理选用。

缓和曲线长度的控制性要素主要有以下四项：

① 限制超高 h 递减坡度 (3‰) 是保证转向架下的车轮在三点支承情况下，悬起的车轮高度，受轮缘控制，不致爬轨、脱轨，为保障安全，其最小长度应满足一节车辆全轴距长度。即：

$$L \geqslant 1000h/3 \geqslant 15\text{m} \tag{5-2}$$

② 限制车轮升高速度的超高时变率 f 值，是满足乘客舒适度的一项指标，参照《地铁设计规范》取 40mm/s。即：

$$L \geqslant h \cdot v/3.6f = 0.07vh = 0.082v^3/R \tag{5-3}$$

③ 限制未被平衡横向加速度的时变率 β 值，也是乘客舒适度的指标，参照《地铁设计规范》取 0.3mm/s³，即：

$$L \geqslant a \cdot v/3.6\beta = 0.37v \tag{5-4}$$

式中 a 取 0.4m/s²。

④ 限制车辆进入缓和曲线对外轨冲击的动能损失 $W = 0.37\text{km/h}$，也是乘客舒适度指标，即：

$$L \geqslant 0.05v^3/R \tag{5-5}$$

一般选择具有上述因素包容性较好，统一计算长度，$L \geqslant 0.007v \cdot h = 0.082v^3/R$ 为基本计算公式。

现代有轨电车列车设计运行速度 $v \leqslant 70\text{km/h}$，实际运行最高速度一般在 60km/h 左右，按 $v=65\text{km/h}$，曲线半径 $R=1500\text{m}$，代入公式 $L \geqslant 0.082v^3/R$，计算得：$L \geqslant 15\text{m}$；即当线路正线曲线半径 $R>1500\text{m}$ 时，按运行速度与曲线半径关系计算的缓和曲线长度，

已小于按限制超高 h 递减坡度（3‰）计算的保证行车安全要求的最小长度 15m。因此，现代有轨电车线路正线曲线半径 $R>1500$m 时，可不设缓和曲线，但其曲线超高（和轨距加宽）应在圆曲线外的直线段内完成递变。正线曲线半径 $R\leqslant1500$m 时，圆曲线与直线之间应设置缓和曲线。

综上所述，现代有轨电车线路曲线超高—缓和曲线长度如表 5-7 所示。

线路曲线超高—缓和曲线长度表　　　　　　表 5-7

R	v	70	65	60	55	50	45	40	35	30	25	20
1500	L	20	20	20	20	20	—	—	—	—	—	—
	h	40	35	30	25	20	15	15	10	—	—	—
1200	L	25	20	20	20	20	20	—	—	—	—	—
	h	50	40	35	30	25	20	15	10	10	—	—
1000	L	30	25	20	20	20	20	20	—	—	—	—
	h	60	50	45	35	30	25	20	15	10	—	—
800	L	35	30	25	20	20	20	20	20	—	—	—
	h	70	60	55	45	35	30	25	20	15	10	—
700	L	45	35	25	20	20	20	20	20	—	—	—
	h	85	70	60	50	40	35	25	20	15	10	—
600	L	50	40	30	25	20	20	20	20	—	—	—
	h	95	85	70	60	50	40	30	25	20	10	10
550	L	55	40	35	25	20	20	20	20	—	—	—
	h	105	90	75	65	55	45	35	25	20	15	10
500	L	60	45	35	30	25	20	20	20	—	—	—
	h	115	100	85	70	60	50	40	30	20	15	10
450	L	60	50	40	35	25	20	20	20	20	—	—
	h	120	110	95	80	65	55	40	30	25	15	10
400	L	60	55	45	35	30	20	20	20	20	—	—
	h	120	120	105	90	75	60	50	35	25	20	10
350	L	60	55	50	40	30	25	20	20	20	—	—
	h	120	120	120	100	85	70	55	40	30	20	15
300	L	60	55	50	50	35	30	20	20	20	—	—
	h	120	120	120	120	100	80	65	50	35	25	15
250	L	—	55	50	50	45	35	25	20	20	20	—
	h	—	120	120	120	120	95	75	60	40	30	20
200	L	—	—	50	50	45	40	35	25	20	20	—
	h	—	—	120	120	120	120	95	70	55	35	25
150	L	—	—	—	—	45	40	35	25	20	15	—
	h	—	—	—	—	120	120	120	100	70	50	30

R	v	70	65	60	55	50	45	40	35	30	25	20
100	L	—	—	—	—	—	—	**35**	**30**	**25**	**15**	15
	h							120	120	105	75	45
50	L	—	—	—	—	—	—	—	—	**25**	**25**	**15**
	h									120	120	95

注：R—曲线半径（m）；v—设计速度（km/h）；L—缓和曲线长度（m）；h—超高值（mm）。

3. 夹直线及圆曲线最小长度

相邻两曲线间夹直线最小长度主要影响列车运行的平稳性和乘客乘坐的舒适度，根据车辆振动不叠加理论分析确定，即当某节车辆通过缓直点时受到冲击所产生的振动，不与随后通过直缓点时产生的振动相叠加。因此，夹直线的最小长度要保证列车以最高速度运行的时间不小于车辆转向架弹簧振动消失的时间。参照《地铁设计规范》GB 50157—2013，在正线、联络线及车辆基地出入线上，一般条件下，现代有轨电车线路两相邻曲线间，无超高的夹直线最小长度 $L=0.5v$（m）；困难条件下，按一节车厢不跨越两种线型，即不小于一节车厢的全轴距长度考虑。

目前，我国现代有轨电车主流产品的全轴距一般小于14m，正线、联络线及车辆基地出入线夹直线最小长度可按不小于15m设置。

现代有轨电车线路圆曲线最小长度可参照夹直线最小长度确定，车场线上的夹直线最小长度不应小于3m。

4. 站坪长度内的平面设计

站坪范围内现代有轨电车平面线型设置应满足以下条件：

（1）车站站台宜设在直线上。若设在曲线上时，为满足安全要求，其站台有效长范围的线路曲线最小半径应根据不同车型和站台凹凸形态，曲线半径一般不宜小于800m。

（2）道岔应设在直线地段上，道岔两端与车站有效站台端部的直线距离不应小于5m。

（3）岔后附带曲线可不设缓和曲线和曲线超高，其曲线半径不应小于道岔导曲线半径。

（4）折返线、停车线等宜设在直线上，困难情况下，除道岔区外，可设在曲线上，不设缓和曲线和超高，但在车挡前应保持不小于10m的直线段。

5. 道岔铺设

相邻道岔力求布置紧凑，但如果两相邻道岔岔心距离太短，则将影响列车运行的安全、平稳及道岔的使用年限。为此，两道岔间应插入一段钢轨，参照《地铁设计规范》GB 50157—2013，插入钢轨长度不应小于表5-8的规定。

道岔间插入钢轨长度（m） 表5-8

道岔布置相对位置		线别	插入钢轨长度 L（按轨缝中心）	
			一般地段	困难地段
两组道岔前端对向布置		正、配线	12.5	6.0
		车场线	4.5	3.0

道岔布置相对位置		线别	插入钢轨长度 L（按轨缝中心）	
			一般地段	困难地段
两组道岔前后顺向布置		正、配线	6.0	4.5
		车场线	4.5	3.0
两组道岔根端对向布置		正、配线	6.0	6.0
		车场线	4.5	3.0

5.1.4 线路纵断面

1. 纵断面

正线纵断面最大坡度是线路的主要技术标准之一，对线路的布设方式、工程造价和运营都有较大的影响。现代有轨电车线路的最大纵坡主要受车辆爬坡性能、城市道路条件和乘客舒适度的影响。

（1）车辆性能

目前，现代有轨电车主流产品的最大爬坡能力基本上在50‰～80‰之间，考虑到气候、救援因素等，设计中一般按不大于60‰考虑。

（2）道路纵坡

根据《城市道路工程设计规范》CJJ 37—2012，城市道路机动车车行道最大纵坡度推荐值与限制值如表5-9所示。

城市道路机动车车行道最大纵坡度推荐值与限制值 表5-9

设计速度（km/h）		100	80	60	50	40	30	20
最大纵坡（%）	一般值	3	4	5	5.5	6	7	8
	极限值	4	5	6		7		8

在城市道路中计算行车速度在30km/h以上的道路，其推荐纵坡度值均小于70‰。根据此标准，即城市次干路1、2级，城市支路1级以上的道路都可以运行各种现代有轨电车。因此，城市道路规定的最大纵坡能够满足现代有轨电车爬坡能力要求。

（3）纵坡坡度对乘客舒适度的影响

据试验，当车辆在大于45‰的坡道上运行时，乘客会有较明显的不舒适感。因此，从乘客舒适度角度考虑，现代有轨电车线路纵坡一般不宜大于45‰。

（4）最大坡度的选择

根据上述分析，现代有轨电车线路的最大坡度，受沿线城市道路的纵坡和乘客舒适度影响，一般条件下，最大坡度不应大于50‰；困难条件下，最大坡度不应超过60‰。联络线、出入线一般条件下最大坡度不宜大于60‰。

南京河西新城现代有轨电车1号线设置地下车辆段，出入线引出车站—秦新路站轨面标高9.5m，车场线设计轨面标高为0.9m，高差约8.6m。受出入线长度限制，最大纵坡设计为64.4‰，经车辆厂家模拟分析论证，确定车辆满足爬坡要求，实施过程中采取了增设接触网、加大现代有轨电车的爬坡能力等措施，实际运营过程中列车低速爬坡时较为困难。因此，建议联络线、出入线困难条件下最大纵坡不大于60‰。

2. 坡段与竖曲线

（1）坡段长度

为了改善列车的运行条件，提高乘坐舒适性，通常以列车不宜运行在两种以上坡段、坡度及竖曲线上为原则，相邻竖曲线间的夹直线长度不宜小于30m。

（2）竖曲线

列车通过变坡点时，会产生突变性的冲击加速度，当两相邻坡段的坡度代数差等于或大于2‰时，对舒适度有一定影响，为改善变坡点处的行车平稳性，需在变坡点处设置圆曲线型的竖曲线。圆曲线型竖曲线产生的竖向加速度 a 与竖曲线半径 R 和行车速度 v 有关，a 的取值范围一般为 $0.08\sim0.3\text{m/s}^2$。

当 $a=0.08\text{m/s}^2$ 时，$R=v^2$；当 $a=0.16\text{m/s}^2$ 时，$R=0.5v^2$；当 $a=0.3\text{m/s}^2$ 时，$R=0.25v^2$。

竖向加速度 a、竖曲线半径 R（m）与行车速度 v 关系见表5-10。

竖向加速度 a、竖曲线半径 R（m）与行车速度 v 关系 表5-10

a	v	40	45	50	55	**60**	65	70
0.08	$R=v^2$	1600	2025	2500	3025	**3600**	4225	4900
0.16	$R=0.5v^2$	800	1012	1250	1512	**1800**	2112	2450
0.3	$R=0.25v^2$	400	506	625	756	**900**	1056	1225

目前现代有轨电车的站间距一般在800m左右，坡段划分长度较短，使用过大的竖曲线半径对纵断面设计的灵活性影响较大。按照乘客舒适度要求，并简化工程适应条件，取 $R=(0.5\sim1)v^2$ 为宜，当线路最高运行速度为70km/h，实际运行最高速度在60km/h左右，现代有轨电车区间线路竖曲线半径宜采用1800～3600m。

在架轨灌注混凝土整体道床时，当凹形竖曲线半径低于2000m时，施工中轨道依靠自重下凹有困难，从方便施工的角度考虑，竖曲线半径不宜小于2000m。

据上述分析，经综合分析，现代有轨电车线路竖曲线半径不应小于表5-11的规定：

竖曲线半径 表5-11

线别		一般情况（m）	困难情况（m）
正线	区间	2500	1000
	车站端部	2000	1000
联络线、出入线、车场线		1000	500

车站站台计算长度内和道岔范围内不得设置竖曲线，竖曲线至道岔端部的距离一般不应小于5m，困难情况下不应小于3m，并应满足信号机的设置要求。

曲线超高在缓和曲线内完成，即缓和曲线是超高的顺坡段，当竖曲线与缓和曲线重叠，轨道铺设具有难度。因此，竖曲线与缓和曲线（或超高顺坡段）不宜重叠；当整体道床地段出现上述曲线重叠时，每条钢轨的超高最大顺坡率不应大于1.5‰。

3. 车站及其配线坡度

为防止尖轨爬行，影响使用安全，道岔宜设在不大于5‰的坡道上；当道岔采用曲线尖轨、固定接头和无砟道床时，可设在不大于10‰的坡道上。

为保证线路轨面与站台之间高差协调一致性，车站站台范围内的线路应设在一个坡道上。坡段长度不应小于远期列车长度，地面车站站坪纵坡应与城市道路的坡度相适应，但最大纵坡不宜大于10‰，困难地段不应大于20‰。

具有站外停车功能的配线，其停车范围坡度不宜大于10‰。

车场内的库（棚）线宜设在平坡道上，为防止库外停车线路溜车，库外停放车的线路坡度不应大于1.5‰；道岔区坡度不宜大于3.0‰。

4. 桥梁的最大坡度

受桥梁支座和桥梁伸缩缝的限制，并参考《公路线路设计规范》JTG D20—2006、《铁路桥涵设计基本规范》TB 10002.1—2005，桥梁的最大坡度为40‰。

5. 现代有轨电车线路与城市道路的衔接

由于现代有轨电车线路基本沿城市道路地面敷设，线路纵断面与市政道路纵坡、标高密切相关，结合工程实践，在处理有轨电车与城市道路路面标高关系上应注意以下几点：

（1）线路纵断面设计前，应对有轨电车线路中心线进行精准放样，对既有道路与现代有轨电车线路共线区域的路面横断面标高进行精确测量，测量范围不小于有轨电车中心线两侧20m宽度。

（2）线路沿既有城市道路敷设时，当线位敷设于既有道路路面之上时，应拟合既有道路路面标高，顺应既有道路的纵坡；当现代有轨电车线位与既有道路采取绿化隔离时，线路坡长、坡度、竖曲线半径可依据既有道路纵坡和路面标高进行适度优化，轨面高程应略高于路面高程10～15cm，以利于有轨电车排水。

（3）在城市道路交叉口区域，应将现代有轨电车轨面设计高程纳入道路交叉口竖向设计（或改造）中，确保现代有轨电车轨面与路口标高顺接。

（4）在纵坡最低点，现代有轨电车线路的排水系统一定要与市政排水系统相衔接，以避免雨雪天轨行区排水不畅影响运营安全。

（5）当现代有轨电车纵断面与城市道路路面标高相差过大时，应对既有道路进行适宜的调整，以确保混行区域的行车平顺。南京麒麟科创园现代有轨电车1号线9号路交叉口处改造前后对比如图5-3所示。

5.1.5 配线设置

配线的设置首先要满足运输组织的需要，增加运输组织的灵活性，同时还应考虑工程实施的难易程度及工程投资等因素。配线设置应遵循以下原则：

（1）按现代有轨电车线网规划、车辆基地分布位置等因素，合理确定正线间联络线及其渡线。

（2）根据各设计年限的客流特征、列车运行交路等要求，设置必要的渡线和列车折返线。

（3）停车线应具备故障车待避和临时折返功能。停车线设在中间折返站时，应与折返线分开设置。在正常运营时段，停车线与折返线不宜兼用。停车线尾端应设置单渡线与正线贯通，正线上每隔2～3座车站加设一处渡线，停车线可根据线路情况灵活设置；在采用站后折返的尽端站，宜增设站前单渡线，并宜按逆向布置，用以增加运营的灵活性。

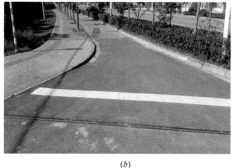

(a) (b)

图 5-3 道路交叉口改造前后对比图
(a) 改造前交叉口；(b) 改造后交叉口

（4）折返线和故障列车停车线有效长度（不含车挡长度）不应小于远期列车长度加安全距离，安全距离包括停车误差和信号瞭望距离在内，一般取 15m。

（5）出入线宜在车站端部接轨，并具备一度停车再启动的条件；出入线应按双线双向运行设计。

5.1.6 横断面布置

现代有轨电车横断面布置形式主要受路权形式、用地条件和工程投资等影响，通常包括地面线和高架两种类型，根据有轨电车敷设位置又可分为路中和路侧两种布置方式。

1. 独立路权横断面布置

独立路权的有轨电车横断面布置相对简单，多采用高架或下穿的形式设置在既有道路中央或者路侧绿化带上，一般无需单独改造地面车道布置方式，如图 5-4 所示。

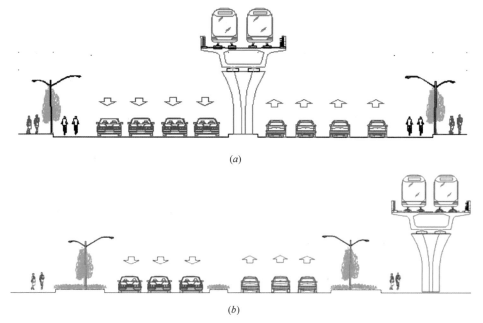

(a)

(b)

图 5-4 有轨电车专用高架桥横断面布置
(a) 路中布置；(b) 路侧布置

2. 半独立及混合路权横断面布置

当现代有轨电车采用地面线时，一般布设在既有地面道路上，可采用半独立路权或混合路权，线位通常利用路中或路侧绿化带进行改造，横断面布置需要根据实际情况进行布置，一般而言横断面布置类型，结合依托的城市道路，包括路中、路侧和两侧三种类型。

（1）路中布设方式

现代有轨电车上、下行两条线均布设于道路中央，机动车及非机动车道布设于现代有轨电车线路两侧，如图5-5所示。

图5-5　路中布设示意图

路中敷设主要有以下特点：①上下行车道位于同一轨行区，便于设置折返线、渡线，列车折返距离短、用时少；②现代有轨电车运行对机动车、非机动车及行人干扰均较小，对沿线单位、居住小区的出入车辆、出行居民影响小，行车噪声对沿线建筑物影响也最小；③现代有轨电车路中敷设对机动车直行及右转无影响，仅对被交道直行和四个象限左转交叉有影响，因此交叉口冲突点比较集中，如图5-6所示，通过对既有交通信号灯进行配时微调即可有效控制冲突，交叉路口交通容易组织；④城市道路路中管线敷设相对较少，管线改迁的工程量少；⑤当既有道路设有中央绿化带时，可充分利用中分带敷设现代有轨电车线路，无需或少量新征土地。

此方式较适用于既有道路中间绿化带较宽以及有轨电车与道路同步建设的情况。

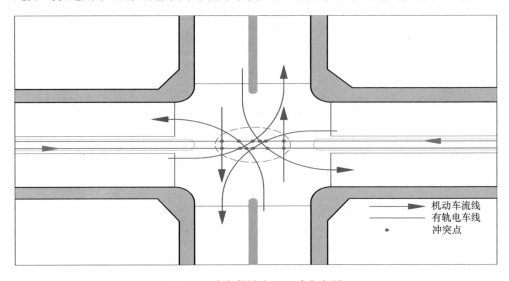

图5-6　路中敷设交叉口冲突点图

南京河西新城现代有轨电车1号线江东中路段，采用路中布设方式，现代有轨电车路基宽度11.5m，既有江东中路中分带宽8m，通过对道路拓宽3.5m满足有轨电车的布设要求。江东东路道路横断面为 80m 宽度，具体为人行道（3m）＋非机动车道（3.5m）＋绿化带（1.5m）＋辅道（7.5m）＋分隔带（4.5m）＋机动车道（16m）＋中分带（8m）＋机动车道（16m）＋分隔带（4.5m）＋辅道（7.5m）＋绿化带（1.5m）＋非机动车道（3.5m）＋人行道（3m）。通过占用 8m 中分带，并对每侧主辅分隔带压缩 1.25m，主机动车道压缩 0.5m，形成有轨电车路基宽度 11.5m，改造方案没有突破 80m 红线范围。淮安现代有轨电车翔宇大道段也采用路中布设方式，既有翔宇大道中分带宽 13m，完全满足有轨电车线路的敷设，现代有轨电车线路布设于中分带内，不占用既有机动车道，也无需新征土地。

在无中分带道路布设现代有轨电车线路时，需统筹考虑道路规划，如南京麒麟科创园现代有轨电车 1 号线芝嘉东路段全长约 1000m，既有道路为双向四车道，中间无中分带，断面形式为人行道（4m）＋非机动车道（3.5m）＋绿化带（2.5m）＋机动车道（15m）＋绿化带（2.5m）＋非机动车道（3.5m）＋人行道（4m），人行道外侧有约 3m 的绿带。横断面方案的制定上，对比了利用中间 2 车道混行方案、新增 7.5m 专有道 2 个方案，经研究，混行方案对道路通行能力影响较明显，不仅降低有轨电车的运营速度，而且容易带来安全隐患，最后实施阶段采用了新增 7.5m 的有轨电车专用道方案，改造方案中压缩了绿化带、人行道及分隔带的宽度，原芝嘉东路横断面如图 5-7 所示，增加现代有轨电车后道路横断面如图 5-8 所示。

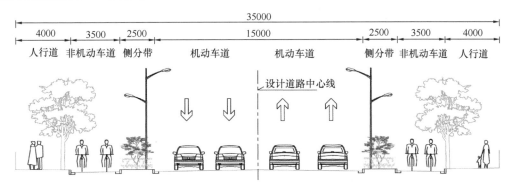

图 5-7 芝嘉东路原规划横断面图（单位：mm）

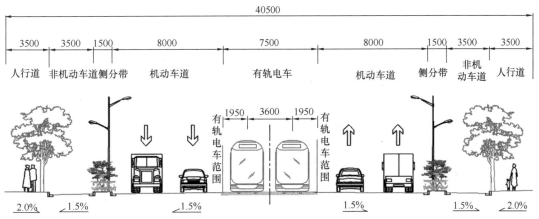

图 5-8 增加现代有轨电车后道路横断面图（单位：mm）

（2）上下行同侧布设方式

上下行同侧布设方式指现代有轨电车上、下行两条线并行布置于城市道路同一侧，适用于道路一侧建筑退让大，红线用地富余的路段，或一侧为河道、公园、景观用地等情况，如图 5-9 所示。

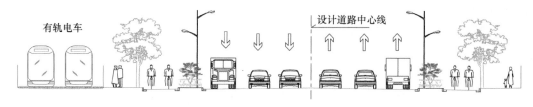

图 5-9　一侧布设示意图

路侧敷设主要有以下特点：①上下行车道位于同一轨行区，便于设置折返线、渡线、列车折返距离短、用时少；②现代有轨电车运行对机动车、非机动车及人行道行人干扰均有影响，对同侧沿线办公场所或居住小区等出入交通干扰较大；③在交通组织方面，现代有轨电车对路口左转、直行及右转均有影响，冲突点数量多而且比较分散，交叉口冲突点如图 5-10 所示，交通组织需要设置专用信号进行控制，交叉口通行水平低；④由于路侧敷设的市政管线较多，管线改移工程量较大；⑤对既有道路行车道影响较小，通常情况下线路可能超出城市道路红线，需新征或补征用地。

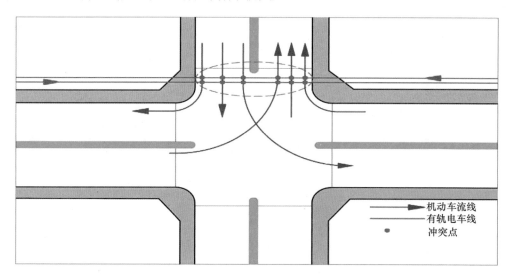

图 5-10　路侧敷设交叉口冲突点图

南京麒麟科创园现代有轨电车 1 号线沧麒东路段采用路一侧布设方式，设计中考虑运粮河与沧麒东路间有较宽的景观绿地，且横向干扰小，因此，现代有轨电车线路即选择敷设于该景观绿地中。沧麒东路的既有横断面布置为沿河绿带（16m）＋人行道（3.5m）＋非机动车道（4m）＋绿化带（2.5m）＋机动车道（15m）＋绿化带（2.5m）＋非机动车道（4m）＋人行道（3.5m），对既有道路断面不改造，在沿河绿带中利用 12.45m 的宽度进行敷设，同时现代有轨电车沿线敷设草坪还原绿带。

南京河西新城现代有轨电车 1 号线奥体中心至河西大街段，由于地铁 2 号线位于江东中路路中地下，为规避现代有轨电车工程实施及运营对地铁 2 号线的影响，该段现代有轨电车线路选择敷于道路西侧，方案对既有江东中路西侧半幅道路进行了改造，改造后的半幅路面为人行道（3m）＋非机动车道（3.5m）＋有轨电车（10.95m）＋辅路（7.5m）＋分隔带（1.5m）＋机动车道（14.5m），改造中对西侧路幅的红线拓宽了 4.65m，辅道压缩了 0.25m，分隔带压缩了 3m，机动车道压缩了 1.5m，方案如图 5-11 所示。

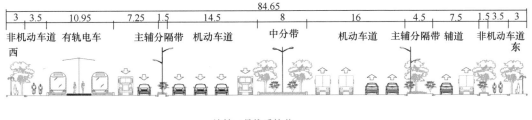

图 5-11　河西有轨电车 1 号线奥体中心至河西大街段横断面图（单位：mm）

（3）路两侧布设方式

现代有轨电车上、下行线分开设置于道路两侧的侧分带或人行道外侧的绿化带，这种改造方案不影响既有道路车道布置形式，充分利用两侧的道路空间资源，如图 5-12 所示。

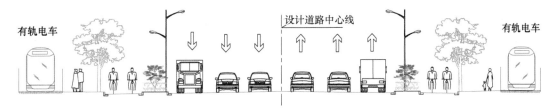

图 5-12　路两侧布设示意图

该方案现代有轨电车上、下行因布置于道路两侧，车辆折返线设置与全路幅机动车道形成冲突，对既有道路的交通组织产生较大影响，除一些特殊区域或存在环线设置条件的情况以外，该方案实际应用较少。

（4）各种布置方式的比较

现代有轨电车横断面的路中、路一侧和路两侧布设方式的优缺点比较如表 5-12 所示。

路中、路一侧和路两侧布设方式分析比较表　　　　　　　　　表 5-12

项目	路中布设	路一侧布设	路两侧布设
道路交通影响	交通组织便利，对沿线道路两侧出入口车辆、行人的出入及有轨电车行车影响小	对沿线道路一侧单位、小区出入口车辆、行人的出入及有轨电车的行车影响大	对沿线道路两侧单位、小区出入口车辆、行人的出入及有轨电车的行车影响大
客流组织	两侧乘客均需横过半幅城市道路	另一侧乘客需横过整幅城市道路，与右转车辆有干扰	反方向乘车的乘客需要横过整幅城市道路

项目	路中布设	路一侧布设	路两侧布设
道路改造	需改造城市道路	需改造城市道路	不需改造既有行车道布置
土地征用	一般可利用道路用地	需新征或补征用地	需新征或补征用地
管线改迁	路中管线少，改迁量小	一侧改迁，改迁量较大	两侧改迁，改迁量大
交通信号处理	相位设置简单	需增设优先相位	需增设优先相位
运营安全	对机动车、非机动车和行人影响小	与城市道路一侧的机动车、非机动车和行人有交叉	与城市道路两侧的机动车、非机动车和行人有交叉
应用案例	南京河西新城、沈阳浑南新区、深圳龙华、北京西郊线现代有轨电车	苏州高新区现代有轨电车1号线、南京麒麟科创园现代有轨电车1号线	国内未有
适应性分析	适用于道路中间具备较宽绿化带、不用新增用地	适用于沿线道路一侧是绿带、河流或山丘等情况	较少采用

现代有轨电车横断面布设方式应综合考虑其功能定位、运行特征、既有城市道路的布设条件等因素进行灵活选择，结合道路中分带，采用路中布设方式具有交通干扰小、管线改迁及外部协调工作量小等优点；而对于城市道路一侧为河流、铁路、高速公路、建筑退让大、红线用地富余或土地尚未开发时，可因地制宜的选用路一侧布设方式；而路两侧布设方式交通干扰最大、管线改迁及外部协调工作量大，且有轨电车折返渡线设置困难，一般不选用。

3. 线路的安全隔离

采用区间独立路权的现代有轨电车，在实际运行中经常受违规行人穿越轨行区的干扰，影响电车的运行速度及行车安全。例如淮安现代有轨电车一期工程建成交付运营时，现代有轨电车与城市道路间仅采用路缘石分隔，列车运行中经常有行人穿越轨行区，使现代有轨电车无法正常行驶，全程运行平均时间为66min；在采用安装防护栏等措施后，目前全程运行时间缩短为58min。因此，轨行区两侧设置安全护栏等隔离设施，既有利于提高电车的运行速度，又能够保证电车的运行安全。

5.1.7 站台布置方式

现代有轨电车车站布置方式主要有两种，即岛式车站和侧式车站。站台有效长度一般为30～50m，站台有效长度不应小于远期列车长度；如采用站台售检票方式，站台根据售检票系统布置可适当加长。

采用独立路权的现代有轨电车，一般采用高架站形式，结合沿线条件，也可采用地下站或地面站形式。图5-13为南京麒麟科创园现代有轨电车1号线马群站采用的高架站示意图，车站为路侧地上一层站，采用整体箱梁结构，两端设置楼扶梯落地。

半独立路权及混合路权现代有轨电车，一般采用地面岛式车站、侧式车站两种布置方式。

1. 岛式车站

岛式车站站台布置在上、下行两条线之间，站台宽度4～5m，站台有效长度一般不小于远期列车长度。上、下行列车均利用该站台进行上、下客，列车左侧开门。岛式车站站台对称布置方式如图5-14所示。

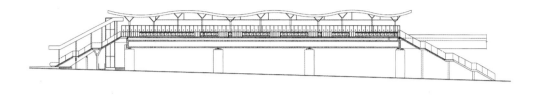

(a)

(b)

图 5-13　有轨电车高架站示意图

(a) 高架站立面图；(b) 高架站剖面图

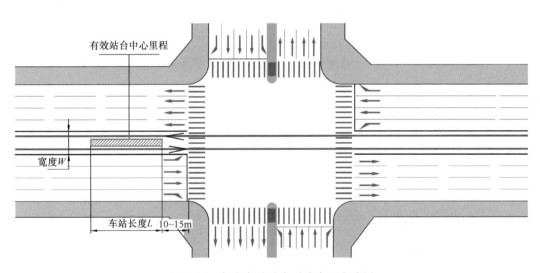

图 5-14　岛式车站站台对称布置方式图

当道路横断面宽度受到限制时，岛式车站也可采用分离岛式站台，该布置形式上、下行站台分开布置，站台宽度 2.5～3.5m，如图 5-15 所示。

岛式车站对称布置分普通车站、鱼腹式及单鱼腹式车站 3 种布置形式。普通车站线间距不变，在上下行轨道之间设置岛式车站，这种车站占地较宽，适用于线路布设空间较为富余的地段；鱼腹式车站两端线间距和区间一致，车站段线间距向两侧逐渐展宽；半鱼腹式车站，两端线间距和区间一致，车站段线间距向一侧展宽，另一侧保持不变，中间设置岛式车站。这种站台布置形式适用于道路空间资源有限，为缩小线路用地范围，在区间采

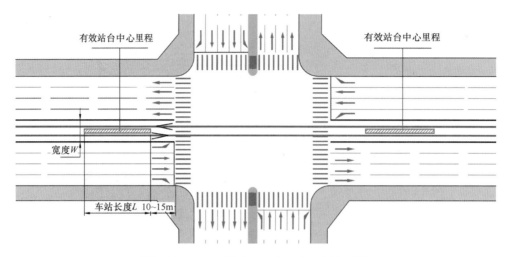

图 5-15　岛式车站分离岛式站台布置方式图

用标准线间距，在车站利用有利地形进行渐变展宽，合理设置站台。这两种鱼腹式的车站布置图如图 5-16 所示。

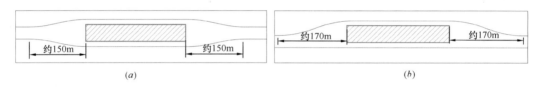

图 5-16　鱼腹及半鱼腹岛式车站站台布置方式图
(a) 鱼腹岛式站；(b) 半鱼腹岛式站

2. 侧式站台

侧式站台布置在线路的两侧，每侧各有一个站台，站台宽度为 2.5～3.5m，站台有效长度一般不小于远期列车长度。上、下行列车分不同站台上、下客，客流分散、互不交叉，列车右侧开门。侧式车站站台对称布置方式如图 5-17 所示。

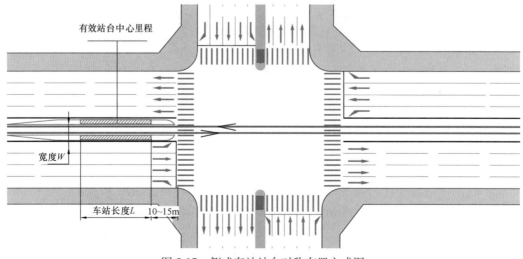

图 5-17　侧式车站站台对称布置方式图

当道路横断面宽度受到限制时，侧式站台也可以错开布置，通常结合交叉口布置于出口道，能够均衡交叉口两侧的渠化和展宽。侧式站台错开布置方式，一般不用变换线间距，线路运行条件好，因乘客分散在两个人行过街设施上，便于客流快速集散，侧式车站站台错位布置方式如图5-18所示。

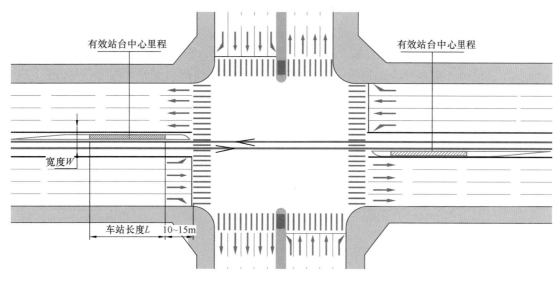

图5-18　侧式车站站台错位布置方式图

3. 岛式车站与侧式车站比较

侧式车站可采用标准的线间距，并且无需变换线间距大小，线路运营条件好，能灵活地适应既有道路的建设条件，方便对既有设施的改造。但侧式站分别布置于上、下行轨道外侧，乘客疏解组织分散，站台设备工作人员较岛式站台多，当采用人行立体过街设施时，需设置2个梯道。岛式车站站台乘客进出站疏解比较集中，车站系统设备和工作人员较侧式站精简，但岛式车站要求的车站段线间距较大，为适应道路条件存在多次变换线间距的情况，线路运营条件较差。两种方式的比较见表5-13。

岛式车站对称布置与侧式车站比较表　　　　　　　　　　表5-13

比较项目	侧式车站	岛式车站
客流集散	分散	集中
车站管理	一个车站需要2组工作人员	一个车站只需1组工作人员
售检票设备	2套	1套
线路运营条件	好	需变换线间距，较差
区间占地	最少	较大

注：车站管理的比较适用于有人值守车站型式。

车站的布置形式应结合线路敷设形式、沿线道路条件、售检票方式等多种因素综合考虑，结合以上分析，一般而言，路中敷设的线路建议采用分离岛式、侧式车站为主，路侧敷设的线路建议采取对称侧式车站为主。

5.1.8　车站位置的设置

现代有轨电车的车站宜设置在乘客集中的地方，如商业区、商务办公区域、中央公园、文体及休闲娱乐中心、大型居住小区等附近,同时还应该考虑其对道路交通的影响及乘客乘车的便捷性。车站位置的选址应考虑合理的车站间距,站间距过小,虽可方便乘客乘车,但会降低列车的旅行速度,增加乘客的在途时间;站间距过大,会增加乘客至车站的集散时间,降低对客流的吸引程度。

1. 交叉口设站与路段设站分析

现代有轨电车有站位的选择应利于现代有轨电车的运营、道路交通组织、方便利用既有或规划人行过街设施及与其他公交方式的接驳。具体站位有交叉口和路段两种站位选择。

交叉口站位:乘客便于利用设在交叉口的人行过街设施进出车站,同时该站位还便于实现与路口附近相交道路上其他公交相接驳,乘客换乘距离短。目前,国内现代有轨电车大多采用交叉口站位。交叉口设站如图5-19所示。

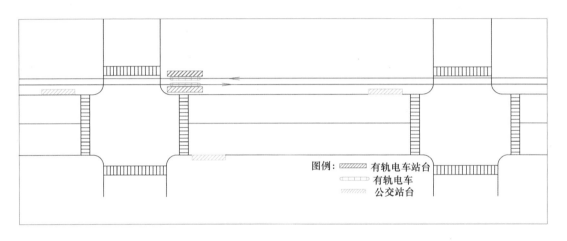

图5-19 交叉口设站平面示意图

路段站位:当两交叉口间距离较长,路段中有客流集散需求时,结合路段中的人行过街设施及其他公交站点的设置情况,现代有轨电车也可选择路段设站,乘客可利用路段中的人行道和人行过街设施进出站。为保证行人乘车安全,应方便利用或增设人行过街设施,并应考虑与其他公交站点之间的衔接与沟通。路段设站如图5-20所示。

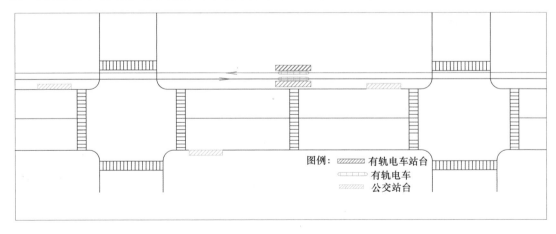

图5-20 路段设站平面示意图

如南京河西新城现代有轨电车1号线奥体东站采用路段站位，车站位于奥体中心东门南侧，紧邻地铁2号线出口及公交车站。现代有轨电车车站与地铁2号线奥体东站毗邻，有轨电车车站临近奥体东站3号口，可以充分利用地铁站厅层作为立体过街通道，沟通对侧和地铁换乘客流，如图5-21所示。

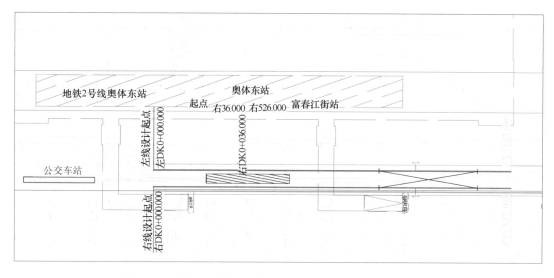

图5-21　南京河西新城现代有轨电车1号线奥体东站位置图

2. 进口道设站和出口道设站比较

现代有轨电车当采用分离式站台时，有交叉口进口道设站和出口道设站两种形式，两种站位形式的选择，需从现代有轨电车的运营、交叉口交通组织、乘客进出车站组织、工程实施条件及与其他公交方式的接驳等方面进行分析比较。

车站设置于交叉口进口道时，现代有轨电车停靠在人行横道线后方，如图5-22所示；车站设置于交叉口出口道时，现代有轨电车停靠在人行横线前方，如图5-23所示。

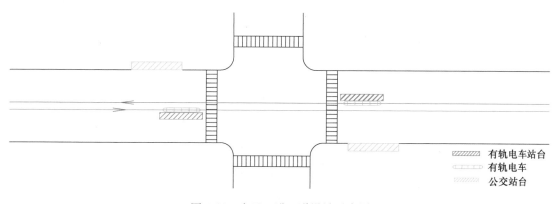

图5-22　交叉口进口道设站示意图

从交叉口和现代有轨电车进出站交通组织角度，进口道设站相对于出口道设站，存在乘客通行干扰有轨电车正常出站的可能，在进口道设站对道路交通影响大，工程改造实施难度大；出口道设站则不存在此问题。

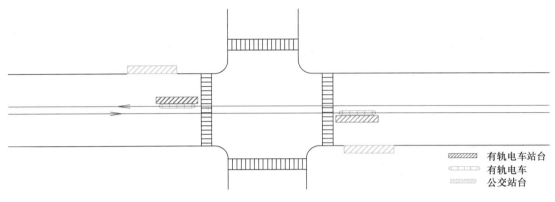

右侧图例：
有轨电车站台
有轨电车
公交站台

图 5-23 交叉口出口道设站示意图

当交叉口采用现代有轨电车信号优先控制策略时，由于进口道设站需要在靠近交叉口的站台乘降乘客，信号优先不会提高现代有轨电车交叉口通过效率反而增加被交道路的延误。根据对现状道路实际情况的仿真研究，进口道设站较出口道设站被交道路的交通延误增加 10%～20%。

交叉口进口道设站与出口道设站比较如表 5-14 所示。

交叉口进口道设站与出口道设站比较　　　　　　　　　　　　表 5-14

比较项目	交叉口进口道设站	交叉口出口道设站
对有轨电车的运营	行人过街会干扰现代有轨电车出站	无影响
道路交通组织	对横向道路交通影响大	对横向道路交通影响小
乘客进出车站组织	利用交叉口信号灯组织乘客进出车站	利用交叉口信号灯组织乘客进出车站

通过以上分析，针对分离侧式车站，车站设在交叉口出口道更有利于提高现代有轨电车的运行效率和服务水平，对被交道路交通影响更小。因此，应尽可能选择交叉口出口道设站，但在条件受限的情况下，也可在交叉口进口道设站。

对于采取路中岛式、分离岛式以及对称侧式车站的情况，不存在进口道、出口道设站的比较，具体站址结合实际情况分析。

3. 车站间距

现代有轨电车车站间距应根据线路的功能定位及其对旅行速度的影响合理确定。根据《地铁设计规范》GB 50157—2013 规定：在城市中心区和居民稠密地区地铁车站间距宜为 1km 左右，在城市外围区一般为 2km；而根据《城市公共交通站、场、厂设计规范》CJJ 15—87 规定：城市公共电、汽车中途站平均站距宜在 500～600m。根据本《指南》第 2 章现代有轨电车运行特征分析，当采用相对信号优先时，为提高现代有轨电车的旅行速度，站间距在城市中心区宜为 700～900m，在城市外围区一般宜为 1000～1500m。

5.2 行 车 组 织

行车组织主要包括旅行速度、驾驶特征、控制方式及运行组织等内容。运行组织包括行车调度、发车间隔、故障情况下的运行等内容。

5.2.1 行车特性

行车特性主要包括旅行速度、驾驶特征、控制方式以及行车交路等。

1. 旅行速度

基于现代有轨电车的功能定位及自身特点，建议把旅行速度不低于25km/h作为速度目标值。当旅行速度低于25km/h时，应通过采取信号优先、减少平面交叉口和设站数量等措施，提高旅行速度以保障其服务质量与竞争优势。对于运行时间要求更高的线路，还可以通过采用立体交叉、站台售检票等方式，使旅行速度目标值达到25km/h以上。

2. 驾驶特征

现代有轨电车虽然属于城市轨道交通系统，但其线路主要沿城市道路地面敷设，行车受城市机动车和行人干扰较大。列车采用人工驾驶模式，即司机通过瞭望前方路段的线路情况和交叉口的信号显示，判断后对列车进行控制驾驶。

列车在正线上运行时，采用地面公共交通信号系统；行车折返时，司机按照现代有轨电车系统信号显示完成折返作业，折返进路的办理由控制中心完成；在车辆段内，采用集中联锁系统，进路由车场值班员安排。

3. 控制方式

现代有轨电车处于开放的道路系统中，列车运行由司机进行控制，控制中心负责对线路整体运行情况、设备状态进行监测，对运力、运能进行调配。

行车调度系统根据列车运行图对列车进行管理，通过GPS系统探测列车所处位置，监控列车运行情况及整个管辖区域内线路状况，并实时更新车站的旅客信息系统，与运行列车采用数据或无线电话进行通信。系统通过干线无线设备连接到运行控制和行车调度系统，用于实时更新信息。

4. 行车交路

借鉴国内外现代有轨电车的运营经验，现代有轨电车运营宜重点体现出"公交化"的运营理念，共轨或共通道运行现象较为普遍，同一通道往往具有复合的功能，运行路线非常灵活。在行车交路上，现代有轨电车可以组织全线运营，即一条线路采用一个大的运行交路，也可以结合客流分布特征组织大小交路运行形式；线网上不同线路之间，通过道岔的联系，可以开行跨线列车，充分发挥网络化运营的优势。

5.2.2 运行组织

运行组织是现代有轨电车系统的核心工作，是运营管理中最基本、最重要的工作环节之一，其重点是根据客流需求，制订运营计划，组织运输任务。

1. 运营调度

列车运行实行人工调度管理模式。由公司运营部门按照客流需求编制不同阶段的运行图，如平日、周末、节假日及重大活动等的运行图。在控制中心调度室按照列车运行图调度指挥列车的出、发时间及出退勤作业，通过全球定位系统（GPS）对列车在区间的行进状态进行动态监控，保证行车间隔的均匀。

2. 发车间隔

现代有轨电车在信号相对优先策略下，建成初期为保障对客流的吸引力，高峰时段最小发车间隔不宜大于8min，平峰时段的最大发车间隔不宜大于12min。远期高峰时段不宜大于5 min，平峰时段不宜大于10min。

3. 列车编组及运输能力

通过比较国内现代有轨电车车辆相关参数，不同车型的列车在模块组合、列车长度、载客定员等方面存在一定差异，3～5模块列车定员在300人左右，5～7模块列车定员在400人左右，两列车连挂编组定员在700人及以上。

基于现代有轨电车最小发车间隔分析，当全线采用信号相对优先策略时，3～5模块列车合理的运输能力为0.5万～0.8万人次/h；5～7模块列车的最大运输能力不高于1.2万人次/h。

4. 准点率

服务可靠性是乘客评价现代有轨交通服务质量的关键指标，而准点率是目前国内最常用、最直观的服务可靠性指标之一。准点率是在考察时段内，在动态的交通网络中，车辆能准点到站/离站的能力。为保证现代有轨电车的服务效率，新开通现代有轨电车项目列车运行图兑现率不应低于95%，列车发车准点率不应低于95%。

5. 故障情况下的运行

(1) 非正常状态运行模式

① 线路故障

运行状态分析：线路是现代有轨电车运行的平台，当正线上某个区间发生故障，将直接导致有轨电车运行受阻。

故障处理措施：当正线区间或车站线路发生故障时，应根据控制中心调度员指令，尽可能在停靠站、前方车站或区间停车，根据故障情况广播告知乘客可能延误的时间，采取等待或让乘客有秩序地就地疏散。

② 车辆故障

现代有轨电车因车辆自身发生故障在区间停车时，先进行清客，让乘客有秩序地就地疏散，在检查确认列车可以移动后，由调度人员指挥，命令后续列车在后方车站清客，然后运行至故障电车尾部，将故障列车推送或牵引至停车线或车辆基地处理。

(2) 紧急状态运行模式

火灾：现代有轨电车在运行中发生火灾，司机应立即切断电源，就地疏散乘客，并向控制中心报警，听候控制中心的指挥。

出轨：有轨电车在运行中脱轨停在区间时，司机应及时向控制中心调度员报告，行车调度员应立即采取以下救援措施：

① 立即下令封锁该区间，禁止其他列车驶入；

② 命令司机打开车门，及时疏散乘客；

③ 通知抢险队救援列车。

以上运行模式要求控制中心调度员、司机具有事故处理、指挥能力，应进行全面培训。

5.2.3 运营管理

1. 组织管理模式原则

(1) 建立符合实际的运营管理模式及现代企业管理机制。

(2) 在完成企业任务目标的前提下，尽可能地减少管理层次，力求机构精简，运营高效。

（3）生产经营系统在强调专业分工协作的同时，要加强专业间横向联系，以发挥管理的整体效率。

（4）按当地的职工工作时间规定，职工平均每周工作时间为40h。

（5）充分利用当地的既有资源和社会力量，降低运营成本。

（6）公司机关工作人员和检修车车间人员上日勤，其他生产岗位采用倒班制。

现代有轨电车运营企业采用管理模式有三种：垂直管理模式、横向管理模式和混合管理模式。具体可根据线路特点采用不同的管理模式。

2. 组织架构

现代有轨电车运营公司可以依据项目投资建设模式和投资结构类型，合理选择公司组织架构和管理体系，现代有轨电车运营公司组织架构应具备以下几个方面的管理机构：

（1）现代有轨电车公司实行总经理负责制，下设综合部、车务部、车辆部、维修部等。

（2）综合部下设行政企划部、计划财务部、人力资源部、物资部、安技部等部门，负责公司行政、公关、文秘、总务、党群、人劳、工会、后勤、车队、安保、各项计划管理及资金管理、生产物资的采购、保管及使用等工作。

（3）车务部负责全线运营工作的调度指挥、行车组织、客运组织、客运服务、车站管理及票务管理等工作。

（4）车辆部负责车辆运转、日常维修等工作。

（5）维修部负责除车辆外的其他设备设施的日常运用、维修、养护以及突发事件的抢修、抢险等工作。

通过调研部分城市现代有轨电车项目建设和管理经验，现代有轨电车运营管理公司在运营期间，应加强培训、严格管理，全面系统地完成运营管理工作，符合当前现代交通企业的发展方向。现代有轨电车组织机构设置如图5-24所示。

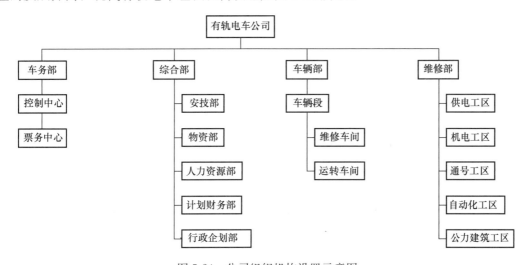

图 5-24　公司组织机构设置示意图

3. 工作班制及定员

（1）工作班制

① 司机按轮乘制，每列车配司机 3 名，四班三运转。

② 售票采用车上人工售检票或站台售检票，售票员按轮乘制，四班三运转。

③ 变电站等一般无人值班，仅设巡视人员。

④ 通信、信号设备维修要相对集中，统一安排检查，充分发挥检修设备和仪器仪表的作用。

（2）定员

员工按工作性质可分为管理人员、工程技术人员和其他人员三类。

① 管理人员

管理人员可分为公司内部管理人员和项目经理部的管理人员。公司内部管理人员主要负责公司内部的管理工作；项目经理部的管理人员主要负责工程实施；管理人员身处决策位置，对公司的经营发展起着决定性作用。

②工程技术人员及技术工人

工程技术人员拥有专业技术职称，主要负责协调解决设计、施工和运营过程中出现的技术问题，在公司的中层业务部门和生产单位担任技术管理工作，对公司正常运营生产起重要作用。

技术工人是运营生产的中坚力量，具备各种专业运营、维修技能，在基层生产单位从事列车驾驶、设备运行、车辆和机电设备的检修工作，对保证安全运营关系极大。

③其他人员

其他人员主要负责公司的事务性工作。

第6章 轨 道

现代有轨电车轨道系统是直接承受列车荷载和引导列车运行方向的基础。轨道结构应具有安全、稳定、耐久的性能，有足够的刚度和适量的弹性，以确保现代有轨电车运行平稳、安全、舒适并减少养护维修工作。轨道系统一般由钢轨、轨枕、扣件、道床、道岔及附属设备组成。本章主要阐述了现代有轨电车钢轨、轨枕、道床、扣件及道岔的基本结构和类型，探讨了无缝线路设计的关键技术以及轨道减振降噪措施和设计要点。

6.1 轨道特点及设计原则

与传统轨道相比，现代有轨电车的轨道系统具有一些新的特征，如正线轨道通常采用槽型轨、铺装式整体道床、埋入式轨道结构等。在城市道路交叉口及混行地段，通过槽型轨的轮缘槽，很好地解决了轨面与道路路面的衔接和平顺问题，既满足了现代有轨电车的正常运营，也方便了社会车辆的通行需求；埋入式整体道床结构形式的运用，一方面可减少维修难度和维修频率，另一方面可实现在其表面采用不同铺装方式，如沥青混凝土铺装、砖铺装和绿化铺装等，满足不同城市道路的景观要求；通过铺设无缝线路减少钢轨接头的撞击，利用柔性材料包裹钢轨，减少振动和满足绝缘。以上结构形式及处理措施的采用，贴合了地面轨道交通系统的特点，体现了"人文生态、绿色环保"的设计理念。现代有轨电车轨道系统应用如图 6-1 所示。

图 6-1 现代有轨电车轨道系统

现代有轨电车轨道设计的基本原则如下：
(1) 轨道结构应有足够的强度、良好的稳定性、耐久性、绝缘性和适量弹性。
(2) 轨道结构应质量均衡、弹性连续、强度均等、匹配合理、施工简便、维修方便。

（3）轨道设备应安全、可靠、维修量小，并宜标准化、系列化、通用化。

（4）轨道养护用房、检测和维修设备、备品备件，应根据线网规划及工程运营维修需要配备。

6.2 轨距及轨距加宽值

我国现行铁路标准都是基于国际标准轨距制定的，现代有轨电车轨距通常采用标准轨距，即1435mm。

为使车辆能顺利通过并尽量减少轮轨间的横向水平力，减少轮轨磨耗和轨道变形，在小半径曲线地段轨距应有一定的加宽量。根据"槽型轨与车轮接触几何关系初步研究"，当车轮横移量大于7mm时轮背与钢轨接触。按转向架轴距1800mm计算，$R=70m$时轨距计算加宽值为12.1mm，$R=100m$时轨距计算加宽值为5.2mm，$R=150mm$时轨距计算值为1434.8mm，不需加宽。

考虑现代有轨电车钢轨通常采用槽型轨，结合槽型轨的几何特征，轨距加宽通常取值为：当70m≤曲线半径R<100m时，轨距加宽5mm；曲线半径R<70m时，轨距加宽10mm。曲线轨距加宽值见表6-1。设计时要根据有轨电车具体车型和转向架形式及尺寸进行验算。

<table>
<tr><td colspan="3" align="center">曲线加宽值</td><td align="right">表 6-1</td></tr>
<tr><td>曲线半径（m）</td><td>加宽值（mm）</td><td colspan="2">轨距（mm）</td></tr>
<tr><td>R≥100</td><td>0</td><td colspan="2">1435</td></tr>
<tr><td>70≤R<100</td><td>5</td><td colspan="2">1440</td></tr>
<tr><td>R<70</td><td>10</td><td colspan="2">1445</td></tr>
</table>

6.3 钢 轨

钢轨是轨道的主要组成部件，它的功能是引导现代有轨电车的车轮的行驶方向，承受车轮的压力并传递到轨枕上，钢轨为车轮提供连续、平顺和阻力最小的滚动表面。在有接触网的列车运行或自动闭塞区段，钢轨还可兼作轨道电路之用。

钢轨类型的选择主要依据客流量、乘客舒适性要求、列车运行安全、振动噪声、使用寿命以及现代有轨电车的特征进行技术经济综合比较，达到经济合理的目的。

6.3.1 钢轨类型

钢轨从外形上，可分为工字轨和槽型轨两种类型。

1. 工字轨

工字轨是宽底式的"工"字型断面形状的钢轨，这种断面抗弯性能最佳，如图6-2所示。我国常用的工字钢轨主要有60kg/m、50kg/m及43kg/m等多种型号，其制造工艺成熟、选择种类多、完全国产化且价格低。

2. 槽型轨

槽型轨与工字型钢轨相比，最大的特点是在钢轨轨头处设置有不对称的槽型，如图

6-2 所示。目前国内的槽型轨有 59R2 型和 60R2 型两种型号。

6.3.2 钢轨选型

1. 钢轨类型比较

钢轨类型的选择一般按照年运量或年通过总质量进行钢轨选型，钢轨型号的适用范围详见表 6-2。

50kg/m 工字轨适用于中低运量的现代有轨电车正线，可敷设在城市外围景观要求不高的独立路权区域，其钢轨、

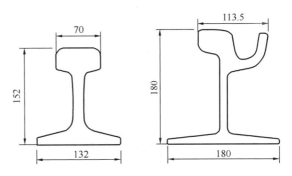

图 6-2 工字型钢轨与槽型轨剖面图

扣件等上部部件显露在道床上方，有利于运营期间轨道系统的检查、更换、养护与维修。当用于埋入式轨道路段时需单独设置轮缘槽，才能保证列车轮轨正常接触和行车安全、满足轨行区硬化和绿化铺装的需要。

钢轨类型比较表　　　　　　　　　　　　　　　表 6-2

钢轨类型	钢轨型号	特征	适用范围	备注
工字轨	60kg/m 钢轨	截面和质量大，稳定性好，使用寿命长，轨头无轮缘槽	大运量轨道交通或年通过质量大于 25Mt	主要用于国铁、地铁正线
	50kg/m 钢轨	截面和质量适中（较 60 省钢材 17.5%），稳定性较好，使用寿命较长，轨头无轮缘槽	中低运量轨道交通或年通过质量小于 25Mt	国铁站线、地铁车场线、轻轨、有轨电车
	43kg/m 钢轨	截面和质量小，稳定性差，使用寿命差，轨头无轮缘槽	货运铁路车场线内部分股道或年通过质量小于 8Mt	目前基本不生产，价格高于或接近 50 轨
槽型轨	59R2 型钢轨	截面和质量较大，稳定性好，使用寿命长，轨头有轮缘槽	中低运量轨道交通	主要用于有轨电车
	60R2 型钢轨	截面和质量大，稳定性好，使用寿命长，轨头有轮缘槽，槽口厚	中低运量轨道交通	主要用于有轨电车

现代有轨电车大多采用地面敷设方式，根据城市景观设计的要求，轨行区通常需进行绿化或铺面硬化，槽型轨在钢轨上设置了轮缘槽，可最大限度地改善轨行区的绿化，取得良好的景观效果；用于混行路段时，可提高铺面面积，保证轨道与行车路面有较好的衔接，改善机动车的通行条件，同时可简化轨道结构，缩短施工周期，提高铺面效果；在小半径曲线地段，槽型轨能起到护轨的作用，防止列车脱轨。

从表 6-2 可以看出：50kg/m 工字钢轨、槽型轨均适合于现代有轨电车轨道系统，工字钢轨可用于现代有轨电车沿线景观要求不高、无需铺装的独立路权地面线、高架线和车场线，而槽型轨更适合于埋入式轨道结构的现代有轨电车系统。

2. 工程案例

在国内现代有轨电车工程中，大多数线路都采用了埋入式轨道结构，对轨行区进行了绿化或铺装，因此，槽型轨也被大多数现代有轨电车工程所采用，如南京河西新城现代有轨电车1号线、沈阳浑南新区现代有轨电车和广州海珠现代有轨电车等工程采用了59R2槽型轨；苏州高新区现代有轨电车1号线、淮安现代有轨电车一期等工程采用了60R2槽型轨，槽型轨使用效果如图6-3所示。

图6-3　槽型轨国内应用实案例

（a）南京河西新城现代有轨电车1号线；（b）沈阳浑南新区现代有轨电车；

（c）苏州高新区现代有轨电车1号线；（d）广州海珠现代有轨电车

6.4　道　床

道床是轨道结构的重要组成部分，通常指的是钢轨轨枕下面，路基面上铺设的垫层。道床应具有一定的弹性，这种弹性不仅能吸收车辆的冲击和振动，使列车平稳运行，还可以改善车辆和钢轨、轨枕等部件的工作条件，延长其使用寿命。

6.4.1　基本功能

道床主要作用是支撑轨枕，把轨枕上部荷载均匀地传递给路基面，并固定轨枕的位置，阻止轨枕纵向或横向移动，减少路基变形，缓和了车辆轮对对钢轨的冲击。其基本功能如下：

（1）支撑轨枕，将有轨电车车辆的荷载通过钢轨、轨枕并经过道床的扩散作用，散布到路基或结构上；

（2）提供抵抗轨排纵横向位移的阻力，保护轨道的几何形态；

（3）具有弹性和阻尼特征，起到缓冲、减振的作用；

（4）应具有良好的排水条件，减少基床病害，提高路基的承载能力。

6.4.2 道床类型

现代有轨电车道床可分为有砟和无砟两类道床。

1. 有砟道床

有砟道床又称有砟轨道，即用碎石作为支撑结构承载列车传递来的荷载。有砟道床结构简单、减振、降噪性能较好、造价低，对路基的沉降要求不高，能有效降低地基处理难度和工程投资；但有砟道床存在结构稳定性差、几何形状较难保持、景观效果差等缺点，尤其是混合路权地段，需铺设铺面板，结构复杂，且养护维修量大。

目前国内现代有轨电车工程上使用有砟道床案例较少，但为节省投资可以在景观要求不高的独立路权地段使用，道床表面可不铺装，或利用假草皮进行铺装。苏州高新区现代有轨电车 1 号线出入线即采用了有砟道床利用假草皮进行铺装，如图 6-4 所示。国外早期建设的现代有轨电车以采用有砟道床为主，轨道及碎石道床外露，轨行区两侧以绿化植物与既有道路隔离。图 6-5 为德国柏林街头有砟碎石道床的效果图。

图 6-4　苏州高新区现代有轨电车 1 号线假草铺装　　　　图 6-5　国外有砟道床无铺装

2. 无砟道床

无砟道床又称无碴轨道，是指采用混凝土、沥青混合料等整体基础的轨道结构。无砟轨道平顺性、稳定性及耐久性好、使用寿命长、维护工作少，另外无砟轨道还可以降低粉尘、美化环境。但无砟轨道土建工程投资大，因其对地基沉降要求较高，也增加了地基处理费用。

现代有轨电车线路依托城市道路敷设，城市道路景观、环境要求高，通常对道床上面进行硬化或绿化，在混行路段多采用硬化铺装式整体道床，如图 6-6 所示为沥青铺装式整体道床，在独立路权段多采用绿化覆盖式整体道床，如图 6-7 所示。

（1）硬化铺装式整体道床

图 6-6　沥青铺装式整体道床　　　　　　图 6-7　绿化覆盖式整体道床

在现代有轨电车线路混行路段，其轨面标高应与轨道两侧城市道路的路面标高保持一致，轨行区域一定范围内采用硬化铺面，以方便社会车辆及行人通行。硬化铺面通常以与既有城市道路路面结构相一致为原则，通常采用沥青混凝土铺面较多，南京河西新城现代有轨电车1号线在交叉口处即采用与城市道路路面结构相一致的沥青混凝土铺装，厚度一般为100mm，如图6-8所示。

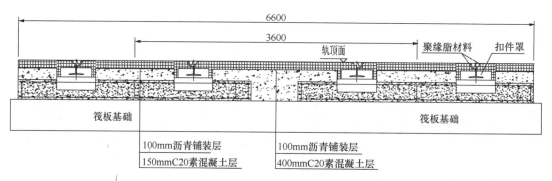

图 6-8　沥青铺装式整体道床横断面图（3.6m 线间距）

（2）绿化覆盖式整体道床

绿化覆盖段的道床设计，既要满足绿化、排水需要，又要考虑钢轨及扣件等金属构件的绝缘、防腐等因素。目前常用的做法是对钢轨、扣件等部件进行全包裹或密封（含道岔）后，再进行填土、种植草皮以实现绿化覆盖，为满足绿化草皮生长需求，通常种植土层厚约为200mm，整个绿化层厚度按照250mm预留。绿化铺装式整体道床横断面如图6-9所示，绿化覆盖整体道床如图6-10所示。

6.4.3　道床结构

1. 有砟轨道

有砟轨道道床结构应符合下列规定：

（1）正线及辅助线的非渗水土路基采用双层道床厚度为450mm，其中表层道砟厚为250mm，底层道砟厚为200mm；

（2）正线及辅助线的岩石、渗水土路基采用单层道床，其厚度为300mm；

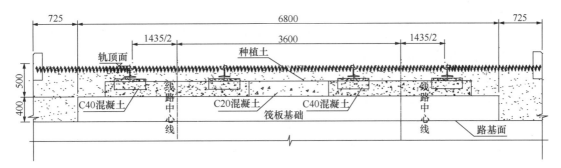

图 6-9　绿化覆盖式整体道床横断面图（3.6m 线间距）

| *(a)* | *(b)* |

图 6-10　整体道床绿化覆盖实景图

（*a*）道岔区域整体道床绿化覆盖前；（*b*）整体道床绿化覆盖后效果

（3）车场线采用单层道床，道床最小厚度为 250mm；

（4）正线及辅助线有砟道床表层道砟或单层道床采用《铁路碎石道砟》TB/T 2140—2008 中的一级道砟，底层道砟应符合《铁路碎石道床底砟》TB/T 2897—1998 的规定；

（5）正线及辅助线无缝线路地段碎石道床砟肩宽不应小于 400mm，非无缝线路地段道砟肩宽不应小于 300mm。无缝线路半径小于 800m，非无缝线路半径小于 600m 的曲线地段，曲线外侧道砟肩宽应增加 100mm，道床边坡均为 1：1.75；

（6）无缝线路砟肩应在碎石道砟上堆高 150mm，堆高道砟的坡度为 1：1.75。正线有砟道床横断面如图 6-11 所示；

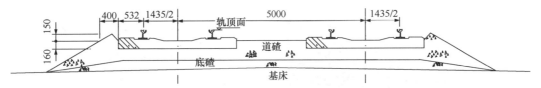

图 6-11　正线有砟道床横断面图（5.0m 线间距）

（7）车场线有砟道床的肩宽不应小于 200mm，曲线半径小于 300m 的曲线地段，曲线外侧道床肩宽应加宽 100mm，道床边坡均应采用 1：1.5。

101

2. 无砟轨道

现代有轨电车无砟轨道通常采用现浇混凝土整体道床，部分线路开始采用、研究嵌入式、装配式等新型无砟轨道结构。

（1）现浇混凝土整体道床

现代有轨电车现浇混凝土整体道床，其轨道高度按 500mm 计算，道床厚度为 250mm。如图 6-12 所示。

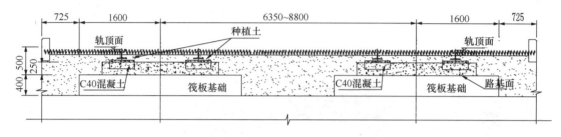

图 6-12　正线整体道床横断面图（6.35～8.8m 线间距）

纵向承轨台短枕式整体道床，短轨枕底部伸出钢筋钩，以加强与承轨台的联结。承轨台混凝土强度等级不低于 C30，承轨台内布设钢筋，增强道床的稳定性及整体性，并起到排除杂散电流的作用。桥梁预埋联结钢筋，以加强承轨台与梁面的联结。

（2）钢轨嵌入式轨道

钢轨嵌入式轨道结构最初是由荷兰 Holland Railconsult 公司开发的一种使用在软土地区的无砟轨道系统，这种结构是由铺设在地面上的连续混凝土箱形梁构成。轨道直接固定在混凝土箱形梁上，如图 6-13 所示。该种轨道结构符合重力平衡原则，结构的重量不超过开挖土体的重量，所以不增加结构恒载。钢轨嵌入式轨道结构刚度大，可以减少不均匀沉降和振动。这种减振降噪型轨道结构在荷兰至德国的运输干线上已有 20 余年的运营经验，在欧洲很多地方的车站和桥梁上也得到了广泛的应用。

传统的轨道结构钢轨和轨枕是通过扣件连接的，钢轨的支撑和固定都是离散的，钢轨嵌入式轨道结构则采用连续的固定和支撑方式，该系统是将钢轨嵌入到混凝土整体道床中，采用弹性垫板连续支撑、高分子浇注料锁固钢轨的一种无扣件新型轨道架构，如图 6-14 所示。由于嵌入式轨道结构采用连续的弹性支撑，钢轨内部的疲劳应力很小，改善了轮轨接触关系、抑制了轮轨异常磨耗，同时也改善了车辆的运行性能，减振降噪性能优越，并且养护维修费用低，总体造价比较经济，符合未来轨道结构的发展要求。

图 6-13　梯形箱形梁嵌入式轨道结构

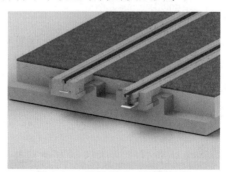

图 6-14　钢轨嵌入式轨道结构

国内由新筑股份牵头研发出了适用于现代有轨电车的 CS-ERS 系列嵌入式轨道结构，并已在成都新津现代有轨电车示范线 R1 线得到应用，CS-ERS 轨道结构如图 6-15 所示。系统主要由预制轨道板、槽型轨、弹性垫板、高分子浇注料、调轨组件等部件组成。成都新津现代有轨电车示范线 R1 线如图 6-16 所示。

图 6-15　新筑 CS-ERS 嵌入式轨道系统

图 6-16　成都新津现代有轨电车示范线 R1 线

（3）装配式无砟轨道

装配式无砟轨道道床结构一般由底部现浇的混凝土底座与预制拼装的轨道板组成。装配式无砟轨道在我国高速铁路、城际铁路已广泛使用，如 CRTSⅠ型板式无砟轨道、CRTSⅡ型板式无砟轨道、CRTSⅢ型板式无砟轨道。轨道板可在工厂预制生产，具有精度高、感观效果好，拼装施工工期短、对城市道路的干扰小等优点，也符合未来轨道结构的发展要求。但目前尚未有装配式无砟轨道适用于埋入式绿化铺装工程，仅用于平交路口段的道口铺装。

6.5　轨枕及扣件

轨枕是轨道配件，既要支承钢轨和固定钢轨，又要把钢轨传递来的荷载传递给道床。因此，轨枕必须具备一定的柔韧性和弹性，以抵抗变形缓冲压力。

钢轨扣件是轨道上用以联结钢轨和轨枕（或其他类型轨下基础）的零件，又称中间联结零件。扣件应确保钢轨在轨枕上位置稳定，阻止横向位移并防止纵向爬行。

6.5.1　轨枕选型

轨枕的主要作用是直接支撑钢轨，并将钢轨传来的荷载传递给道床。轨枕可分为有挡肩轨枕和无挡肩轨枕，以适应不同类型的扣件。

现代有轨电车整体道床有无枕式、短枕式、长枕式三种型式。

1. 无枕式整体道床

无枕式整体道床是相对长轨枕、短轨枕道床而言，是将扣件组件中的螺栓及塑料套筒直接浇筑到整体道床内。无枕式轨道优势在于扣件系统配件少、轨道结构建筑高度较小，但要求道床混凝土强度等级不低于 C30。

无枕式整体道床施工简单，但现场混凝土浇筑捣固作业时，容易挤压轨排上的扣件系统，导致轨排偏移，可能会影响轨道的平顺状态。目前苏州高新区现代有轨电车 1 号线和淮安现代有轨电车一期工程均采用了无枕式的整体道床。无轨枕整体道床施工现场如图6-17所示。

图 6-17　无轨枕式整体道床施工现场

2. 短轨枕式整体道床

短轨枕为钢筋混凝土结构，其混凝土强度等级不低于 C40，底部预制留有外露钢筋钩，其外形简单、容易制作、造价低、施工灵活、进度快，因在工厂预制，精度易保证。施工时将预制的短轨枕埋设在整体道床内，其底部外露钢筋可加强与道床混凝土的联结。

短轨枕可为现代有轨电车地面线提供更多的绿化空间，因此，短轨枕是目前国内现代有轨电车应用较多的轨枕形式。短轨枕整体道床施工现场如图 6-18 所示。

图 6-18　短轨枕式整体道床施工现场

3. 长轨枕式整体道床

长轨枕一般为预应力钢筋混凝土结构，可在工厂预制，用轨排法施工，具有施工进度快，精度易保证的特点，轨枕内有预留孔，供道床内的纵向钢筋穿过，这不仅可加强与道床的连接，提高道床的整体性，还可以排除杂散电流。该类型道床整体性强，刚度大，能在一定程度上防止在软土地基形成的不均匀沉陷。广州海珠现代有轨电车采用了长轨枕式的整体道床，如图 6-19 所示。

目前已运营的现代有轨电车工程无枕式整体道床、短枕式整体道床和长枕式整体道床均有采用，有枕式整体道床从施工便捷性、轨排稳定性及施工质量可靠度上更有保证，从经济性来分析，采用短轨枕式整体道床略有优势。

图 6-19　长轨枕式整体道床实景

6.5.2　轨枕间距

正线及配线直线段轨枕间距一般为 625mm，即轨枕按 1600 根/km 铺设，半径小于 400m 的曲线段轨枕间距为 600mm，线性排水沟、预埋管线等处轨枕间距可以根据道床块的长度在 500～650mm 间作适当调整，轨枕间距变化较大时应逐渐过渡。现代有轨电车轨枕每公里铺设数量可参照表 6-3。

<table>
<tr><td colspan="5" style="text-align:center">每公里轨枕铺设数量表</td><td>表 6-3</td></tr>
<tr><td rowspan="2">道床类型</td><td colspan="2">正线、试车线、出入线</td><td rowspan="2">配线</td><td rowspan="2">车场线</td></tr>
<tr><td>直线及 R＞400m</td><td>R≤400m</td></tr>
<tr><td>无砟道床</td><td>1600</td><td>1680</td><td>1600</td><td>1440</td></tr>
<tr><td>混凝土枕有砟道床</td><td>1600</td><td>1680</td><td>1600</td><td>1440</td></tr>
</table>

注：短轨枕为每公里铺设对数，长轨枕为每公里铺设根数。

直线和曲线地段无砟道床轨枕间距布置形式如图 6-20 所示。

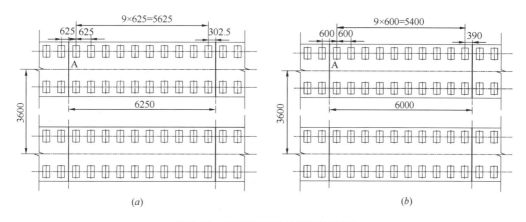
图 6-20　无砟道床轨枕间距布置图
（a）直线段道床块布置图；（b）曲线段道床块布置图

6.5.3　扣件选型

扣件是 轨道上用以联结钢轨和轨枕（或其他类型轨下基础）的零件，又称中间联结零件。我国城市轨道交通扣件类型较多，除有刚性、弹性之分外，大致可分为有挡肩、无挡肩，分开式、不分开式，有 T 型螺栓、无 T 型螺栓几大类型。

1. 基本设计原则

扣件的作用是固定钢轨的位置，阻止钢轨产生纵向和横向位移，防止钢轨倾翻，还能提供适量的弹性，并将钢轨所受的荷载传递给轨枕或道床承轨台，其主要设计原则如下：

（1）扣件应有足够的强度，以抵抗钢轨的纵向力和横向力，其承受横向力≥40kN，抗拔力≥60kN，每组扣件防爬力≥8kN。

（2）整体道床刚度大，轨道弹性主要依靠扣件及垫层提供，因此扣件应具有较好的弹性，以减少列车荷载的冲击，使钢轨承受的荷载能均匀地传递到道床上，一般地段扣件节点垂直静刚度一般在 30～50kN/mm。

（3）扣件应具有良好的扣压力，每组扣件扣压力应＞12kN。同时还应有满足实际需要的轨距和高低调整量。

（4）扣件应具有良好的绝缘性能，以减少杂散电流，其绝缘部件的工作电阻应大于 $10^8\Omega$。

（5）为减少检测检查、养护维修、损伤更换，扣件系统应力求简单，应有较大的高低调整量，还应采用如进行化学防锈、电镀或物理涂油、扣件罩隔离等措施，提高扣件的防腐、防潮性能。

2. 扣件

目前现代有轨电车常用的扣件有 W-Tram 型扣件、YG-1 型扣件、DTⅣ型扣件、DR-1 型扣件和 CST-Ⅰ型扣件等，各组扣件的特点如下：

（1）W-Tram 型扣件

W-Tram 型扣件为无枕式整体道床扣件，扣压件采用 B 型弹条。扣件系统由螺栓塑料套管，底板、轨下垫板，轨距挡板、弹条、螺栓和扣件罩组成，如图 6-21 所示。其轨距调整量为＋10、－10mm，调高量为－5mm、＋10mm，造价相对较高。该型扣件应用于苏州高新区现代有轨电车 1 号线和淮安现代有轨电车一期工程。

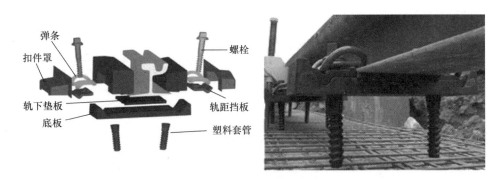

图 6-21　W-Tram 型扣件

（2）YG-1 型扣件

YG-1 型扣件为弹性分开式无螺栓扣件，适用于有挡肩轨枕，扣压件采用国铁Ⅲ型弹条，混凝土枕预埋锚固螺栓。轨距调整量为＋8、－16mm，调高量为 30mm，扣件绝缘电阻大于 $10^8\Omega$。如图 6-22 所示。该型扣件国内施工经验丰富，技术成熟，已成功应用于沈阳浑南新区现代有轨电车系统。

（3）DTⅣ型扣件

DTⅣ型扣件适用于有挡肩轨枕，扣压件采用Ⅳ型弹条系统。扣件在钢轨下设 10mm

厚橡胶垫，轨下垫板下设 16mm 厚的橡胶垫，高低调整量为—5mm、+30mm，如图 6-23 所示。该型扣件应用于广州海珠现代有轨电车系统。

图 6-22　YG-1 型弹条扣件　　　　　　　　　　图 6-23　DTⅣ型扣件

（4）DR-1 型扣件

DR-1 型扣件为弹性分开式扣件，适用于无挡肩轨枕，扣压件采用 B 型弹条。扣件系统由板下胶垫、铁垫板、绝缘垫板、弹条、轨距块、T 型螺栓和螺栓塑料套管组成，扣压力、轨距可调，轨下可用调高垫板进行高度调节，调高量可达到 50mm（其中轨下 10mm，铁垫板下 40mm），轨距调整量为+8、—12mm，如图 6-24 所示。该型扣件应用于南京河西新城现代有轨电车 1 号线。

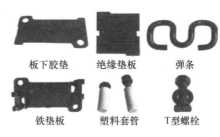

板下胶垫　　　　绝缘垫板　　　　弹条

铁垫板　　　　塑料套管　　　　T 型螺栓

图 6-24　DR-1 型扣件

（5）CST-Ⅰ型扣件

CST-Ⅰ型扣件为有螺栓弹性分开式扣件，适用于无挡肩轨枕，采用国铁 B 型弹条。扣件由板下胶垫、铁垫板、绝缘垫板、弹条、轨距块、螺旋道钉、重型弹簧垫圈、平垫块、道钉塑料管套、T 型螺栓、平垫圈和螺母组成，其单件设计弹程为 8mm、扣压力为 8kN，通过 T 型螺栓及螺母压住弹条，使弹条产生扣压力扣压钢轨，T 型螺栓 T 型头与铁垫板防转孔连接。此扣件轨下可用调高垫板调高，调高量可达 50mm，如图 6-25 所示。该型扣件应用于南京麒麟科创园现代有轨电车 1 号线。

3. 扣件选型

目前国内现代有轨电车常用扣件及其性能如表 6-4 所示。

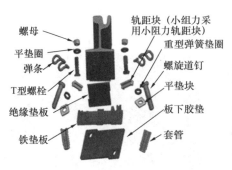

图 6-25　CST-1 型扣件

扣件类型比选表　　　　　　　　　　　　　　　　　　表 6-4

扣件名称	弹条类型	优点	缺点	实例
W-Tram 型扣件	B 型弹条	扣压力可调、调高小、铁垫板尺寸小	零部件较多、维修量较大、扣压力不易均匀	苏州高新区现代有轨电车 1 号线、淮安现代有轨电车一期工程
YG-1 型扣件	无螺栓Ⅲ型弹条	扣压力可调、调高小、铁垫板尺寸小	扣压力小、零部件少	沈阳浑南新区现代有轨电车
DTⅣ型扣件	无螺栓 e 型弹条	扣压力可调、调高小、铁垫板尺寸大	扣压力小、零部件多	广州海珠现代有轨电车
DR-Ⅰ型扣件	B 型弹条	调高量可达 50mm、扣压力可调、轨下可调高	扣压力小、零部件多	南京河西新城现代有轨电车 1 号线
CST-Ⅰ型扣件	B 型弹条	调高量较大，可达 50mm，轨距调整大，维修量小	扣压力小、零部件多	南京麒麟科创园现代有轨电车 1 号线

由此可见，现代有轨电车所用扣件类型多样、标准不一致。实际选用时需结合轨道系统结构和轨枕选型等选取。通常弹性分开式扣件，调高量较大、轨距块多样，组件维修量小，可同时应用于地面线和桥梁线，也可适用于绿化铺装及硬化铺装区段，目前在国内已运营的现代有轨电车线路上应用较多。

6.6 道　　岔

道岔是一种引导列车由一股道转入另一股道的线路连接设备，一般由转辙器、连接部分、辙叉及护轨三个单元组成。

转辙器是道岔的转换装置，其主要功能是引导列车的行驶方向，包括基本轨、尖轨和转辙机械。道岔转辙依靠尖轨的扳动，将列车引入直向或侧向，尖轨的扳动一般由电动转辙机带动转辙机械的道岔拉杆完成，转辙器及转辙机如图 6-26 所示。根据城市景观要求，现代有轨电车可选择地埋式转辙器，电动转辙机放置于转辙器下方地下预留坑内。

道岔连接部分由直轨和导曲线轨构成。

辙岔是引导车轮从一股钢轨越过另一股钢轨的设备，它设置在道岔侧线钢轨与道岔主

(a)　　　　　　　　　　　　　　(b)

图 6-26　道岔转辙器及转辙机
（a）普通道岔转辙器及电动转辙机；（b）地埋式道岔转辙器

线钢轨相交处，辙岔由心轨，翼轨，护轨及连接零件组成，按平面形式分，辙岔有直线辙岔和曲线辙岔两类，按构造分，又有固定式辙岔和可动心式活动轨辙岔两类，如图 6-27所示，固定式辙岔，辙岔咽喉至辙岔理论交点间轨线中断部分，称为辙岔的有害空间，有害空间的存在，使列车通过辙岔时产生剧烈摇晃，影响乘坐的舒适度；可动心轨辙岔利用可动翼轨或心轨保持辙岔轨线连续，消灭了有害空间，列车通过道岔运行更加平稳，但造价较高。

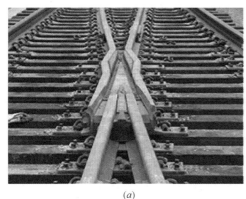

(a)　　　　　　　　　　　　　　(b)

图 6-27　道岔辙岔图
（a）固定式辙岔；（b）可动心轨辙岔

6.6.1　道岔选型基本原则

现代有轨电车道岔选型应根据其设置位置、通过列车的运行速度、乘坐舒适度要求、维修养护条件、线路及场地的建设条件等合理选择，选型主要原则如下。

（1）满足列车通过速度要求，正线上有列车侧向通过的道岔，道岔侧向通过速度应满足列车运行速度的要求，正线及配线道岔号数不宜小于 6 号，车场线道岔号数不宜小于3 号。

（2）正线宜预留铺设跨区间无缝线路的条件，高架线无缝线路根据计算布置伸缩调节器。

（3）尽可能选用标准化、系列化、易维修和养护的产品，但当受线路、场地等建设条件限制时也可考虑选择非标准道岔，如曲线道岔、梳子型道岔等。

6.6.2 道岔类型及型号

1. 道岔型号

道岔岔心所形成的角，称为辙岔角，道岔号码通常用辙岔角的余切值来表示，辙岔角越小，道岔号就越大，导曲线半径也越大，列车侧线通过道岔时就越平稳，允许的过岔速度也就越高，所以采用大号道岔对于列车运行是有利的，但道岔号数越大，道岔越长、占地越多、造价越高。因现代有轨列车的运行速度较低、可通过的最小曲线半径小，通常正线采用 6 号道岔，车场线采用 3 号或 5 号道岔。

2. 道岔类型

道岔除道岔号和辙岔结构形式不同外，还有多种道岔类型可选择，目前常用的道岔类型有单开道岔、对称道岔、三开道岔、交叉渡线、交分道岔 5 种标准类型，还有梳子型道岔、多角度交叉的菱形道岔、曲线道岔等非标准道岔。

图 6-28 单开道岔图

（1）单开道岔

单开道岔主线为直线，侧线由主线向左侧或右侧岔出。单开道岔使用最为广泛，其数量占各类道岔总数的 90% 以上，如图 6-28 所示，单开道岔平面示意图如图 6-29 所示。

现代有轨电车正线常用的槽型轨 6 号单开道岔，尖轨部分通常分成尖轨和尖轨座两部分，尖轨座下和辙叉下采用设置铁垫板的结构。导曲线半径 50m，直向通过速度为 70km/h，侧向通过速度为 20km/h。该道岔全长 14.45m，前长 4.226m，后长 10.224m，辙叉角 9°27′44″。可采用地埋式高锰钢铸造转辙器。南京、大连等城市的现代有轨电车正线均采用的是槽型轨 6 号单开道岔。

车场线常用的 50kg/m 型 3 号单开道岔，通常采用高锰钢整铸辙叉，相切圆曲线线型 50AT 尖轨，尖轨跟端采用间隔铁活接头结构，护轨为分开式。直向通过速度为 30km/h，

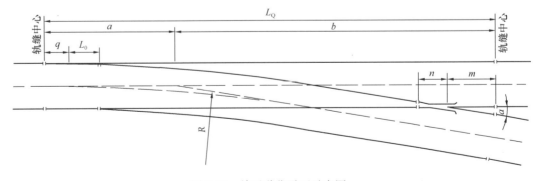

图 6-29 单开道岔平面示意图

侧向通过速度为 10km/h，容许轮缘最大磨耗 5mm。岔全长 10.667m，辙叉角 22°19′16″。

现代有轨电车进段速度小于 10km/h，为减小车辆段占地面积，车辆段一般采用 50km/h 型 3 号单开道岔。

现代有轨电车常用道岔主要尺寸如表 6-5 所示。

现代有轨电车常用道岔参数表　　　　　　　　　表 6-5

道岔 辙岔号	辙岔角 α	道岔 前长 a （m）	道岔 后长 b （m）	道岔 全长 L_Q（m）	导曲线 半径 R（m）	尖轨 长度 L_0 （m）	尖轨前 端长度 q （m）	辙岔 趾距 （m）	辙岔 跟距 （m）
6	9°27′44″	4.226	10.224	14.450	50	1.777	0.800	0.942	1.555
3	22°19′16″	5.833	4.834	10.667	25	1.914	1.420	1.023	1.292/1.386

（2）交叉渡线

交叉渡线是两个单式渡线重叠相交以实现两条相邻线路间列车转线的轨道设备。交叉渡线由四组辙岔号相同的单开道岔和一组菱形交叉组成。在需要铺设两条相反的单渡线，而受地形条件限制，没有足够的长度时可铺设交叉渡线，如图 6-30 所示。为缩短咽喉区长度，交叉渡线在现代有轨电车工程中也被普遍采用，常用的交叉渡线为线间距 3.6m 或 4.5m 槽型轨 6 号道岔交叉渡线。

（3）对称双开道岔

主线向两侧分支，分支线路自主线方向岔出的两个岔角相等，其辙岔理论中心在主线中心线的延长线上，如图 6-31 所示。沈阳市浑南新区现代有轨电车一期工程 2 号线机场段采用了一组德国进口的 CHN60kg/m 钢轨 12 号对称道岔。

图 6-30　交叉渡线

图 6-31　对称双开道岔

（4）三开道岔

三开道岔指一个方向通向三个方向的道岔。当受地形条件限制，没有有足够的长度来铺设两组单开道岔时可采用三开道岔。沈阳市浑南新区现代有轨电车工程采用了德国进口的三开道岔。

目前国产应用于现代有轨电车的 60R2 槽型轨 6 号三开道岔，由第一转辙器区域、第二转辙器区域、复合辙叉区域、中间菱形区域、尾部菱形区域五大部分组成，包含四组转辙器，16 颗合金钢辙叉，如图 6-32 所示。

（5）梳子型道岔

主线向一侧分支，分支线路自主线方向岔出的多个相等岔角。梳子型道岔由于道岔布置相对集中，用在车站及车辆基地能够提高站场布置的灵活性和节约用地，如图 6-33 所示。梳子型道岔为非标准道岔，连接股道数、线间距等可根据工程条件及需要进行单独设计与制造，但辙岔号为标准道岔号，转辙器等根据不同制造厂的产品，其长度等参数一般是固定的。青岛城阳现代有轨电车示范线采用了一组 50kg/m 钢轨梳子型道岔，深圳龙华现代有轨电车工程采用了一组 59R2 槽型轨 6 股梳子型道岔。

图 6-32　国产 60R2 槽型轨 6 号二开道岔　　　　图 6-33　梳子型道岔

（6）菱形交叉道岔

菱形交叉道岔是一种两条线路平面交叉设备，如图 6-34 所示。沈阳浑南现代有轨电车 1 号线、3 号线采用平面交叉，在两条线交叉处使用了 1 组直角交叉菱形道岔。

图 6-34　菱形交叉道岔

（7）交分道岔

交分道岔呈 X 形，相当于两组对向铺设的单开道岔。分为单式交分道岔和复式交分道岔两种，用于不止一条线的相互交叉，是缩短车站咽喉长度、减少用地、提高调车作业效率的良好设备。其长度略长于单开道岔，而其作用相当于两组对向单开道岔，因此可以缩短站场长度。交分道岔主要用在铁路复线及多线区间的到达场、编组场和出发场等衔接的咽喉区，采用复式交分道岔配合交叉渡线，具有明显优势。但其构造复杂，维修和养护难度大，城市轨道交通中使用较少。

（8）曲线道岔

曲线道岔是一种适合铺在曲线上的道岔，其主要特点是道岔的主线为曲线，采用曲线辙叉。曲线道岔为一种非标准道岔，其可根据铺设位置的线路曲线半径进行单独设计与制造。曲线道岔作为道岔的一种类型虽然在国内应用较少，但在国外已有较为广泛的应用以及成熟的实践经验。由于其具有能够设置在曲线上的特点，曲线道岔特别适合线路指标较差、用地受限的情况。如沈阳浑南新区现代有轨电车为实现网络化运营，二期工程的 6 号线需修建联络线接入一期工程的 2 号线，为减少现代有轨电车通过路口时对城市交通的影响、缩短站台至人行横道斑马线的距离，工程中采用了进口的曲线道岔，其曲线半径为 50m，采用曲线道岔后，站台至斑马线的距离由采用普通直线道岔的 53m 缩短至 30m，提高了乘客过街的便捷性。

6.7　车　挡

车挡是一种轨道安全设备，通常设于线路尽端，防止列车意外失控时冲出线路，降低事故造成的人员伤害及车辆和其他设施的损坏。

6.7.1　车挡设置原则

目前国内现代有轨电车车挡的设置原则通常参考地铁并结合现代有轨电车的特点确定，现代有轨电车车挡按如下原则设置：

（1）正线及配线、试车线、牵出线的终端应设置车挡。

（2）车场线（试车线、牵出线除外）上的车挡应能承受列车以 5km/h 速度撞击的冲击荷载。

（3）采用滑移式车挡时，车挡挡车面至线路终端的距离应根据车挡的构造参数及列车参数检算确定。其中：站前折返的正线尽头线及有载客列车行驶的辅助线设置车挡时，按列车重载行驶考虑，其重量为列车自重＋载客重量；站后折返及无载客列车行驶的辅助线、车场（库内、库外）线路设置挡车器时，均按空载行驶考虑，其重量为列车自重。

（4）车挡的制动减速度不大于 1.5m/s²。

（5）高架线路及试车线车挡按设防爬装置考虑，防爬装置形式、尺寸及布置需结合选定的现代有轨电车车辆防撞、防爬结构位置和尺寸作特殊设计。

（6）车挡的设置应符合线路有效长度、限界条件、车辆构造、终端警示等要求，应按规定设置醒目的车挡标志。

6.7.2　车挡选型

国内现代有轨电车的车挡主要有滑移式和固定式两类，主要产品有滑移液压缓冲车挡、滑移式车挡、固定式液压车挡、固定式车挡，摩擦式车轮挡等类型。

（1）滑移式液压缓冲车挡

滑移式液压缓冲车挡结构主要包括液压缓冲系统、滑动摩擦块组件、钢结构装置和其他辅助设备，通过摩擦组块在轨面的滑移及液压缓冲系统的被压缩过程实施制动，利用钢结构装置和其他辅助设备制停，列车撞击的动能主要通过摩擦组块在轨面的滑动消解，液压缓冲系统起辅助作用，车挡能承受的冲击荷载较高，并且可通过调整滑动摩擦块组件的组合，来适应不同的冲击荷载要求，如图6-35所示。滑移式液压缓冲车挡适用于地面线和高架线，主要设置于正线及配线、试车线、牵出线上。试车线车挡，因车辆状态的不确定，有可能发生车辆运行失控，因此需要能够承受较高冲击荷载的车挡，通常多采用滑移式液压缓冲车挡。滑移式液压缓冲车挡防撞面至线路终端需有足够的滑移长度。

  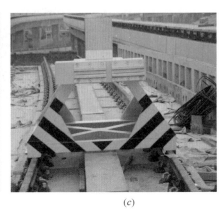

(a) (b) (c)

图6-35 滑移式液压缓冲车挡

(a) 滑动摩擦块；(b) 南京麒麟科技园现代有轨电车1号线；(c) 曲线车挡

（2）滑移式车挡

滑移式车挡结构主要包括滑动摩擦块组件、钢结构装置和其他辅助设备，通过滑动摩擦块组件在轨面的滑移过程实施制动，利用钢结构装置和其他辅助设备制停，如图6-36所示。滑移式车挡通常与固定于线路终端的辅助设备配套使用，利用钢结构装置和辅助设备制停，如图6-37所示。滑移式车挡适用于地面线，主要设置于正线及配线、试车线、牵出线上，采用滑移式车挡。车挡防撞面至线路终端需有足的够滑移长度。

图6-36 滑移式车挡　　　　图6-37 与各种滑移式车挡配套使用的辅助设备

114

（3）固定式液压车挡

固定式液压车挡结构主要包括液压缓冲系统、钢结构装置和其他辅助设备，通过液压缓冲系统的被压缩过程实施制动，利用钢结构装置和其他辅助设备制停，如图 6-38 所示。固定式液压车挡一般适用于地面线和地下线，特别是车辆基地停车线、检修线，受场地及线路长度限制，一般无条件设滑移式车挡，多采用固定式车挡，对撞击荷载要求较高的设固定式液压缓冲车挡，设于地面的固定式液压缓冲车挡，如图 6-38(b)、图 6-38(d) 需单独设置车挡基础。

图 6-38　固定式液压车挡

（a）带防爬装置车挡；（b）北京前门现代有轨电车线车挡；

（c）无防爬装置车挡；（d）库内布置于地面车挡

（4）固定式车挡

固定式液压车挡结构主要包括钢结构装置，利用钢结构装置制停，如图 6-39 所示。固定式车挡适用于地面线，车辆基地库外线多采用固定式车挡。

（5）摩擦式车轮挡

摩擦式车轮挡由一组导向装置和一组阻尼器组成，其原理为摩擦制动，如图 6-40 所示（单位：mm），摩擦式车轮挡主要适用与车辆运行速度较低的库内线，安装摩擦式车轮挡时，为便于司机瞭望和安全警示，应设置车轮挡标示和列车停车限位标识。

图 6-39　固定式车挡

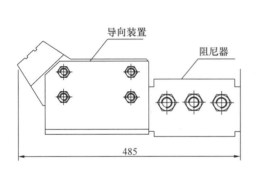

图 6-40　摩擦式车轮挡实景图

6.8　无 缝 线 路 设 计

钢轨接头是轨道上薄弱环节之一，采用无缝线路可最大限度地消除钢轨接头的影响，减少列车对轨道的冲击和振动。因此，无缝线路具有行车平稳，延长钢轨、车轮等设备使用寿命，减少维修工作量、降低维修费用，增加旅客舒适度等优点。

我国铁路和城市轨道交通广泛采用温度应力式无缝线路。温度应力式无缝线路，由一段长轨节及 2~4 根缓冲轨（标准长度钢轨）组成。长轨节与缓冲轨之间用接头夹板和高强度螺栓连接。

无缝线路与传统线路相比，由于钢轨被锁定，不能随温度而自由伸缩，钢轨内部承受着较大的温度应力。温度应力太大可能导致钢轨强度和轨道稳定性破坏，危及行车安全。因此，不仅要根据强度条件检算钢轨内应力，还要根据稳定条件检算轨道稳定性。特别在高架线路上，除温度应力外，还有桥梁本身随温度变化而产生的伸缩变形，在列车动力作用下桥梁产生挠曲变形而出现的附加纵向力，因此钢轨铺设完成后，无缝线路应设置一定数量的位移观测桩，以满足轨道在特殊路段进行观测的要求，如小半径曲线段、道岔附近、桥梁上等。

随着钢轨胶结绝缘接头和无缝道岔的研制成功，跨区间无缝线路得到快速发展，尤其

116

在我国城市轨道交通领域已实现了工程应用。

6.8.1　确定锁定轨温

设计无缝线路时，锁定轨温是决定钢轨温度应力水平的基准，应在保证轨道稳定性的条件下，力求减小钢轨内的温度应力，以满足轨道强度的要求。因此，选择合理锁定轨温是保证无缝线路安全运营的关键。

无缝线路设计锁定轨温应根据当地气象资料，无缝线路的允许温升、允许温降，并考虑一定的修正量计算确定。江苏省及周边主要地区最高、最低及中间轨温表见表 6-6。

江苏省及周边主要地区最高、最低及中间轨温表（℃）　　　　表 6-6

地区	最高轨温	最低轨温	中间轨温	备注
南京	63.0	−14.0	24.5	
徐州	63.3	−22.6	20.35	
蚌埠	64.5	−19.4	22.55	
合肥	61.0	−20.6	20.2	
安庆	64.7	−12.5	26.1	
上海	60.3	−12.1	24.1	

1. 根据强度条件确定允许的降温幅度

（1）无缝线路钢轨应有足够的强度，要求钢轨所承受的各种应力总和不超过规定的容许值 $[\sigma_s]$，即

$$\sigma_d + \sigma_t + \sigma_c \leqslant [\sigma_s] \tag{6-1}$$

式中　σ_d——钢轨最大动弯拉应力（MPa）；

　　　σ_t——温度应力（MPa）；

　　　σ_c——钢轨承受的制动应力，一般按 10MPa 计算；

　　　$[\sigma_s]$——钢轨容许应力，它等于钢轨的屈服强度 σ_s 除以安全系数 K，$[\sigma_s] = \sigma_s/K$（一般钢轨 $K=1.3$，再用轨 $K=1.35$）。

（2）允许的降温幅度 $[\Delta t_s]$ 按下式计算：

$$[\Delta t_s] = ([\sigma_s] - \sigma_{gd} - \sigma_c)/E_\alpha \tag{6-2}$$

式中　σ_{gd}——钢轨底部下缘动弯应力；

　　　E_α——钢轨的线膨胀系数，取 $11.8 \times 10^{-6}/℃$。

2. 根据稳定条件确定允许的升温幅度

根据稳定条件求得允许温度压力 $[P]$ 后，按下式计算允许升温幅度 $[\Delta t_c]$，即

$$[\Delta t_c] = [P]/2E_\alpha F \tag{6-3}$$

式中　F——钢轨断面积（mm²）。

3. 中间温度的确定

设计锁定轨温 t_e 公式为：

$$t_e = (t_{max} + t_{min})/2 + ([\Delta t_s] - [\Delta t_c])/2 \pm \Delta t_k \tag{6-4}$$

式中　t_{max}、t_{min}——铺轨地区的最高、最低轨温；

　　　　　　Δt_k——温度修正值，可根据当地具体情况取 0~5℃。

4. 确定锁定轨温

无缝线路铺设时，施工锁定轨温应有一个范围，一般取设计锁定轨温±5℃，则：

（1）施工锁定轨温上限为 $t_{max}=t_e+5℃$ （6-5）

（2）施工锁定轨温下限 $t_{min}=t_e-5℃$ （6-6）

（3）需满足 $t_{max}-t_{min}<[\Delta t_c]$，$t_{max}-t_{min}<[\Delta t_s]$。

6.8.2 无缝线路结构计算

1. 轨条长度

无缝线路一般在绝缘接头、道岔、车挡和需要处设置缓冲区，道岔可设计为无缝道岔。无缝线路长轨条采用无螺栓孔新钢轨焊接而成，轨节长度一般不短于200m。

2. 缓冲区长度

缓冲轨采用有螺栓孔标准长度新轨，缓冲区一般设置2～4根钢轨。

3. 预留轨缝

为适应钢轨热胀冷缩的需要，在钢轨接头处要预留轨缝。预留轨缝应满足如下条件：

（1）当轨温达到当地最高轨温时，轨缝应大于或等于零，使轨端不受挤压力，以防温度压力太大而胀轨跑道。

（2）当轨温达到当地最低轨温时，轨缝应小于或等于构造轨缝，使接头螺栓不受剪力，以防止接头螺栓拉弯或拉断。构造轨缝是指受钢轨、接头夹板及螺栓尺寸限制，在构造上能实现的最大缝限值。无缝线路轨缝构造示意如图6-41所示（其中 P_j—防温度压力、P_t—允许温度压力）。

预留轨缝计算公式为：$a_0 = \alpha_L(t_z-t_0)+a_g/2$ （6-7）

式中 a_0——更换钢轨或调整轨缝时的预留轨缝（mm）；

      L——钢轨长度（m）；

      t_z——当地中间轨温（℃），其值为 $t_z=(t_{max}+t_{min})/2$。其中 t_{max}、t_{min} 为当地历史最高、最低轨温（℃）；

      t_0——更换钢轨或调整轨缝时的轨温（℃）；

      a_g——构造轨缝，均采用18mm。

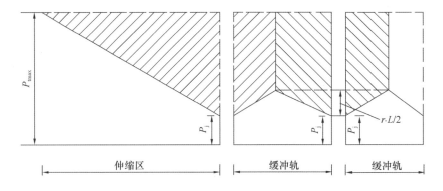

图 6-41 无缝线路轨缝构造示意图

6.8.3 无缝线路焊接技术

长钢轨的焊接是铺设无缝线路重要环节之一，焊接后钢轨的外形尺寸和内部质量，是确保无缝线路正常运行的关键。实践证明若焊接质量不良，将给养护维修带来隐患，甚至危及行车安全。目前钢轨焊接方法主要采用接触焊和铝热焊。为了提高焊后焊道外形尺寸及平顺度的质量，研制了精铣机和研磨机等专用设备，并采用铣床和砂带磨进行精修精磨。

1. 接触焊法

接触焊（即闪光焊）的工作原理是利用电流通过某一电阻时所产生的热量熔接焊件，再经顶锻以达到焊接目的。当两支待焊钢轨施加大电流，通过电场作用，在两个焊接端面之间产生电热效应，使钢轨迅速加热，达到溶化状态。在进一步加热钢轨同时，迅速施加顶锻力迫使钢轨焊面相互挤压，将两支钢轨焊联成一体。接触焊设备如图6-42所示。

接触焊法焊接接头与母材一样，质量好、效率高，发展较快。此焊接工艺已在我国现代有轨电车工程中广泛使用，如南京河西新城现代有轨电车1号线、苏州高新区现代有轨电车1号线和淮安现代有轨电车一期工程等。

2. 铝热焊法

铝热焊是利用焊剂中的铝在高温条件下与氧有较强的化学亲和力，它可从重金属的氧化物中夺取氧，使重金属还原，同时放出热量，将金属熔化成铁水，浇注在两支钢轨之间的砂型中施焊而成。

图6-42 接触焊设备图

铝热焊法一般用于断轨再焊，或者工地联合接头的焊接。对有问题的焊头，如钢轨斜裂或者折断尚需锯轨再插入短钢轨，另外对异型钢轨进行铝热焊应用较多，铝热焊设备如图6-43所示。

铝热焊法焊接存在工艺不良和焊接化学成分与母材不一致等缺陷，易造成焊缝硬度低于钢轨母材硬度，断轨事故较多，返工率较高，工作效率低。铝热焊在沈阳浑南新区现代有轨电车工程上使用。

图6-43 铝热焊设备图

6.8.4 现代有轨电车无缝线路铺设案例

南京河西新城现代有轨电车1号线采用一次铺设温度应力式无缝线路，因线路沿新城主干道—江东南路敷设，施工运输方便，钢轨铺设选择采用了散铺法铺轨和现场焊接钢轨。

该工程采用了接触焊法焊接工艺，焊接前进行了配轨，以满足设计及规范对单元轨节左右股焊接接头相错量要求，然后经过焊接、正火、粗磨、校直、细磨、精磨等施工工艺，依据道床灌注时的轨温记录，比照设计锁定轨温制定实施方案，根据南京地区全年气象、气温条件，按照式

(6-1)~式(6-6)进行无缝线路锁定轨温计算，得出该工程的无缝线路锁定轨温为 24.5℃，应力放散及锁定焊接后，对接头统一进行了超声波探伤及外观检查，确保焊头质量达到设计及有关规范的要求。钢轨焊接和现场打磨作业如图 6-44 所示。

图 6-44　南京河西新城现代有轨电车 1 号线钢轨焊接和打磨

该线路存在多处小半径曲线，其中最小半径 R-50m 有 2 处。铺轨前先把 25m 的标准钢轨焊接成长轨条，再进行现场弯曲到与道路半径吻合，如图 6-45 所示。

图 6-45　小半径曲线无缝线路实景图

钢轨铺设完成后，按无缝线路规定设置了一定数量的位移观测桩，以满足轨道在特殊路段进行观测的要求，如小半径曲线段、道岔附近、桥梁上等，并按《无缝线路铺设及养护维修方法》TB/T 2098—2007 有关规定进行了验收。

6.9　减 振 降 噪 设 计

现代有轨电车线路的地理位置通常位于城市的较繁华地段，因此对其产生的振动和噪声影响的防治变得越来越重要。因现代有轨电车的轨道结构形式特殊，通常采用两种方式对其进行振动防治，一种是对钢轨使用隔振材料进行包裹处理，另一种是在轨道下面铺设减振材料，即轻型质量弹簧系统。

6.9.1 轨道振动源

现代有轨电车在列车运行时引起振动与噪声主要来自三个方面：一是列车的轰鸣声和受电弓与接触网（授电刷与接触轨）的摩擦声；二是列车产生的气流噪声；三是轮轨间相互撞击所产生的振动与噪声。

轨道振动的强弱主要取决于轮轨磨耗情况、轮轨破损程度、线路的几何状态、轨道结构稳定性诸方面因素。振动传播方式主要是由钢轨通过扣件和道床传递到路基、桥梁等结构，并由结构传向大地，甚至引起轨道附近地面建筑物的振动。影响建筑物振动的因素有很多，包括车辆特性、轨道结构、路基和桥梁结构、地质条件、建筑物本身结构等级及基础埋深等。

6.9.2 轨道振动传播及控制

振动与噪声是密切相关的，往往控制了振动同时也治理了噪声，反之亦然。振动与噪声的控制应从以下三方面进行控制：

（1）减弱或消除振动起源来杜绝振动；

（2）在传播过程中采用吸收或隔振措施以达到削弱接受体的振动强度；

（3）接受体采取减振措施，减少对接受体的危害。

6.9.3 轨道减振设计原则

城市轨道交通工程减振设计依据为《环境影响评估报告书》。

（1）以国家环保规范为准则

城市轨道交通在列车运行时引起环境振动影响应满足国家《城市区域环境振动标准》GB 10070—1988中规定，超标地段采取的减振措施应满足国家环保要求。城市各类区域环境振动标准值见表6-7。

城市各类区域环境振动标准值 VL_z（dB）　　　　表6-7

类别	适用地带范围	昼间	夜间
0	特殊住宅区	65	65
1	居民、文教区	70	67
2	混合区、商业中心区	75	72
3	工业集中区	75	72
4	交通干线道路两侧	75	72
5	铁路干线两侧	80	80

（2）以实施工程《环境影响评估报告书》要求为依据

国家环保部门对实施工程沿线振动敏感点进行环境振动现状调查、监测与评价，对城市轨道交通在运营后引起环境振动影响加以预测，并对沿线振动超过国家环保标准地段及超标值提出具体措施。《环境影响评估报告书》经国家有关部门审批后，应作为轨道减振设计的依据。

（3）采取减振措施时，不应削弱轨道结构强度、稳定性及平顺性。

（4）应采用成熟、先进的技术和施工工艺，方便施工和后期的养护维修。

（5）同一工程的减振措施不宜多于三种，每一减振措施长度不宜小于远期一列车的长度。

6.9.4　常规轨道减振结构及措施

减振轨道结构设计，将减振轨道结构划分为三个等级，即一般减振轨道结构、较高减振轨道结构、特殊减振轨道结构。

（1）一般减振轨道结构：采用重型钢轨、无缝线路、弹性扣件、整体道床（或碎石道床）。

铺设无缝线路，减少钢轨接头，能有效地减少轮轨间的冲击力，使列车运行的基本单位阻力减少 10%～20%，资料显示可降低 2～3dB。

小半径曲线地段，应按检算结果设置轨距加宽，对钢轨涂油，减轻钢轨磨耗。据日本资料介绍钢轨经打磨后可降低噪声 5～6dB，我国资料显示可降低噪声 3～5dB。

采用弹性扣件，轨底及铁垫板下均设置橡胶垫板，弹性好，扣压力大，使钢轨振动衰减很快，能起到减振降噪作用。

以上措施能满足一般地段减振要求，达到环境保护标准。

（2）较高减振轨道结构：线路中心距离住宅区、宾馆、机关等建筑物小于 20m 的路段段，在一般减振轨道结构的基础上，进一步采用轨道减振扣件、弹性轨枕整体道床或其他较高减振轨道结构形式。

铺设轨道减振器扣件，较一般地段减振性能良好的弹性分开式扣件降低 8～12dB。铁道科学研究院研通过铺设弹性扣件试验段测试，采用弹扣件，轮轨相互作用力减少 39～52kN，轨枕振动加速度下降 17～46g，减少振动约 10dB。

（3）特殊减振轨道结构：线路中心距离医院、学校、音乐厅、精密仪器厂和高级宾馆等建筑物小于 20m 的路地段，在一般减振轨道结构的基础上，对钢轨使用隔振材料进行包裹处理或采用浮置板整体道床或其他特殊减振轨道结构形式。

钢弹簧浮置板轨道是由钢筋混凝土板和支撑它的隔振器组成，属于质量—弹簧体系，对振动频率在 12.2Hz 以下的振动提供了较好的隔振效果，减振效果可达 20～30dB。

常规减振标准和对应措施参见表 6-8 所示。

常规减振标准和对应措施表 表 6-8

减振等级	减振设计标准	减振措施	减振效果
一般减振	不超标地段，不特别设防	无缝线路	降低 2～3dB
		钢轨涂油	降低 3～5dB
		弹性扣件、橡胶垫板	降低 5～6dB
较高减振	中等减振，超标 4～12dB，设防 4～6dB	减振器扣件	降低 8～12dB
		弹性短轨枕式整体道床	降低约 10dB
		中等钢弹簧浮置板轨道	降低约 15dB
特殊减振	超标 13dB 以上，设防 16dB 以上	金属弹簧隔振器浮置板道床	减振效果可达 0～30dB
		橡胶浮置板轨道结构	减振效果可达 20dB
		橡胶隔振垫式整体道床	减振效果可达 15dB

6.9.5　钢轨包覆式结构

钢轨包覆式减振结构除有良好的减振效果外，还对钢轨阻隔腐蚀性液体等起到连续保护作用，是一种可靠、安全实用的减振方案，目前国内新建现代有轨电车项目多数采用全线钢轨连续包裹的减振方案。

1. 柔性包裹材料组成

有轨电车用柔性材料主要由轨道护块和轨底套靴组成。

（1）侧面包裹材料

由高性能弹性聚酯，天然、合成橡胶制品或填充物构成，是完整全面的绝缘解决方案，具备抵抗焊接高温、高温沥青及后期修补焊接高温破坏的能力，如图6-46所示。

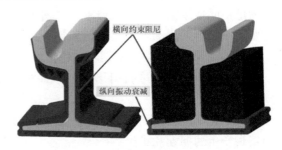

图 6-46　轨道侧面护块和轨底套靴

（2）轨底套靴

由环保的热塑弹性体（橡胶制品等）制成，具有高承载力、高耐久性，以及合理的弹性、抗撕裂，高绝缘性等。

2. 柔性包裹材料性能

（1）密度高：$>1g/cm^3$；

（2）硬度：>50ShoreA；

（3）拉伸强度：$>10N/mm^2$；

（4）断裂伸长率：>380%；

（5）低吸水率：<1%；

（6）室温下，回弹性能：>25%；

（7）撕裂强度：>8N/mm；

（8）绝缘电阻>109Ω；

（9）7天/85℃时的老化性能，相关的变化值：

邵氏硬度：8SHE；

拉伸强度：±15%；

破坏延伸率：±25%；

（10）磨耗性能：$<200mm^3$；

（11）压缩形变：72h/室温：<20%；4h/70℃：<30%；

（12）使用环境温度：−40～+90℃；

（13）包裹系统的杂散电流放散性<2.5S/km；

（14）提供耐焊接高温能力证明；

（15）300万次载荷变化下，水平形变<2mm且材料不损坏的能力证明。

3. 应用效果

（1）完备的减振降噪性能，推测数值在5～15dBV；降低噪声约5dB及以上，曲线处效果尤其突出。

（2）结合国外现代有轨电车的设计及施工经验，柔性包裹材料的使用不仅有效发挥减振降噪的作用，还起到保护环境、保护路面结构及道床绝缘的作用。

（3）防止杂散电流对钢轨、混凝土内钢筋及周边管线及周边设施的腐蚀。

6.9.6 减振降噪工程案例

南京河西新城现代有轨电车 1 号线沿江东南路敷设，道路沿线景观优美、绿化环保。设计时重点考虑了减振、降噪措施，降低振动和噪声。通过采用轨道弹性分级的技术措施，满足不同地段的减振降噪要求，将列车运行产生的振动和噪声污染控制在国家环保标准的要求以内。采用的主要主要措施如下：

（1）采用 59R2 重型槽型钢轨，稳定性好，可降低车辆冲击振动。

（2）对轨顶不平度进行打磨，使轨面平顺，轮轨接触良好，减少振动和噪声，如图 6-47 所示。

（3）尽量铺设跨区间无缝线路，道岔区的钢轨接头采用冻结接头实现无缝道岔，减少钢轨接头产生的振动和噪声。

（4）对小半径曲线地段，焊接成无缝线路，减少钢轨接头，降低轮轨磨耗及噪声。如图 6-48 所示。

图 6-47　轨面不平顺检测打磨实景图　　　　图 6-48　长轨条焊接、打磨实景图

（5）全线钢轨及扣件全包裹柔性阻尼材料，隔离钢轨振源与道床介质，以降低钢轨振动和噪声。

（6）采用涂油措施，减轻轮轨摩擦，降低轮轨磨耗及噪声。车载润滑装置是在列车拖车转向架上配备了一套轮缘润滑系统设备，列车行经弯度较大的曲线时，油嘴会自动把润滑油喷向车轮缘。

6.10　钢轨及扣件防锈、防腐措施

6.10.1　钢轨及扣件防锈

地埋式轨道表面绿化或沥青铺装后，钢轨及扣件将长期被埋在地表以下。一方面钢轨及扣件金属部件会产生锈蚀，另一方面铺装处理后，钢轨及扣件的更换也较困难。因此，需对钢轨及扣件金属部件采取全面的防锈蚀处理，钢轨及扣件常用的防锈蚀措施主要有以下两类：

1. 表面涂层

在金属表面施加保护层，保护层通常分为金属涂层和非金属涂层两类。常见的有电镀

层、熔融金属浸镀层（热浸镀）、化学表面处理及油漆层、环氧云铁涂料、无机材料层如陶瓷层等。该保护层机理是将基体金属与环境介质隔离，防止基体金属因接触腐蚀介质而造成腐蚀。

2. 气体多元共渗

钢铁经过气体多元共渗后可以在其表面形成以氮化物为主的具有一定厚度的渗层，使其耐腐蚀性得到较大提高。气体多元共渗技术适合在使用过程中高磨损、易腐蚀的机械零件、金属模具、金属切削工具等部件的热处理，另外，对于在大气下服役、要求抗含氯化钠、二氧化硫湿空气的钢铁材料及其构件的表面防腐蚀处理也十分有效。目前钢轨、扣件采用多元气体共渗防锈处理较多，效果也较好。

另外可以采用物理隔离措施，如柔性材料和扣件罩实行全包裹方式，如图 6-49 所示。

图 6-49　柔性材料和扣件罩包裹钢轨和扣件

6.10.2　杂散电流腐蚀防护

杂散电流在工程中应采取"以防为主，防排结合"的原则，需要多系统的协调配合，轨道系统在杂散电流腐蚀防护上应符合《地铁杂散电流腐蚀防护技术规程》CJJ 49—1992 的规定。

（1）钢轨与扣件之间、扣件与轨枕之间应有绝缘措施，单组扣件绝缘电阻应大于 $10^8\Omega$。

（2）整体道床内兼作排除杂散电流用的钢筋总面积应符合杂散电流专业提出的要求。

（3）整体道床，每结构段（两伸缩缝之间）的钢筋应电气连接，纵向钢筋搭接处必须焊接。一般搭接长度不小于钢筋直径的 5 倍，在搭接处钢筋应两面焊接，焊接高度不小于 6mm。道床每隔 5m 选一横向钢筋与所有交叉的纵向钢筋焊接，同时选两根纵向钢筋和所有的横向钢筋焊接（具体电气连接方法应根据杂散电流专业提供的要求办理）。

（4）整体道床在伸缩缝两侧分别用扁铜和所有纵向钢筋焊接，并在道床两侧引出连接端子。

（5）道床表面杜绝积水，防止钢轨、扣件受潮而增加泄露电流。

（6）高架线路的杂散电流腐蚀防护措施，一般由高架桥结构统一解决，或者根据杂散电流专业要求办理。

第7章 车 站

现代有轨电车车站是乘客上下车的集散场所，主要功能是满足客流的集散与换乘，同时根据功能布局提供售票、临时候车服务，通过信息系统和引导标识，快捷有序的集散客流。本章在介绍车站特点的基础上，分析车站的功能及布局，明确车站规模设计指标，阐述车站建筑设计、车站设施以及标志标识等内容，明确了车站结构、站台结构的设计要点。

7.1 车 站 特 点

相对于地铁与轻轨车站，现代有轨电车车站规模体量相对较小，一般包括地面站、高架站及地下站三种形式，以地面站形式为主。现代有轨电车的车站有以下显著特点：

（1）建筑体量较小。现代有轨电车车站位于一般城市道路范围内，长度略大于常规公交站台，站台宽度较小，车站建筑面积一般在 $100\sim300m^2$ 之间，通常采用轻质结构雨棚，形式较为简洁。

（2）功能简洁明快。现代有轨电车车站物理空间基本用于客流集散，以交通功能为主，满足候车和上下车的功能，一般不设置管理用房，站台部分区域用于放置售检票、供电、通信信号等设施，可以无人管理或一人管理多站。

（3）造型美观协调。现代有轨电车车站属于城市景观的小品式建筑，与人行道、绿化、市政及休闲广场等周围环境应统一设计，车站结构设计应充分考虑功能要求、材料和施工工艺，力求安全、耐用。

（4）构件标准化、装配化。现代有轨电车车站的建筑材料和构件宜做到标准化、工厂生产和装配，便于施工与维修，车站具备统一的信息标识。

（5）平面的客流组织。现代有轨电车车站一般分布于道路交叉口，可结合十字路口人行横道线进行客流组织，客流集中至一端进出。

7.2 车 站 建 筑

车站建筑是现代有轨电车服务功能的载体，车站建筑设计的好坏直接影响了有轨电车项目的运营体验，本节主要包括车站功能设计的一般要求、车站规模、车站建筑设计、车站设施、标志标识以及装修设计等内容。

7.2.1 车站功能

1. 车站基本功能

车站建筑包含车站站棚、车站照明系统、候车区座椅、静态信息屏、动态 LED 显示屏、实时安全监控系统、设备间（带空调）、配电箱、电缆检修井、安全隔离栏杆等设施，这些设施主要满足乘客的乘用、运营单位的运营管理、车站本体承载广告等功能要求。

现代有轨电车车站是整条线路艺术风格的体现,综合国内外多条现代有轨电车线路实证案例,车站建筑造型要求相对简洁,注重功能实用,并与周围环境相协调,与城市文化风格等相匹配。有人值守的现代有轨电车车站,一般由候车区(有效站台)、设备区(部分地区设置于车站外)及过渡区组成,如图 7-1 所示;无人值守的现代有轨电车车站,如沈阳浑南新区现代有轨电车车站功能布局较为简单,仅包含进出站口、候车区,相关设施布置于候车区,如图 7-2 所示。

进出站口	值班室 过渡区	候车区	过渡区	设备区 (可设于站外)

图 7-1　车站平面功能分区示意图

图 7-2　沈阳浑南新区现代有轨电车车站图

2. 车站分类形式

车站形式主要取决于车站所处位置、工程规划条件、车站布局和服务功能要求,以及线路敷设方式、地质条件、施工方法、结构形式等。

(1) 按站台布置形式一般可分为岛式站、侧式站及岛侧混合式站,其中侧式站又可分为对称侧式站和错开侧式车站。

(2) 按运营性质可分为起终点站、中间站、换乘站。

(3) 按服务功能要求可分为站台售检票车站和车上售检票车站。

(4) 按车辆供电方式可分为有触网车站和无触网车站。

3. 车站功能设计的一般要求

(1) 车站总体布局应符合城市规划、城市景观、交通换乘便捷的总体要求。

(2) 车站宜以地面站为主要形式,采用地下站时宜尽可能浅埋,并采用自然通风;高架和地下车站应满足《地铁设计规范》GB 50157 的相关规定。

(3) 车站采用沿道路路中敷设的地面站形式,出入口与人行横道线、天桥等立体过街设施的衔接应方便客流集散,减小对道路交通的影响。站台边缘距平交路口的距离应根据客流乘降量、有无立体过街设施等综合确定,且不宜小于15m。站台与机动车道之间应设置有效的隔离及防撞设施。

(4) 沿路一侧敷设的地面站,站台宜结合人行道、市政及休闲广场等周边环境统一整体设计。

（5）地面车站主要由站台、站亭和设施三部分组成，设施一般包括坡道、座椅、栏杆扶手、导向牌等，采用立交进出站时，尚应包括楼梯、自动扶梯和无障碍电梯。

（6）地面站乘客宜平面进出站。当车站沿快速路中敷设时，或高峰小时进出站客流量大于5000人时，应采用立体形式进出站。

（7）车站应考虑与其他公共交通之间的衔接。换乘站应选择便捷的换乘形式，不能同步实施时，应预留设施接口。

（8）车站造型应与全线景观规划相结合。设计中应注意建筑体量、造型、用材对周围环境、道路交通的影响，满足防腐蚀、耐擦洗，便于维修的要求。

（9）车站采用车站售检票时，可采用栏杆、半高站台门、闸机等将站台围合成半封闭或封闭空间。

4. 设备区（设备用房）的设置

为了节省车站空间和用地资源，通常将设备整合设置设备区，设备区可设置于车站的一端或区间绿化带中。设备区设置于车站内部便于集中统一管理和维修，但对车站整体性、美观性有一定的影响；设置于绿化带中不占用车站面积，但设备的维护较为不便。因此，可结合城市特色及现代有轨电车车站美观性及实用性进行综合考虑。

南京河西新城现代有轨电车1号线、南京麒麟科创园现代有轨电车1号线线路设备区（设备用房）均结合车站设置。南京河西新城现代有轨电车1号线车站设备区采用统一集成设备柜布置形式，柜高约1.2m，集中设置于车站一端，用围栏与车站其余部位划分开，围栏开门设锁，方便工作人员检修，如图7-3（a）所示。南京麒麟科创园现代有轨电车1号线车站设备区采用设备用房布置形式，设置于车站一端，设备用房高约2.5m，如图7-3（b）所示；淮安现代有轨电车一期工程车站设备结合其车站结构形式灵活布置，较为精简，如图7-3（c）所示；广州海珠现代有轨电车将设备区设置于区间的绿化带中，分散布置，如图7-3（d）所示。

7.2.2 车站规模

车站规模应以远期超高峰小时客流量为依据，并根据列车编组长度和限界要求，满足乘客集散和乘降安全及各种设备安装和管理措施要求，合理确定各部位面积及其相互位置关系。同时，车站规模应根据车站所处地理位置重要性，车站性质（起终点站、中间站、换乘站）等因素确定车站总体布局，最终确定车站规模。

1. 车站长度

站台长度应采用候车区与停车误差以及设备区和过渡区之和进行计算，有效站台长度是现代有轨电车运行最大编组数，有效站台长度和停车误差应符合下列规定：

（1）站台计算长度由列车编组确定；

（2）有效站台长度在无屏蔽门或安全门的站台应为现代有轨电车首末两节车厢司机室门外侧之间长度；在有屏蔽门或安全门的站台应为现代有轨电车首末两节车厢尽端乘客室门外侧之间的长度；

（3）停车误差当无屏蔽门或安全门时取1～2m；有屏蔽门或安全门时应取±0.3m之内；

（4）站台层各部位建筑轮廓及尺寸必须符合车辆限界要求。

图 7-3　现代有轨电车车站设备用房的布置图

(a) 南京河西新城现代有轨电车1号线设备柜；(b) 南京麒麟科创园现代有轨电车1号线设备用房；
(c) 淮安现代有轨电车一期工程电车设备区图；(d) 广州海珠现代有轨电车电车设备用房

车站长度是由车辆选型决定的，标准车型的车辆长度基本相同，为32~44m。以南京河西新城现代有轨电车1号线的车站长度为例，车站以5模块车辆33m长为基础，考虑进出站闸机9.1m、进出站坡道6.1m、站端设备区3.0m，确定车站总长度为51.2m。

2. 车站宽度

车站站台宽度，应以车站最大设计客流量为计算依据。站台宽度由乘客乘降区宽度、柱宽、楼梯宽或自动扶梯宽度（高架或地下站）等组成，站台宽度有时也会受售检票方式影响而存在差异。

站台侧站台乘降区宽度可按式（7-1）及式（7-2）进行校核：

岛式站台宽度计算公式：

$$B_d = 2b + n \times z + t \tag{7-1}$$

侧式站台宽度计算公式：

$$B_c = b + z + t \tag{7-2}$$

式中　b——站台乘降区宽度（m）；

n——横向柱列数；

z——横向柱宽（含柱子的装修面层厚度，m）；

t——每组人行楼梯与自动扶梯宽度之和（包括扶梯间的宽度和梁、柱与楼、扶梯，楼梯和扶梯间所留缝隙宽度，m）。

乘降区宽度应按下列公式计算：

$$b = (Q_{上下} \times \rho)/l + b_a \qquad (7-3)$$

式中　$Q_{上下}$——客流控制方向每次列车，超高峰小时单方向的上下车设计客流量；

　　　　ρ——站台上人流密度，一般采用 $0.5m^2/$人；

　　　　l——站台安全黄线之间有效候车区长度（m）；

　　　　b_a——站台门体立柱内侧至站台边缘的距离；

设置站台屏蔽门或安全门时，门体安装宽度不应大于安全带宽度，以侧式站台为例，采用上述公式计算，确定乘降区计算宽度不得小于表 7-1 中的规定值。

侧式车站宽度计算表（m）　　　　　　　　　表 7-1

车站类型	站台边至立柱或楼扶梯侧面		大于 10m 的设备用房侧墙面内侧至站台边	
	无安全门	安全门内	无安全门	安全门内
一般车站	2.5	2.0	3.0	2.5
折返站、换乘站	2.8	2.5	3.5	3.0
重要车站	2.8	2.5	3.5	3.0
站台两端 10m 范围内	2.5	2.0	2.5	2.0

现代有轨电车属于中低运量轨道交通类型，一般采取半独立路权或混合路权，车站设置应考虑尽可能减少占用城市道路宽度，因此站台设计宽度以满足客流需求为主，以表 7-1 为基础，考虑到部分现代有轨电车车站未设安全门，侧式车站宽度不应小于 2.5m。对于岛式车站而言，车站站台的宽度经计算并考虑安全门的情况，建议最小宽度不宜小于 5.0m，困难情况下不应小于 4m。对于客流量较大的车站，站台宜根据客流情况加宽。

7.2.3　车站建筑设计

1. 站棚功能

车站站棚的主要功能是遮阳、遮蔽雨雪，为乘客和站台设备提供相应的物理空间，其次是满足接触网、通信信号等专业的功能需求。

2. 造型设计

"形式追随功能"是现代建筑的普遍原则，现代有轨电车作为交通建筑的一个重要类型，具有交通建筑固有的共性特征，因此站棚造型设计不能忽视功能性要求，不能割裂两者之间的联系，外部形象应能反应内部功能。站棚造型设计原则如下：

（1）车站建筑造型应符合城市规划、环境保护、城市景观的总体要求；

（2）车站站棚设计宜简洁、明快、大方、易于识别，充分体现现代交通建筑的特点；

（3）为了便于标准化制造安装和后期维修，大部分车站宜采用统一的标准站棚；

（4）应考虑车站对相邻建筑的日照间距、视觉和噪声干扰等问题。

车站站棚的造型风格，应结合当地特征及全线各站点所处环境综合考虑，按建筑形式可分为标准车站站棚和个性化车站站棚两类。标准车站站棚在确保满足有轨电车运营条件下，尽可能做到简约、现代而不失美观的效果。个性化车站站棚只选择用于大型换乘站或有特殊要求的部分站台，对于个性化车站站棚设计则需要对其进行艺术与功能相结合处理，在造型设计中加入当地特色元素，同时体现"人文、科技、绿色、舒适"等时代特征，使其成为全线乃至当地标志之一。

结合国内外有轨电车车站造型设计，总体而言，有如下三类站棚设计理念：

（1）公交站台型。通常采用开放式售检票制式，车站整体设计简单，仅满足基本乘车功能。国外现代有轨电车车站基本采用简易的站棚，如德国慕尼黑、意大利那不勒斯、法国波尔多等城市，慕尼黑有轨电车站棚如图 7-4(b) 所示。国内沈阳浑南新区现代有轨电车，站棚设计多以公交站台形式呈现，未对站台进行完全遮蔽，仅满足站台基本需求，站

图 7-4　现代有轨电车车站站棚造型图

（a）沈阳浑南新区现代有轨电车车站站棚图；（b）慕尼黑有轨电车车站站棚；

（c）淮安现代有轨电车一期工程车站站棚；（d）南京河西新城现代有轨电车 1 号线车站站棚；

（e）苏州高新区现代有轨电车车站站棚图；（f）德国德累斯顿有轨电车车站站棚

棚为"7"字形，顶部为玻璃钢，整体造型简单、实用，如图7-4(a)所示。

（2）站站充电型。由于车站充电接触网具有一定高度，因此车站相对高大，造型简洁明快，通常采用车站或车上售检票制式。例如淮安现代有轨电车展鹏采用了"T"字造型，南京河西新城现代有轨电车1号线车站站棚采用了"个"字造型，以南京河西新城现代有轨电车站棚为例，"个"字造型站棚顶部不易积灰、便于清扫，美观的同时体现了实用性，白色钢架配以蓝灰色钢化玻璃，造型简洁、配色典雅，充分体现了现代简约、国际化的新城特点。淮安及南京河西有轨电车站棚如图7-4(c)、图7-4(d)所示。

（3）专用封闭型。车站包含完备的服务功能，通常为封闭的站台，采用站台售检票制式，车站出入口与地下通道或人行过街天桥联系，因此这类车站具备一定的建筑体量，类似BRT车站造型。苏州高新区现代有轨电车1号线车站站棚的设计，采用了"船篷"的造型，用现代材料与技术营造出了新颖的站台，犹如小舟在水面荡漾，整体造型兼具现代感、雕塑感，由于车站无需与接触网等设施结合，体量较为适中，如图7-4(e)所示。德国德累斯顿有轨电车站棚设计以钢立柱及雨棚钢结构形成"7"字形，站棚顶部采用现代较为常用的玻璃材质，整体造型简约、前卫，完美融入周边环境，如图7-4(f)所示。

现代有轨电车的车站设计，应结合地方特色、城市定位、交通规划，把握城市地域文化精髓，恰如其分地在设计中体现地域自然特征和人文特色，塑造出各种造型优美、功能完善、简洁明快的建筑精品，与现代城市属性相匹配。因此现代有轨电车车站造型均应以简约造型为主，既能满足功能需求，又能控制投资。

7.2.4 车站出入口与人行过街设施

1. 出入口

现代有轨电车车站一般为地面站，乘客直接通过出入口进行集散，出入口一般单侧设置于道路交叉口。车站设计重点是优化道路交叉口和车站的设计，指引乘客合理集散，引导乘客出站后通过地面人行横道、人行天桥或地下过街通道过街，避免出现地面交通拥堵和安全隐患。苏州高新区现代有轨电车1号线高新区管委会站设于路中，出入口同时承担了地下过街功能，设置于道路一侧，如图7-5所示。

图7-5　苏州高新区现代有轨电车1号线高新区管委会站出入口

2. 人行过街设施

现代有轨电车人行过街设施可分为地面人行横道、人行天桥和地下通道三种类型。现代有轨电车一般采用地面人行横道过街，站台与人行横道最小距离宜为5m。在城市主干道或大型交叉口设置车站时，应设置地下通道或过街天桥与车站出入口衔接。南京河西新城现代有轨电车1号线奥体东站车站选址于地铁2号线奥体东站附近，车站利用地铁站厅层、出入口沟通道路两侧人行道，从而保障了乘客过街以及与地铁乘客换乘，如图7-6、图7-7所示。

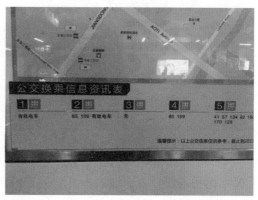

图7-6　南京河西有轨电车奥体东站
地下过街通道图

图7-7　南京河西有轨电车奥体东站
换乘指示

7.2.5　车站无障碍设施

为确保残疾人、老年人、儿童及行走不便者使用公用设施的权利，凸显人性化设计，现代有轨电车车站应进行无障碍设计。车站站台应设无障碍专用通道及残疾人坡道，并与市政无障碍设施衔接，车站出入端应设置无障碍坡道，坡度≤1：12，如图7-8所示。当车站需要利用地下通道过街时应设置无障碍电梯，如图7-9所示。

图7-8　无障碍坡道

图7-9　无障碍电梯

7.2.6　车站服务设施

为了给乘客营造良好的乘车体验，车站需设置相关服务设施，包括乘客信息发布系统、候车座椅、值班室、配套商业等。

乘客信息发布系统包含交通示意图、广告、公共服务信息等。交通示意图可以为乘客提供线路信息、换乘信息、车站及周边信息，方便乘客熟悉线路及车站周边概况，提示信息标志可帮助乘客快速了解车站内外部环境；公共服务信息包含广播系统、时钟系统等，如图 7-10～图 7-12 所示。

图 7-10　车站提示信息标识

候车座椅可以让有需要的乘客在候车时进行短暂候车休息。

图 7-11　车站值班室及候车座椅

图 7-12　车站便民设施

值班室可以为乘客提供问询、兑换零钱等其他便利服务，规模一般为 $3\sim5m^2$，可设置独立值班岗亭，造型可结合车站站棚造型进行灵活设计。

配套商业可为乘客提供相关配套服务如自助取款机、报亭、自动售货机等，提供乘车便利，体现人性化服务。

7.2.7 标志标识

标识导向系统能够给乘客提供方向指示、警告指示及公共信息指示，尤其在几条线路交汇的综合换乘车站以及实行自动售检票、使用屏蔽门车站，导向系统尤为重要，乘客可以按导向系统便捷的完成进站、购票、检票、乘车、换乘、出站等一系列程序，减少乘客在站台上滞留而引起的拥挤和混乱，因此合理的现代有轨电车标识导向系统是现代有轨电车设计的另一重点。

1. 标志标识的功能

标志标识的功能主要是为乘客提供线网系统信息、站外导向信息、站内导向信息、前往目的地的信息、车站运营时间、票价、票务信息等相关信息。

2. 标志标识的分类

按功能分类：确认标识、导向标识、资讯标识；按设置方式分类：悬挂式、挂墙式、站立式；按显示形式分类：照明式、非照明式。

（1）确认标识

确认标识主要功能是向乘客标明某处位置，以及需要辨别的位置。如：向乘客标识现代有轨电车车站出入口、站名和站内各种设施。如图 7-13 所示。

图 7-13　确认标识

（2）导向标识

导向标识主要功能是在现代有轨电车内向乘客提供清晰的方向指示。如图 7-14 所示。

图 7-14　导向标识

导向标识按功能分为：出站导向标识、出口导向标识、站台导向标识、次要导向标识。

（3）资讯标识

资讯类标识主要功能是向乘客传递现代有轨电车内乘客感兴趣的资讯，比如：乘客现在的位置、营运的时间、票价、线路覆盖的区域、各站的公交换乘情况以及该站的周边环境街道等。如图 7-15 所示。

图 7-15　资讯标识

3. 标志标识牌的构造及设计原则

标志标识牌的设置应遵循以下原则：

（1）标志标识牌的外形是现代有轨电车系统的要素之一，其外形、色彩与图案元素设计必须和谐、统一，同时导向标识牌的设计应配合车站建筑装修效果。

（2）标识牌在设计时应按导向标识功能分类，确定标准尺寸和标识型号，以满足不同标识信息要求。

（3）导向标识系统设计时应考虑标识牌的规格化、统一化，易维修更换和清洁保养。

（4）导向标识牌的设计必须能承受可预见的冲击力，减小对乘客的潜在危险。

4. 图案元素

标识图案应清楚简洁，有统一图形及布置。图案元素设计应遵循如下设计原则：

（1）图案（图像及文字）颜色宜为明度最高的白色，而标识的底色宜采用对比强烈的深蓝颜色。突出标识的底色则宜采用国际惯例的绿色。具有禁止性质的标识颜色应为红色。所有颜色以国际公认的 Pantone 色板为基准。

（2）中文字选用合理字体，而英文字则选用 MyriadMM。中文字应在英文字的上方或左方，中文字体较英文字体大，比例应得当。

（3）导向标识中各图形以 300mm 为单元，数量为 1 到 5 块。

（4）资讯标识所提供的资料复杂，与导向标识及确认标识不同，要保持统一的形象，资讯标识的标题颜色须与确认/导向标识的底色一致，即深蓝色。

（5）标识图案应考虑智能化信息系统的应用，通过高清电子屏显示综合资讯和查询信息等。

5. 提示标识

（1）站外提示标识

站外引导标识：标识设置在便于乘客选择目标方向的地点，并按通向目标的最佳路线布置，同时根据需要增加站外引导标识的覆盖面积和数量，如图 7-16 所示。目标较远时应重复设置，站外标识间距不大于 200m，并且在人流的分叉点、分流点和转向处增加设置。

图 7-16　站外提示标志

（2）站内提示标识

依据乘客流线分析在乘客进出车站的流线上设置导向标识牌，使车站内客流能安全及高效流动。站内导向标志间距不大于 30m，与乘客流线偏移角度不宜大于 15 度。

苏州高新区现代有轨电车 1 号线站内标志标识如图 7-17 所示：车站一端悬挂 LED 显示屏，提供电车到站实时信息，另一端悬挂站名牌。

南京河西新城现代有轨电车 1 号线站内标志标识如图 7-18 所示：车站线路指示牌张贴在站内钢立柱表面，站名牌悬挂在站棚顶部纵梁下方。

图 7-17　苏州高新区现代有轨电车 1 号线站内提示标志

7.2.8　装修设计

车站建筑装修设计是车站建筑设计不可分割的重要组成部分，是车站建筑设计过程的延续和深化，是为了体现车站内外环境和建筑效果的艺术创作。建筑装修的目的不仅仅是单纯从建筑装修艺术效果方面考虑，更主要是满足功能需要，方便乘客、便于留下深刻印象。车站装修主要设计原则如下：

（1）在满足功能需求条件下宜采用简装原则；

（2）车站装修设计应简洁、明快、美观、大方；

（3）应采用防火、防潮、防腐、耐久、坚硬、吸水性小、无毒、易清洗的装饰材料；

图 7-18　南京河西新城现代有轨电车 1 号线站内提示标志

（4）地面材料应防滑、耐磨、美观、易于清洗、便于施工等因素，且便于运营的管理及维修，易于更换，尽量采用标准配件。

7.3　车　站　结　构

现代有轨电车车站结构较为简单，具体包含雨棚结构、站台结构以及相关的基础，站台采用建筑做法，雨篷采用轻质结构，基础一般采用独立基础。

7.3.1　站棚结构设计要求

车站结构形式应满足车站的功能和使用要求，并和周边环境、城市环境相协调。结构形式在满足强度、刚度、稳定性和耐久性的条件下确保安全可靠、经济合理、受力明确、传力简捷，并有良好的整体性和延性，同时便于施工和养护。具体应满足以下要求：

（1）地面车站结构设计使用年限应为 50 年。

（2）车站主体及顶棚结构，应预留使用期间维修、保养及更换的条件。

（3）结构的净空尺寸应满足建筑限界和施工工艺的要求，并应考虑施工误差、结构变形、位移及后期隆沉影响。

（4）结构设计应满足抗震设防、工程防水、结构防火、防腐蚀、防杂散电流等对结构的要求和耐久性的规定。

（5）车站结构设计，荷载取值及荷载组合应符合现行国家标准《建筑结构荷载规范》GB 50009 的有关规定。站台雨棚风、雪荷载建议按 100 年一遇取值。

（6）车站应设置与车辆地板面相适应的站台。站台面、站台墙宜采用钢筋混凝土结构。

（7）车站结构造型宜简洁、轻盈，站台宜设置轻型钢结构顶棚，如选用混凝土结构顶棚，应优化构件断面尺寸。

（8）钢结构构件应做好防锈、防腐和防火处理。

（9）车站沿纵向可设置变形缝将结构分成若干单元，变形缝间距应综合分析混凝土伸缩、温度、抗震等因素的影响确定，并不宜超过 50m；当有可靠措施时，可适当增加变形缝的间距。

（10）混凝土的保护层、钢筋的连接、锚固应符合现行国家标准《混凝土结构设计规范》GB 50010 的有关规定。

7.3.2 站台结构设计

地面站台是现代有轨电车车站的主要形式，站台结构主要是承载站面上乘客、设备、设施等并形成乘客乘降平台，在完成装修面后与现代有轨电车门内标高保持一致。站台结构依据构造形式不同大致分为挡墙结构形式和箱形结构形式。

挡墙结构形式是在站台边缘设钢筋混凝土挡墙，墙内站台区域回填土或砂石等材料，并施工基层及面层而成，如图 7-19 所示。回填材料应分层回填并满足密实度要求，混凝土基层内配置构造钢筋，以防止不均匀沉降和面层裂缝。

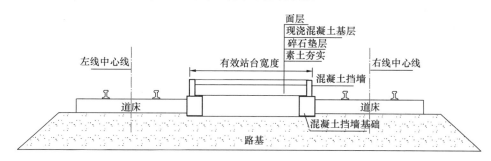

图 7-19　挡墙结构形式站台示意图

箱形结构形式是采用钢筋混凝土材料，通过顶板、侧墙、底板组成封闭的箱体整体受力的结构形式，如图 7-20 所示。其顶板承载车站相关荷载、侧墙挡土形成站台内外高差、底板为基础。

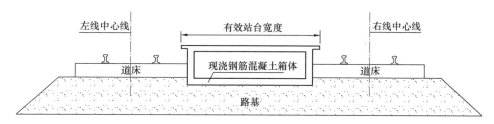

图 7-20　箱形结构形式站台示意图

挡墙结构与箱形结构两种站台形式的优缺点比较如表 7-2 所示。

两种站台结构形式对比表　　　　　　　　　　　　　　　　表 7-2

对比要素	挡墙结构形式	箱形结构形式
站台面沉降	易沉降，需严格控制施工回填的质量	不易沉降
与路基施工的关系	线路路基需先期施工并覆盖站台范围，再施工站台	可以独立于线路路基，先期施工站台下路基和站台
造价情况	较低	较高

从降低现代有轨电车工程造价的角度看，挡墙结构形式的站台应用较为广泛，目前南京麒麟科创园现代有轨电车 1 号线及淮安现代有轨电车一期工程车站站台均采用了该种结构形式。从控制站台面沉降，便于施工筹划的角度看，箱形结构形式较挡墙结构形式更具有优势，目前南京河西新城现代有轨电车 1 号线车站采用了该种结构形式。

第8章 路基与桥梁

现代有轨电车一般沿道路地面敷设，区间工程主要包含路基和桥梁。本章结合现代有轨电车路基的基本特点，研究了路基沉降控制标准，分析了一般路基设计、特殊地基处理、路基加固、边坡防护及路基排水等设计要点，结合南京河西新城现代有轨电车1号线工程案例介绍了筏板基础设计方法。针对现代有轨电车桥梁的基本特点，研究了桥梁墩台刚度限值，结合工程案例，阐述了埋入式桥梁和旧桥改造方面的设计要点，为相关工程提供借鉴和指导。

8.1 路　　基

路基是指按照线路位置和一定技术要求修筑的用于承受轨道和列车荷载的带状土工构造物，是现代有轨电车的基础结构。

8.1.1 基本特点

现代有轨电车线路主要敷设在城市道路中央或路侧，其轴重和行车速度相对一般铁路及地铁小，通常采用埋入式路基。因此其填筑方式与地铁、铁路路基也有较大区别。现代有轨电车路基结构的特点主要包括以下几个方面：

（1）具有良好的稳定性

由于现代有轨电车路基通常采用埋入式路基，其路基边坡不同于铁路或公路裸露在外面，埋入式路基可减少自然和人工破坏。同时，由于路基边坡以外部分采用回填压实处理，使得路基更加稳定。

（2）无独立排水系统

由于现代有轨电车路基横向用地范围受到限制，没有足够的空间设置单独的排水系统，因此在进行路基排水设计时，通常需要设置横向截水管道与纵向排水沟收集用地范围内的雨水，统一引排至临近城市道路排水系统中。

（3）对城市道路影响大

由于现代有轨电车线路主要敷设在城市道路路中或路侧，路基施工必然会对临近城市道路有较大影响。当线路敷设在既有城市道路上时，路基开挖及地基处理会对既有城市道路路面和路基稳定性产生影响。当线路敷设在新建路段时，由于现代有轨电车与城市道路路基沉降标准差异较大，不同的地基处理方式会相互影响，因此需考虑与新建城市道路进行同步设计与施工。

（4）对沿线建筑物影响大

现代有轨电车路基施工会对沿线建筑、地下管线、邻近河道等有较大影响。路基设计时应考虑对邻近建筑物与地下管道进行合理保护，并降低对邻近河道通航与景观的影响。

8.1.2 路基沉降标准

现代有轨电车轨道结构一般采用无砟轨道和整体道床，因无砟轨道对路基沉降有较高的要求，所以路基沉降标准是现代有轨电车路基设计与沉降评估的一项重要指标。

一般情况下，路基总沉降变形主要由三部分组成，即铺轨前地基产生的压缩变形、铺轨前路基在自重作用下产生的压缩变形、铺轨后产生的总沉降变形，即工后沉降变形。在路基填料的材质与施工质量有保证的前提下，前两种压缩变形在铺轨前都能达到收敛。工后沉降变形是指铺轨后地基产生的残余压缩变形与路基在自重作用下产生的残余压缩变形总和，不能通过路基工程本身加以克服。因此，对现代有轨电车路基长期稳定性和耐久性起重要影响作用的是工后沉降变形。

结合国内外铁路建设工程经验，路基工后沉降值是通过对沉降变形实测数据采用曲线拟合法（双曲线法、三点法、Asaoka 法等）进行分析、预测求得。假定路基沉降变形符合某一种已知函数曲线变化规律，利用实测沉降数据拟合曲线的参数，然后利用确定后的曲线拟合公式预测任何时间点的沉降值，并预测出最终累计沉降值，求得工后沉降值。

在软弱土层较发育的区域，不均匀沉降控制不当容易导致轨道发生结构性开裂而影响其耐久性与安全性。在过渡段由刚度差引起的差异沉降和折角过大容易引起跳车，对行车舒适性与安全性有较大影响。

综上所述，现代有轨电车路基沉降控制标准包括工后沉降、不均匀沉降、过渡段差异沉降及过渡段折角，其中，工后沉降为最核心的沉降控制标准。

截止到目前，国内尚无现代有轨电车路基设计规范可参考与借鉴。在进行现代有轨电车路基设计时，主要参考《地铁设计规范》GB 50157—2013 及《城际铁路设计规范》TB 10623—2014。《城际铁路设计规范》TB 10623—2014 关于无砟轨道路基的工后沉降量有如下要求：满足扣件调整能力和线路竖曲线圆顺的要求，工后沉降不宜大于 15mm，沉降比较均匀并且调整轨面高程后的竖曲线半径满足公式 $R_{sh} \geqslant 0.4 \times v_{sj}^2$ 时，允许的工后沉降为 30mm。路基与桥梁、隧道或横向结构物交界处的差异沉降不应大于 5mm，不均匀沉降造成的折角不应大于 1/1000。《地铁设计规范》GB 50157—2013 关于无砟轨道路基的工后沉降有如下要求：路基工后不均匀沉降量不应超过扣件允许的调高量，路桥或路隧交界处差异沉降不应大于 10mm，过渡段沉降造成的路基和桥梁或隧道的折角不应大于 1/1000。

在保证列车行驶安全、舒适的前提下，路基允许工后沉降控制标准值的确定和造价密切相关。沉降控制标准值设定过小会提高路基压实标准和地基处理标准，增加工程投资。而且，随着路基工后沉降控制标准值的减小，地基加固处理费用几乎成倍数增长。沉降控制标准值设定过大会加重轮轨磨损，加速路基破坏，增大后期养护维修费用。由此可见，合理的路基沉降控制标准对于现代有轨电车工程具有重要意义。

国内部分已建现代有轨电车工程路基沉降控制标准值如表 8-1 所示。

不均匀沉降的控制主要通过工后总沉降量进行控制，有效控制不均匀沉降是保持轨道线形平顺、提高行车舒适度的关键。通过分析可知，当工后沉降控制标准值为 100mm 时，不均匀沉降很难满足整体道床结构的要求，还需采取其他工程措施解决不均匀沉降问题。例如南京河西新城现代有轨电车 1 号线工程工后沉降控制标准值为 100mm，为降低软土区路基不均匀沉降，设计采用了一种新型路基处理方法，即筏板基础加固法。通过筏板基础对路基进行加固处理，有效地减小了不均匀沉降，提高了整体稳定性。经调查已运营的现代有轨电车运营情况，当路基工后沉降小于或等于 50mm 时，基本能满足行车安全性与舒适性要求。

已建现代有轨电车路基沉降控制标准值表　　　表 8-1

项目名称	道床类型	工后沉降（mm）	不均匀沉降（mm）	过渡段差异沉降（mm）	过渡段折角（°）
南京河西新城现代有轨电车 1 号线工程	整体道床（筏板基础）	100	—	30	—
南京麒麟科创园现代有轨电车 1 号线工程	整体道床	50	15	10	1/1000
淮安现代有轨电车一期工程	整体道床	—	15	10	1/1000
沈阳浑南新区现代有轨电车	整体道床	50	15	6	1/1000

综合以上工程案例及考虑现代有轨电车行车舒适性与工程经济性，当采用无砟轨道时，现代有轨电车路基沉降控制标准如表 8-2 所示。

无砟轨道路基沉降标准表　　　表 8-2

工后沉降（mm）	不均匀沉降（mm）	过渡段差异沉降（mm）	过渡段折角（°）
50	15	10	1/1000

当采用有砟轨道时，现代有轨电车路基沉降控制标准可参考《铁路路基设计规范》TB 10001—2005，取值如表 8-3 所示。

有砟轨道路基沉降标准表　　　表 8-3

工后沉降（mm）	过渡段工后沉降（mm）	沉降速率（mm/年）
200	100	50

注：不均匀沉降计算取 20m 为一个计算区间。

8.1.3　路基设计

路基设计主要包括一般路基设计、地基处理设计、路基加固与边坡防护设计、路基排水设计等内容。路基设计内容组成部分如图 8-1 所示。

1. 一般路基设计

路基面设计主要包括路基面形状及宽度设计，路基基床设计主要包括基床厚度设计与填料选择要求等内容。

（1）路基面形状及宽度

无砟轨道底部的路基面可水平设置，基床底层上表面应设置不小于 4% 的横向人字排水坡。

有砟轨道路基面形状设计为三角形路拱，路基中心线向两侧应设置不小于 4% 的横向人字排水坡。

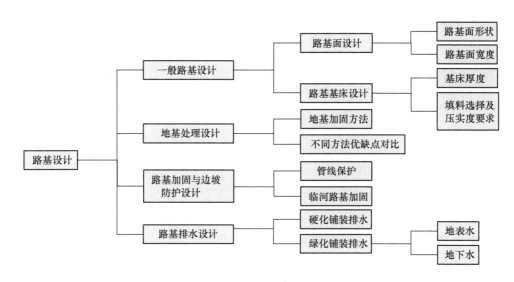

图 8-1　路基设计内容组成图

结合已建现代有轨电车路基工程经验，全埋入式无砟轨道双线路基标准横断面如图 8-2(*a*) 所示，单线路基横断面如图 8-2(*b*) 所示。

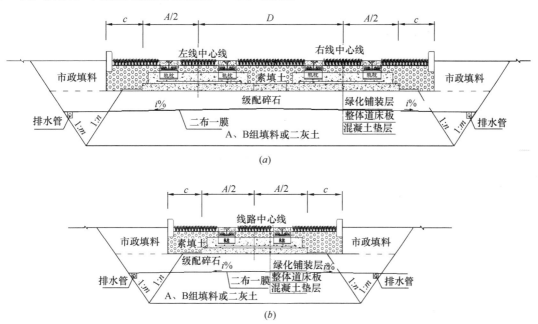

图 8-2　现代有轨电车无砟轨道路基标准横断面

(*a*) 双线路基横断面；(*b*) 单线路基横断面

双线路基面宽度可按如下公式计算取值：

$$B = 2(c + A/2) + D \tag{8-1}$$

单线路基面宽度可按如下公式计算取值：

$$B = 2(c + A/2) \tag{8-2}$$

143

式中　*B*——路基面宽度（m）；

　　　A——整体道床板宽度（m）；

　　　c——路肩宽度，一般取值 0.2~0.4m；

　　　D——线间距宽度（m）。

当采用有砟轨道时，路基宽度设计可参考《地铁设计规范》GB 50157—2013。

（2）路基基床

路基基床主要由基床表层和基床底层组成。

根据布氏理论，路基基床厚度按列车荷载产生的动应力与路基自重应力之比小于或等于 0.2 的原则确定。这是因为当动应力水平小于或等于 0.2 时，土的动力累计较小，可不考虑动力影响。

作用于基床面上的动应力沿路基深度的分布，可采用布氏理论计算获得：

$$\sigma_{dz} = \frac{2\sigma_{dl}}{\pi}\left[\frac{m * n}{\sqrt{1+m^2+n^2}} \times \frac{1+m^2+2n^2}{(1+n^2)(m^2+n^2)} + \sin^{-1}\frac{n}{\sqrt{m^2+n^2}\sqrt{1+n^2}}\right] \quad (8\text{-}3)$$

式中　σ_{dz}——作用于基床面上的动应力（kPa）；

　　　σ_{dl}——均布荷载强度（kPa）；

　　　a——荷载作用宽度（m）；

　　　b——荷载作用长度（m）；

　　　z——深度（m）；

　　　m——a/b，*n*—z/b。

基床总厚度根据布氏理论确定，基床表层厚度通常根据轨道变形或填土动强度要求来确定。现代有轨电车设计速度为 70km/h、轴重为 125kN，通过分析计算可得到现代有轨电车路基基床厚度取值如表 8-4 所示。

路基基床厚度取值表 表 8-4

轨道类型	基床总厚度（m）	基床表层厚度（m）
无砟轨道	≥1.2	≥0.4
有砟轨道	≥1.6	≥0.5

现代有轨电车路基基床填料的选择及压实度要求主要参考《城际铁路设计规范》TB 10623—2014 与《铁路路基设计规范》TB 10001—2005。

根据《铁路路基设计规范》TB 10001—2005 5.2.2 定义与《铁路路基施工规范》TB 10202—2002 附录 B 可知路基填料主要分为 A、B、C、D、E 五组，而在现代有轨电车路基设计中主要采用前三组填料。A 组为优质填料，包括硬块石，级配良好和细粒土含量小于 15% 的漂石土、卵石土、碎石土、圆砾土、角砾土、砾砂、粗砂和中砂。B 组为良好集料，包括不易风化的软块石，级配不良的漂石土、卵石土、碎石土、圆砾土、角砾土、砾砂、粗砂、中砂、细粒土含量在 15%~30% 的漂石土、卵石土、碎石土、圆砾土、角砾土和细砂、黏砂、砂粉土。C 组为一般填料，包括易风化的软块石，细粒土含量在 30% 以上的漂石土、卵石土、碎石土、圆砾土、角砾土和粉砂、粉土和黏粉土。

基床表层级配碎石的粒径级配应符合表 8-5 的规定：

基床表层级配碎石粒径级配　　　　　　　　　表 8-5

方孔筛孔边长 （mm）	0.1	0.5	1.7	7.1	22.4	31.5	45	适用范围
过筛质量百分率 （％）	0～11	7～32	13～46	41～75	67～91	82～100	100	非寒冷、非严寒地区 有砟轨道铁路
	0～5	7～32	13～46	41～75	67～91	82～100	100	无砟轨道及严寒、寒冷 地区有砟轨道铁路

当采用无砟轨道时，基床表层填料应选用级配碎石或者水泥稳定级配碎石。当采用有砟轨道时，基床表层填料的最大粒径≤150mm，基床表层填料宜选用 A 组填料。在缺乏 A 组填料的情况下，可选用 B 组填料，对不符合要求的填料应采取改良或加固措施。基床表层填料压实标准要求如表 8-6 所示。

基床表层的压实标准　　　　　　　　　表 8-6

轨道类型	压实指标	填料类别			
		砾石类或碎石类填料	级配碎石或水泥稳定级配碎石	砂类填料	化学改良土
无砟轨道	压实系数 K_h	—	≥0.97	—	—
	K_{30}（MPa/cm）	—	≥190	—	—
有砟轨道	压实系数 K_h	—	≥0.93	—	≥0.93
	K_{30}（MPa/cm）	≥140	≥150	≥110	—
	相对密度 D_r	—	—	≥0.8	—
	孔隙率 n（％）	<29	—	—	—
	7d 饱和无侧限抗压强度（kPa）	—	—	—	≥500(700)

注：1. 括号内数值为寒冷及严寒地区化学改良土考虑冻融循环作用所需强度值。

　　2. K_h 为重型击实试验的压实系数，K_{30} 为 30cm 直径平板荷载试验的地基系数。

当采用无砟轨道时，基床底层填料宜选用 A、B 组填料或改良土；当采用有砟轨道时，基床底层填料宜选用 A、B 组填料；当选用 C 组填料时，在降雨量大于 500mm 的地区，其塑性指数不得大于 12，液限不得大于 32％，否则应采取土质改良或加固措施。基床底层填料压实度要求如表 8-7 所示。

基床底层的压实标准　　　　　　　　　表 8-7

轨道类型	压实指标	填料类别			
		化学改良土	砂类土及细砾土	碎石类及粗砾土	
无砟轨道	压实系数 K_h	≥0.95	≥0.95	≥0.95	
	K_{30}（MPa/m）	—	≥130	≥150	
	相对密度 D_r	—	—	—	
	孔隙率 n（％）	—	—	—	
	7d 饱和无侧限抗压强度（kPa）	≥350(550)	—	—	

轨道类型	压实指标	填料类别			
		化学改良土	砂类土及细砾土	碎石类及粗砾土	
		化学改良土	砂类土	砾石类	碎石类
有砟轨道	压实系数 K_h	≥0.91	—		
	K_{30}（MPa/m）		≥100	≥120	≥100
	相对密度 D_r		≥0.75		
	孔隙率 n（%）			<31	<31
	7d 饱和无侧限抗压强度（kPa）	≥300			

基床以下部分的填料，当采用无砟轨道时，填料最大粒径≤75mm，宜选用 A、B 组填料和 C 组碎石、砾石类填料，其粒径级配应符合压实性能要求，当选用 C 组细粒土填料时，应根据填料性质进行改良；当采用有砟轨道时，填料最大粒径≤300mm 或摊铺厚度的 2/3，宜选用 A、B、C 组填料。当选用 D 组填料时应采取加固或改良措施；严禁采用 E 组填料。基床以下部分填料压实标准要求如表 8-8 所示。

基床以下部分的压实标准　　　　　　　　　　　　表 8-8

轨道类型	压实指标	填料类别			
		碎石类及粗砾土	砂类土及细砾土	化学改良土	
无砟轨道	压实系数 K_h	≥0.92	≥0.92	≥0.92	
	K_{30}（MPa/m）	≥130	≥110	—	
	7d 饱和无侧限抗压强度（kPa）	—	—	≥250	
		碎石类	砾石类	砂类土（粉砂除外）	细粒土、粉砂、化学改良土
有砟轨道	压实系数 K_h	—	—	—	≥0.90
	K_{30}（MPa/m）	≥120	≥110	≥80	≥80
	相对密度 D_r	—	—	≥0.7	
	孔隙率 n（%）	<32	<32	—	—
	7d 饱和无侧限抗压强度（kPa）	—	—	—	（≥250）

注：括号内数值仅适用于化学改良土；填料选用化学改良土时，可不检测地基系数。

2. 地基处理设计

江苏省地形地貌以水网平原为主，部分地区为低山丘陵区，不良地质主要为滨海相、长江沉积河漫滩相等沉积而成，软弱土层分布广泛，软土含水量大，孔隙比高。现代有轨电车路基设计为满足相关技术标准，需要对软弱土地基进行加固处理。根据现代有轨电车在城市建设中的特点，对软弱土地基进行加固处理时，不宜选用大冲击、高振动等对城市居民影响大的地基处理方法。依托城市既有道路改建时，通常采用换填垫层、水泥土搅拌桩、旋喷桩、水泥粉煤灰碎石桩和筏板基础等方法。依托新建道路建设时，除可采用上述方法外，还可采取真空预压、预应力管桩等方法进行加固。不同地基处理方法适用性如下：

（1）换填垫层

换填垫层法一般适用于表层软土层小于 3m 且沉降不均匀的地层。通过挖除地基表层软土，换填强度较大的砂、碎石、灰土和素填土构成垫层的办法。其作用在于：通过换填后的垫层，有效提高基底持力层的抗剪强度，降低其压缩性，防止局部剪切破坏和挤压变形。同时，通过垫层可以扩散基底压力、降低下卧层土层的附加应力，调整不均匀沉降。

（2）预压地基

适用于处理淤泥、淤泥质土、冲填土等饱和黏性土地基。预压地基按处理工艺可分为堆载预压、真空预压、真空和堆载联合预压。当软土层厚度小于4m时，可采用天然地基堆载预压法处理，当软土层厚度超过4m时，应采用塑料排水板、砂井等竖向排水预压法处理。真空预压法是通过抽真空形成负压，使土体在真空负压荷载下快速固结。真空预压法安全可靠，路基填土速度快，能有效缩短填筑期和预压期，相对堆载预压法能明显缩短工期。但真空预压法对施工技术要求高，地基土上部土层若分布透气性较好的砂土或粉砂土，则难以保持较好气密性，需额外增加密封措施，从而增加工程量和工程造价。当设计地基预压荷载大于80kPa，且进行真空预压处理地基不能满足设计要求时可采用真空和堆载联合预压地基处理。

（3）水泥土搅拌桩

水泥土搅拌桩法是利用水泥作为固化剂，通过搅拌机械将软土和水泥强制搅拌，利用水泥和软土间的一系列物理、化学反应，将软土硬结成具有整体性、水稳定性和一定强度的优质地基。该方法适用于处理正常固结的淤泥与淤泥质土、黏性土、粉土、饱和黄土、素填土以及无流动地下水的饱和松散砂土等地基，一般情况下软土处理深度在15m以内。不宜用于处理泥炭土、塑性指数大于25的黏土、地下水具有腐蚀性以及有机质含量较高的地基，若需采用此工法时必须通过试验确定其适用性。当地基的天然含水量小于30%（黄土含水量小于25%）、大于70%或地下水的pH值小于4时不宜采用此工法。

（4）旋喷桩

旋喷桩适用于处理淤泥、淤泥质土、黏性土（流塑、软塑和可塑）、粉土、砂土、黄土、素填土和碎石土等地基。对于土中含有较多的大直径块石、大量植物根茎和高含量的有机质，以及地下水流速较大的工程，应根据现场试验结果确定其适用性。旋喷桩施工应根据工程需要和土质条件选择单管法、双管法和三管法。

（5）水泥粉煤灰碎石桩

水泥粉煤灰碎石桩（CFG桩）是将水泥、粉煤灰、碎石、石屑或砂加水拌和形成的高粘结强度桩，适用于处理厚层黏性土、粉土和砂土等，特别是处理有较厚的硬壳或硬层夹层的地基效果明显，而对淤泥质土应根据地区经验或现场试验确定其适用性。工程中常采用水泥粉煤灰碎石桩与桩间土和褥垫层构成的复合地基来共同承担荷载加固地基。经水泥粉煤灰碎石桩法处理后可显著减小地基土的工后沉降，但对于强度低的饱和软黏土，要慎重对待。水泥粉煤灰碎石桩法具有施工速度快、工期短、处理深度深，质量易控制等特点，可配合挤密砂桩实现对液化土的有效处理。

（6）预应力管桩

预应力管桩法主要是通过锤击法、静压法、震动法等方法将预制好的预应力管桩沉入设计深度，达到增强地基承载力，控制路基沉降的目的。采用预压应力管桩进行软基处理时，在桩顶铺设一层土工格栅碎石垫层，以加强其整体稳定性。该方法工期较短，质量控制较好，加固处理深度较其他方法更深，可明显增加路基的稳定性，能较好控制路基沉降，但造价相对较高。

（7）筏板基础

当上部荷载较大且分布不均匀，地基承载力不足时，可采用筏板基础。在工程应用中，筏板基础主要用于处理路基不均匀沉降。

不同地基加固设计方法优缺点如表 8-9 所示。

软土地基处理需结合沿线地形及周边环境特点，针对软弱土层的工程特性、分布范围及厚度，采取不同的处理方法，确保路基纵向刚度平稳过渡，并满足城市景观要求。处理方法应经济可行，易于施工，施工工艺成熟可靠，并满足总工期要求。

一般路段采用不同软基处理方式时，为减小差异沉降，在两种软基处理衔接部分应设置过渡段，在过渡段可采取增加土工格栅及适当超载预压等措施进行处理。在路桥或者路涵过渡段，为减小差异沉降，可在过渡段通过渐变桩长和桩距来实现平稳过渡。

地基加固设计方法比较   表 8-9

处理方法	优点	缺点
换填垫层	成本低、工期短、影响小，尤其是对地下空间开发影响小，施工简单	沉降不容易控制，适用于表层软土层小于 3m 的路基
预压地基	通过对地基预加压力加速软土固结，对环境影响较小，费用较省	对夹有渗透性较好的土层需要设置隔水帷幕，对施工单位工艺要求较高，需要预压期
水泥土搅拌桩	属于柔性桩复合地基，工法成熟，施工操作简便，在软土地基处理中应用较为广泛	施工质量控制有一定难度，采用双向搅拌桩时施工质量有保证
旋喷桩	处理深度较大，施工占地小，振动小，施工噪声相对较低，质量易控制	造价相对较高，施工中泥浆对环境污染大
水泥粉煤灰碎石桩	处理深度深，质量容易控制，可以处理液化土	适用于强度很低的饱和软黏土，造价相对搅拌桩、碎石桩较高
预应力管桩	处理深度大，施工质量易于控制，效果较好	造价高、施工时对周围的环境有一定的振动影响，对地下空间开发有不利影响
筏板基础	整体性好，抗弯刚度大，埋深浅，能较好处理地基不均匀沉降	翘曲变形和裂缝控制要求很高

在现代有轨电车路基设计过程中，对需要进行地基加固处理的路段，根据不同工程地质条件，对比不同地基加固处理方法的适用性及优缺点，选择出合理的地基加固处理方法。例如，南京麒麟科创园现代有轨电车 1 号线工程区间 DK8＋985.6～DK9＋005.6 为桥路过渡段，分布有大量的淤泥质粉质黏土，埋深为 3～20m。在设计中，过渡段地基采用预应力管桩进行处理，桩径为 0.4m，桩间距为 2.4m。由于区间 DK8＋985.6～DK9＋005.6 位于交叉路口，地基处理过程中要求占地面积小，处理效率高。路基段地基采用旋喷桩进行处理，桩径为 0.5m，桩间距为 2m，呈正三角形布置。同时，在路基表层填筑监测合格后进行堆载预压处理，堆载高度为 2m。区间 DK8＋985.6～DK9＋005.6 地基处理纵断面如图 8-3 所示。另外，区间 DK4＋500～DK5＋040、DK5＋330～DK5＋370、DK5＋687～DK5＋750 地层含有淤泥质粉质黏土，埋深为 2.2～10.5m。在设计中，采用水泥土搅拌桩进行处理，工法成熟，施工操作简便，处理效果较好。

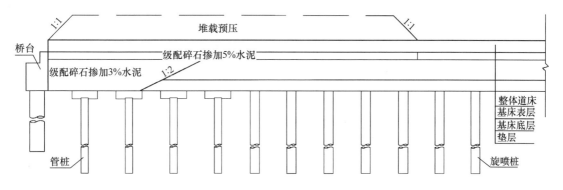

图 8-3　桥路过渡段地基处理纵断面图

3. 路基加固与边坡防护设计

在修建现代有轨电车过程中，由于部分管线位于路基基床内，路基设计时应考虑对路基范围内管线采取合理的保护措施。当路基需要占用河道时，需考虑临河路基边坡加固设计。

（1）管线保护

现代有轨电车路基设计深度范围内可能埋藏有燃气、热力、供水、污水、电力和通信等管线。现代有轨电车在运行过程中，其振动荷载对地下管线有破坏作用。因此，路基设计时应对其影响范围内的地下管线进行保护。

对于横穿路基的管线，应与产权单位商议对管线采取合理的整治措施。当路基基床底层设计范围内埋设有城市管线时，可采用埋设套管、混凝土包封、桩板结构的方式进行保护。

当管线位于路基基床表层设计范围时，应先将管线迁移至基床表层以下，然后采取如图 8-4 所示的混凝土包封结构进行保护。例如，南京麒麟科创园现代有轨电车 1 号线工程右线 DK1＋249.2 断面附近路基范围内埋设有天然气管线。设计中将该段天然气管线整体下埋至距轨面 2.75m 处，并采用混凝土包封进行保护。

对于管径较大、无法迁改的管道通过路基基床设计范围时，可以采取如图 8-5 所示的桩板结构或梁式结构通过跨越管线而达到保护的目的。

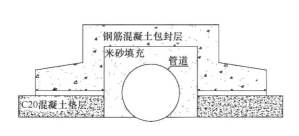

图 8-4　管线混凝土包封示意图

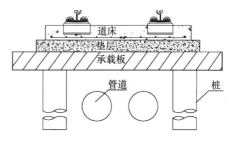

图 8-5　桩板结构示意图

（2）临河路基加固设计

当现代有轨电车线路敷设临近河道，由于用地范围受到限制，部分路基需要占用河道空间位置时，为满足河道通航与景观要求，一般不采取填埋河道的方式进行设计，而是通过设置支挡结构扩大上部空间，并对临河路基进行加固。

在进行现代有轨电车路基设计过程中，应根据河流水位情况、水流流速、河道宽度和河床土层分布情况，并结合路基对河道空间占用率，选择合适的支挡结构进行加固处理。例如：悬臂式钢筋混凝土挡土墙对河道空间占用率小，可满足河道通航及景观要求。在施工过程中，挡土墙通过现浇形成，墙面板及墙肋结构主要通过提前预制形成。该方法施工进度快、稳定性好、效率高，且在城市道路上应用较多，具备了成熟的设计与施工经验。悬臂式钢筋混凝土挡土墙横断面如图 8-6 所示。

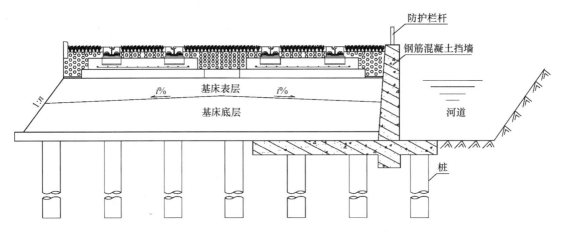

图 8-6　临河路基悬臂式钢筋混凝土挡土墙横断面图

在已建工程中，南京河西新城现代有轨电车 1 号线工程 DK5＋860～DK5＋914.5 路段右侧为上坝河，路基设计中采取如图 8-6 所示的悬臂式挡土墙进行加固，既不影响河道通行，同时也起到了路基加固的作用。

4. 路基排水设计

考虑沿线景观和交通混行需求，在进行路基设计时，轨行区两侧路基面一般会进行硬化或绿化铺装处理。因此，现代有轨电车路基排水主要分为硬化铺装排水和绿化铺装排水两种情况。硬化铺装排水主要排除地表径流雨水及槽型轨轨槽内的雨水，以防止地表水下渗破坏路基结构；绿化铺装段由于无硬化处理，地表雨水会产生下渗。因此，绿化铺装排水不仅要考虑排除地表雨水，还需考虑对下渗雨水的排除。

（1）硬化铺装排水

①针对地表径流雨水，在轨道范围内采用硬化路面材料进行硬化处理，可以达到防止雨水下渗的目的。在进行路基横断面设计时，通过设置横向人字坡，从而将地表径流雨水引排至两侧城市道路排水系统中。

②针对槽型轨轨槽内的雨水，通过在钢轨上固定收水盒进行收集，同时在局部设置横截沟以加快收集速度并对收水盒中的雨水进行汇集，最终统一引入城市道路排水系统中。硬化铺装段路基排水横断面如图 8-7 所示。

（2）绿化铺装排水

①绿化铺装地表水排放措施

在非交叉口路段，现代有轨电车绿化铺装段轨面标高应比城市道路路面高 10～15cm，绿化铺装区域内的径流水，可通过在现代有轨电车路基两侧设置路缘石进行阻挡，通过路

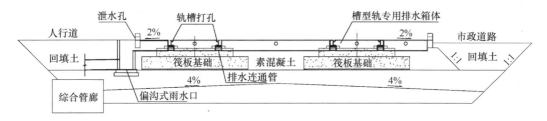

图 8-7　硬化铺装段路基排水横断面图

基内排水管道进行排放。

②绿化铺装填土内渗水排水措施

针对绿化填土内的渗水，通过沿着线路纵向设置排水暗沟进行收集，并在线路纵坡低点、路基结构分界点、车站两端等设置横截沟对排水沟内的雨水进行汇集，最终引排至两侧城市道路排水系统进行统一排放。绿化铺装段排水结构如图 8-8 所示。

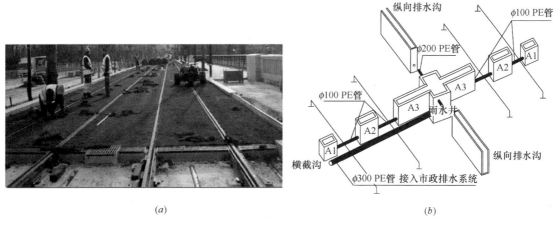

(a) (b)

图 8-8　绿化铺装段路基排水示意图
(a) 实物图；(b) 空间结构图

在设计过程中，纵向排水沟两侧应设置碎石反滤层，外包裹透水性土工布。同时，横向截水沟雨水井的位置设置应遵循如下原则：沿着线路每隔 100m 以及在线路纵坡最低点、绿化硬化路基结构分界点、车站两端等位置进行设置，且与城市道路雨水井位置对应；横截沟与中央雨水井连通，横截沟中央雨水井与市政雨水井采用聚乙烯（PE）管等排水管材相连，为减少开挖可采用顶管施工法。

5. 工程建议

现代有轨电车线路主要敷设在城市道路中央或者路侧，其施工过程对城市道路有很大影响。因此，在工程实施中应考虑减小对城市道路及沿线建筑物的影响。

（1）减小对既有城市道路影响的措施

当线路敷设在既有城市道路上时，路基开挖及地基处理会对既有城市道路路面和路基稳定性产生影响。为减少开挖施工对既有城市道路的不利影响，可采用以下措施：

①减少路基开挖深度

当地基局部采用复合地基进行加固时，为把上部荷载均匀传至桩间土，在桩顶需铺设

0.4～0.6m 垫层。当采用刚性桩时，可将桩帽与垫层做成桩板结构形式，增加其承载能力和整体性，并可以适当减小基床厚度。工程设计中，在保证路基沉降符合要求的前提下，为了减小路基开挖深度，可将垫层作为路堑式路基的基床底层进行填铺、碾压。对于地基承载力较好地段，在确保满足沉降和稳定性要求的前提下，可适当减少基床底层厚度，从而减少路基开挖深度。加固路基横断图如图 8-9 所示。

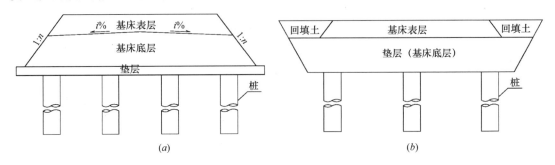

图 8-9 加固路基横断面图

（a）填筑式路基横断面；（b）埋入式路基横断面

②减少路基开挖宽度

在既有城市道路上进行开挖施工时，路基边坡以上部分会进行回填压实处理，边坡坡率可不按照常用的 1：1.5 进行设计，而是根据应力扩散影响范围取值。在工程实施中，一般在 1：0.75～1：1.5 范围内取值。根据已有现代有轨电车路基设计工程经验，对原有城市道路进行开挖时，其开挖坡率按开挖范围的地质条件取值。对于部分地质较好地段或者既有城市道路路基压实较好情况下，为减少开挖宽度，在保证开挖安全的前提下，可适当减小坡度系数取值。在工程实施中，开挖边坡坡率可在 1：0.75～1：1.5 范围内取值。在条件允许的情况甚至可采取垂直开挖，以减少对既有城市道路的破坏。

（2）减少对新建道路影响的措施

在新建路段，当现代有轨电车路基与其依托的城市道路路基同期修建时，现代有轨电车路基设计、施工应考虑与邻近城市道路的设计、施工同步进行。由于现代有轨电车路基与城市道路路基压实标准不一致，在进行路基填筑过程中，道路交叉口处与城市道路采用台阶搭接，搭接部分应设置施工缝，其设置形式如图 8-10 所示。

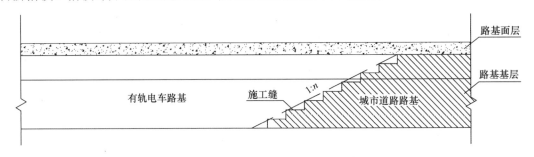

图 8-10 路基交叉路口纵断面图

（3）减小对沿线构筑物影响的措施

现代有轨电车路基施工会对沿线建筑、地下管线或邻近河道等有较大影响。路基设计时应考虑对线路邻近建筑物与地下管道进行合理保护。同时，还应减少对临近河道通航与景观要求的不利影响。工程实施中，可结合现场环境选择采用混凝土包封或者桩板结构对管线进行保护，采用挡土墙结构进行边坡加固。

8.1.4　工程案例

依托南京河西新城现代有轨电车 1 号线工程项目，结合工程项目所处地质情况中地基承载力不足及土层压缩性高，不均匀沉降明显等特征，对筏板基础加固法的应用特点展开介绍。

（1）地质概况

南京河西新城现代有轨电车 1 号线工程沿线地貌单元属于长江漫滩，部分新建路段有人工填土，填筑时间为 5～10 年，承载力为 60～90kPa。分布有大量灰色淤泥质粉质黏土，天然含水量为 41.3%，孔隙比为 1.157，压缩模量为 3.79MPa，承载力约为 70kPa，土层强度低，压缩性高，渗透性小，属中高等灵敏结构性饱和软土，软土层厚度范围为 5～28m。

（2）工程分析

通过专题论证，路基工后沉降控制标准定为：一般路段不大于 100mm，路桥（涵）过渡段不大于 30mm。

南京河西新城现代有轨电车 1 号线工程江东南路路段淤泥层厚度为 16～28m，承载力容许值约为 60～90kPa，为了达到整体道床路基的沉降要求（工后沉降不大于 50mm），需采用预制管桩或者其他刚性桩进行地基处理。与此同时，江东南路正在实施地下空间开发工程，部分区段有大量管道穿越，管桩处理方案不能满足这一要求。为达到减少开挖深度，降低附加应力，减少工后沉降和差异沉降的效果，通过比较研究和模拟计算，设计过程中采用建筑筏板基础的设计理念，提出了路基工后沉降控制值为不大于 100mm，路基表层增加筏板基础的方案进行处理，筏板基础横断面如图 8-11 所示。

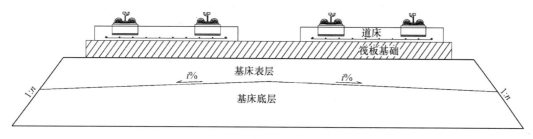

图 8-11　筏板基础横断面示意图

（3）筏板基础设计要点

筏板基础尺寸为：长 25m，厚度 0.40m，单线时其宽度取值为 3.2m，双线根据线间距的不同而取不同值。在其端部设置宽 0.50m，高 0.20m 骑缝搭接，并设置长 4.6m，宽 1m，高 0.3m 的枕板。为了避免在运营过程中发生脱空或过量沉降，在筏板基础上预留注浆孔。注浆孔直径为 0.04m，呈正方形布置，纵横间距为 2.0～3.0m，材质选用 PVC 管，具体布置根据筏板基础的不同形式进行布置。筏板基础纵断面图与平面图如图 8-12 和图 8-13 所示。

（4）筏板基础后期应用效果

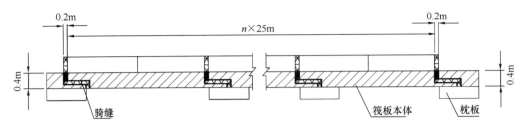

图 8-12　筏板基础纵断面图

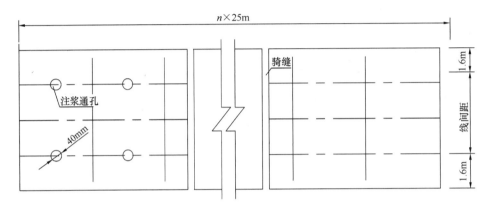

图 8-13　筏板基础平面图

南京河西新城现代有轨电车 1 号线已建成通车,列车运营平稳。通过对 12 个月的监测数据分析可知,最大累计沉降值为 20.05mm,累计沉降值小于 10mm 的观测点占 67.3%,累计沉降值大于 15mm 的观测点占 13.6%。通过对所有路桥过渡段沉降监测数据进行分析可知,排除施工质量的影响,路桥过渡段出现的最大不均匀沉降值为 5.83mm,且后期沉降已趋于稳定。由此可知,南京河西新城现代有轨电车 1 号线后期运营过程中一般路段工后沉降与过渡段不均匀沉降均满足沉降控制要求,即采用筏板基础能较好控制不均匀沉降。

8.2　桥　　梁

现代有轨电车一般沿城市道路敷设,在跨越河流、城市道路、铁路、管线、地铁等横向构造物时往往需要设置桥梁,主要包括跨河和跨线立交两种类型的桥梁,如图 8-14 所示。

8.2.1　基本特点

现代有轨电车桥梁与城市道路桥梁有一定的相似性,但也有其独特性:

（1）活载种类多

当现代有轨电车桥梁位于道路交叉口或混合车道上时,除承受现代有轨电车荷载外,还承受城市交通车辆荷载;如南京河西新城江东中路与江山大街道路交叉口的韩二河桥,如图 8-15 所示,该桥存在同时承受现代有轨电车及汽车活载,桥梁设计时应同时满足两种活载图示。

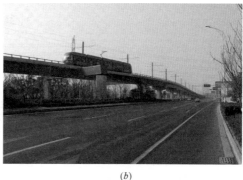

(a)

(b)

图 8-14　现代有轨电车桥梁

(a) 跨河桥；(b) 跨线立交桥

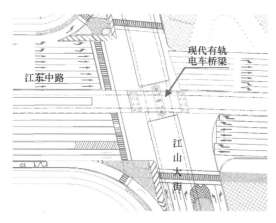

图 8-15　南京河西新城现代有轨电车 1 号线工程韩二河桥

（2）既有桥改造多

现代有轨电车往往沿既有城市道路敷设，由于既有桥梁结构往往不满足现代有轨电车荷载的要求或建筑高度不满足线路纵断面的设计要求，需要对城市道路桥梁进行改造，如淮安现代有轨电车一期工程沿线共 4 座小桥，既有桥改造比例为 100%，南京河西新城现代有轨电车 1 号线工程沿线 7 座桥梁，改造既有桥 2 座，改造比例为 29%。

南京河西新城现代有轨电车 1 号线工程红旗河桥因位于城市道路路口附近，线路设计高程要顺应城市道路的既有高程，桥梁两端的纵断面调整难度大，只能降低桥梁建筑高度来满足设计高程要求。该既有桥为一跨 20m 简支梁，拆除现代有轨电车桥梁影响的范围，在拆除范围内新建 2 孔 14.5m 简支梁，并采用槽型截面有效减少桥梁的建筑高度来满足设计高程，红旗河桥改造前后断面如图 8-16 所示。

（3）埋入式桥梁多

当现代有轨电车线路跨越地下管线或相关构造物时，为了有效保护地下构造物，通常需要设置埋入式桥梁，如淮安现代有轨电车一期工程线路沿交通路敷设时，交通路下埋设雨水箱涵及若干管线，经检算，既有箱涵结构不满足现代有轨电车荷载要求。为保护雨水箱涵及管线安全，共设置埋入式桥梁 360m；南京麒麟科创园现代有轨电车 1 号线工程沿

155

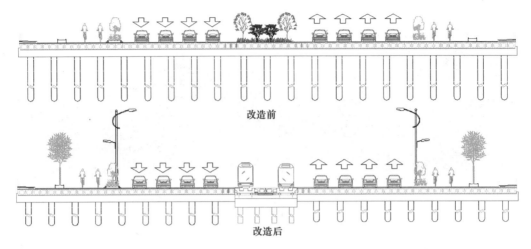

图 8-16　南京河西新城现代有轨电车 1 号线工程红旗河桥改造前后断面图

线跨越既有泵站、管线及涵洞，共设置 3 处埋入式桥梁，如图 8-17 所示。

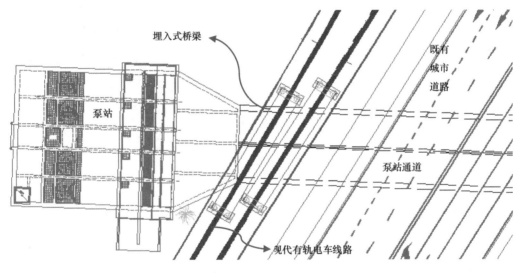

图 8-17　南京麒麟科创园现代有轨电车 1 号线工程埋入式桥梁平面图

（4）墩台刚度要求相对较小

与地铁、国铁相比，由于现代有轨电车速度低、活载小，在确定的桥墩纵向刚度条件下，作用在桥梁上的无缝线路轨道力相对较小，在保证钢轨受力安全条件下，可降低一定的桥墩纵向刚度，减少工程造价。

8.2.2　桥梁设计

现代有轨电车桥梁在设计活载和墩台纵向刚度等方面与其他类型的桥梁存在一定差异。

1. 活载

现代有轨电车列车活载图式应按所选车辆的最大轴重、轴距及近、远期中最长的列车编组确定，现代有轨电车静活载轴重一般不超过 125kN，如南京河西新城现代有轨电车 1

号线工程列车活载分布如图 8-18 所示。

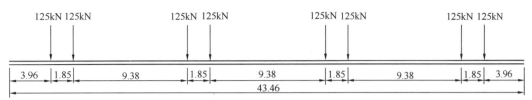

图 8-18　南京河西新城现代有轨电车 1 号线工程列车活载计算图示（单位：m）

如果桥梁较长时（桥梁长度大于车辆长度的 2 倍时），因现代有轨电车主要采用人工驾驶模式，桥梁设计时应考虑单线两列车工况。

现代有轨电车桥梁位于道路交叉口时，还应采用城市车辆荷载验算桥梁安全。一般情况下，小跨径桥（≤10m）可采用城—A 级车辆荷载进行检算，较大跨径的桥梁应采用车辆及车道荷载进行检算。

2. 墩台刚度

（1）墩台刚度限值规定

既有大量试验研究成果表明：列车制动作用下，桥梁墩台顶纵向制动附加力及分布除受轮轨黏着系数、线路阻力等参数影响外，主要由墩台顶纵向水平线刚度及相邻墩台顶刚度匹配决定；墩顶刚度越小，桥梁所承受制动力越小，但钢轨制动附加应力就越大；增大墩顶刚度可降低钢轨附加应力，但使得墩顶制动力增大。故墩台顶合理的纵向线刚度限值是桥梁及桥上轨道设计的关键参数之一。

根据表 8-11 可知《城际铁路设计规范》TB 10623—2014 规定的桥墩纵向刚度限值约是《铁路无缝线路设计规范》TB 10015—2012 的 0.75 倍；而《地铁设计规范》GB 50157—2013 规定的限值与《铁路无缝线路设计规范》TB 10015—2012 相当。根据表 8-10，城际荷载与地铁荷载相当，但速度略大，故而可知《地铁设计规范》GB 50157—2013 规定的限值较为保守。

《铁路无缝线路设计规范》TB 10015—2012 确定的桥墩纵向刚度的限值是根据在牵引（制动）力作用下梁轨之前的相对位移的大小为 4mm 确定的，然而现代有轨电车桥梁荷载及速度均较小，且现代有轨电车桥梁上一般采用非纵连无砟轨道，与有砟轨道的"梁轨相对位移 4mm"的限值差别很大，如果按照以上取值确定现代有轨电车桥墩纵向刚度的限值势必会造成很大的浪费。

国内各类轨道交通速度荷载统计表　　　　　　　　　　　　　　　　表 8-10

交通类型	现代有轨电车	《地铁设计规范》GB 50157—2013	《城际铁路设计规范》TB 10623—2014	《铁路无缝线路设计规范》TB 10015—2012
最大设计速度	70km/h	100km/h	200km/h	350km/h
设计荷载轴重	≤125kN	140kN～160kN	150kN	中活载（220kN）、ZK 活载（200kN）

157

《地铁设计规范》GB 50157—2013		《城际铁路设计规范》TB 10623—2014			《铁路无缝线路设计规范》TB 10015—2012	
跨度 L（m）	双线最小水平线刚度（kN/cm）	跨度 L（m）	最小水平线刚度（kN/cm）		最小水平线刚度（kN/cm）	
			双线	单线	双线	单线
$L \leqslant 20$	240	≤12	75	45	100	60
		16	120	75	160	100
		20	145	90	190	120
$20 < L \leqslant 30$	320	24	210	130	270	170
		32	265	165	350	220
$30 < L \leqslant 40$	400	40	415	255	550	340
		48	550	350	720	450

（2）墩台刚度限值影响因素

墩台刚度限值的规定是为了确保钢轨的强度，在确定的墩台刚度情况下，无缝线路钢轨受力主要取决于温度力、挠曲力和制动力。温度力的大小，主要取决于轨道结构和所处地域的温差，并没有确定性的差别。对于制动力和挠曲力，分析出现代有轨电车与其他轨道交通类型之间存在差异。

影响列车制动力的主要因素是列车的竖向荷载、轨面制动率及加载长度。根据表 8-12 可知，高速铁路桥上计算制动力是现代有轨电车的 4.03 倍，城际铁路桥上计算制动力是现代有轨电车的 3.02 倍，地铁桥上计算制动力是现代有轨电车的 2.05 倍。

各种交通类型制动力比较表　　　　　　　　表 8-12

交通类型	每延米载重（kN/m）	轮载粘着系数	单位长度制动力（kN/m）	加载长度（m）	制动力（kN/m）	比率（其他/现代有轨电车）
高速铁路	65.86	0.16	10.54	210	2213.4	4.03
城际铁路	49.40	0.16	7.91	210	1660.1	3.02
地铁	28.11	0.25	7.03	160	1124.4	2.05
现代有轨电车	21.96	0.25	5.49	100	549	1.00

钢轨挠曲力是钢轨与桥跨结构之间共同作用时的纵向剪切在钢轨上产生的纵向力，它的大小与列车竖向荷载大小及梁体刚度有关。已有研究表明，挠曲力量值在钢轨附加力中的占比较小，可不考虑其作用，而主要考虑制动力和温度力在无缝线路产生的钢轨附加力。根据调研及分析，高速铁路与现代有轨电车对桥墩纵向线刚度限值的规定区别在于制动力。

（3）墩台刚度限值的确定

桥墩线刚度限值应根据工程条件及扣件阻力经钢轨动弯应力、温度应力、制动应力和制动附加应力的计算确定。

对比各交通类型墩台纵向刚度限值的规定及制动力大小的差异和相关参数的计算，将现代有轨电车桥梁墩台纵向刚度限值取《城际铁路设计规范》TB 10623—2014 的 0.6 倍。

铺设无缝线路及无砟轨道桥梁的桥墩纵向水平线刚度限值，不作计算时，双线及单线简支梁桥墩墩顶纵向水平线刚度限值可按表 8-13 采用。

桥墩墩顶纵向水平线刚度限值　　　　　　　　　　　　　表 8-13

跨度 L （m）	最小水平线刚度（kN/cm）	
	双线	单线
$L \leqslant 12$	45	30
$12 < L \leqslant 16$	75	45
$16 < L \leqslant 20$	100	75
$20 < L \leqslant 30$	160	100
$30 < L \leqslant 40$	250	160

3. 桥面布置

桥面布置是明确桥面宽度及相关专业管线和设备的位置，合理的桥面布置不仅可以满足桥梁功能要求，同时还会使桥梁拥有良好的景观效果。桥面布置不仅包括桥面自身构造的相关内容，还涉及到线路、轨道结构、限界、接触网、声屏障、供电、动力照明、通信、信号、PIS、FAS 等诸多专业，综合性强，应在桥梁的整体设计中优先考虑。桥面布置的原则：

（1）应满足各种限界要求；

（2）应满足供电、通信、信号、轨道、给水排水、声屏障等有关工程设计及埋件设置等要求；

（3）考虑经济性，应尽量减少桥面宽度，要求各专业布置时应协调一致；

（4）应考虑桥梁景观，特别是地面桥各种管线处理方式，一般应采用隐藏式处理方式。

桥梁的宽度取决于桥面交通需要，一般根据现代有轨电车建筑限界要求，结合桥上管线设备等，双线桥宽度一般为 8.0～10.0m，单线桥宽度一般为 4.0～5.0m，如图 8-19 所示。城市道路两用桥梁应根据城市道路及现代有轨电车的交通需要共同确定。

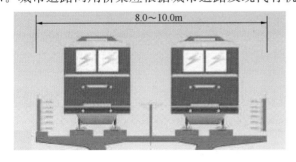
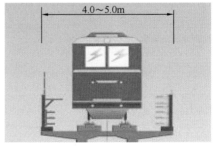

图 8-19　双线/单线横断面

现代有轨电车桥梁桥面布置时要注意管线的排设：

（1）非独立路权的桥梁应考虑管线的穿越方式和景观要求，管线可设置在桥梁悬臂下或者桥梁一侧，一般不宜设置在桥上，例如图 8-20（b）桥面景观优于图 8-20（a）；

（2）独立路权的高架桥与地铁类似，一般应设置电缆槽或电缆支架；

（3）埋入式桥梁管线布置应与路基一致，不应将管线裸露在外。

（a）　　　　　　　　　　　　　　　　　　（b）

图 8-20　桥面布置图

（a）管线设置在桥梁护栏上效果；（b）管线设置与桥梁一侧效果

8.2.3　工程案例

1. 埋入式桥梁

（1）工程概况

南京河西新城现代有轨电车 1 号线工程在 DK1＋500 处与既有地铁 2 号线元通站附近交织，交织范围长约为 500m，如图 8-21 所示。现代有轨电车沿地面敷设，地铁为地下段，埋深约为 15m。南京河西地区工程地质和水文地质条件十分复杂，长江河漫滩区域淤泥粉质黏土和砂性土层发育，软土含水量高、孔隙比大、强度低，粉砂层多为承压含水层，透水性强，工程建设容易引发软土流变、涌砂、涌水及地面沉降等风险。本段范围内砂土含量大，分布近 30m 厚的粉细砂层。

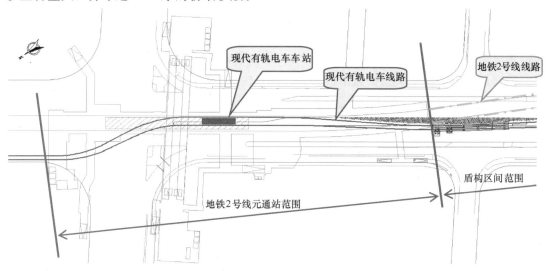

图 8-21　南京河西新城现代有轨电车 1 号线工程线位与地铁 2 号线位置关系图

（2）工程方案研究

根据南京河西新城现代有轨电车 1 号线工程与地铁 2 号线交织范围的位置关系，如图 8-21 所示，本段可分为两部分：①现代有轨电车线位位于地铁车站范围内；②现代有轨电车线位位于地铁隧道区间范围内。

现代有轨电车线位位于地铁车站范围内，采用路基方案处理，一方面车站结构可以满足现代有轨电车荷载要求，另一方面车站为框架结构，现代有轨电车振动对其影响较小；位于地铁隧道区间范围内的处理方案是工程的重难点。

地铁隧道区间元通段地质条件复杂，且其结构已出现不同程度的损害，特别是沉降问题一直存在。现代有轨电车工程的实施及运营对既有地铁 2 号线隧道区间可能产生如下影响：①现代有轨电车运营过程中产生的振动会传至地基，进而影响地铁 2 号线；②由于本段地质条件复杂，多为淤泥黏土及粉细砂层，现代有轨电车工程本身会有一定的沉降；③工程方案实施过程中对地铁 2 号线运营存在安全的影响等问题。基于以上分析拟定两个方案：

方案一：采用路基方案，地基采用搅拌桩处理；

方案二：采用埋入式桥梁方案，钢筋混凝土连续刚构型式。

取现代有轨电车施工过程、运营期中引起的地铁隧道位移以及区域和隧道沉降引起现代有轨电车位移作为计算指标，对两种方案进行分析，计算结果如表 8-14 所示：施工期间，方案一对地铁隧道影响较小，方案二在桩基施工过程中对地铁隧道有一定的影响，但满足地铁隧道容许限值（10mm）；运营期间，方案一不满足地铁隧道容许值及现代有轨电车本身位移要求（两轨差异沉降一般不大于 10mm），方案二采用桩基础，两者相互影响较小，不存在安全隐患，故推荐方案二。

方案对比影响分析表　　　　　　　　　　　　　　　　　　　表 8-14

项目	现代有轨电车施工过程引起隧道位移（mm）	现代有轨电车后期沉降引起隧道位移（mm）	区域及隧道沉降引起现代有轨电车位移（mm）
方案一：路基方案	2.1	10.3	72.9/10.2（两轨差异沉降）
方案二：桥梁方案	8.9	1.4	10.2/1.2（两轨差异沉降）

埋入式桥梁为钢筋混凝土连续刚构，如图 8-22、图 8-23 所示，桥跨布置为（4＋12＋3×14＋12＋4）m，全长 74m。为保障地铁安全，桩基布置在地铁特殊保护区以外，并保证两者之间结构净距不小于 5m。

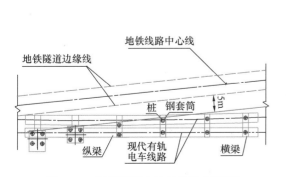

图 8-22　钢筋混凝土连续刚构平面图

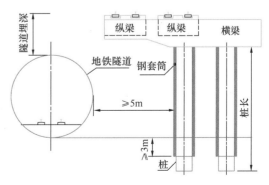

图 8-23　钢筋混凝土连续横断面图

（3）工程设计方法及措施

为保证桥梁耐久性及施工安全，提出了桥梁设计及工程实施需采取相应的措施。

①采用连续刚构，提高耐久性

桥梁结构一般情况下存在支座，而桥梁支座使用年限一般为 30 年，由于桥梁埋入地下，更换支座困难且地下水腐蚀等原因，支座耐久性也存在问题，故设计采用无支座连续刚构桥梁来满足结构耐久性的要求。

②采取补加净水压力防止钻孔灌注桩发生塌孔

地铁隧道区间范围内砂土含量大，分布近 30m 厚的粉细砂层，因此钻孔灌注桩成孔过程中，孔壁坍塌的施工风险大，设计施工需要综合考虑塌孔范围及塌孔处距隧道水平净距两个因素。其中，塌孔范围分别为竖向 5m、2m（区域与隧道同一高度）；距隧道的水平净距分别为 5.5m、6.5m、8m、12.26m，共 8 个工况。由图 8-24 可知，在桩孔距隧道净距小于 8m 发生塌孔高度为 5m 时，隧道产生水平位移为 11.9mm，已超出地铁隧道变形的容许值。为防止出现施工过程中渗水翻砂甚至塌孔现象，采用补加净水压力方法，保证正水位的最小经验值在 2m 以上。

③采用全回转套管钻机压入钢套筒护壁施工桩基

常规钻孔灌注桩成孔方法（如旋挖钻机成孔、冲击钻机成孔）振动扰动均较大，对地铁隧道影响大。全回转套管钻机成孔如图 8-25 所示，是一种钻孔灌注桩微扰动施工方法，优点是钻孔灌注桩施工时对于近距离既有地铁隧道仅产生微扰动影响，可保证地铁隧道的位移与收敛变形控制在 10mm 以内，符合地铁保护规定要求。

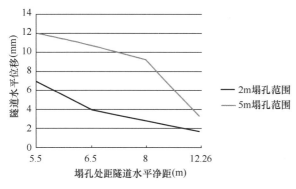

图 8-24　各工况下隧道水平位移折线图

图 8-25　全回转钻机施工钢套筒

常规的全回转套管钻机压入钢套筒护壁后，在混凝土灌筑完毕后将钢套管再次拔出，此时套管周围土体对套管产生了比先前更大的粘结力，隧道面临着二次扰动，加大施工风险。因此，为保证地铁隧道安全，施工中所用的钢套管不拔出。

考虑施工难度及经济性，套管护壁深度不宜太长，根据相关经验，套管只需超出隧道底部一定的范围即可。

由图 8-26（a）可看出，当套管压入深度超出隧道底部 3m 时，其总位移小于 2mm；由图 8-26（b）可以看出，当套管压入深度超出隧道底部 3m 时，其水平位移与垂直位移都小于 1.5mm。若继续增加套管的压入深度时，对减小隧道的变形效果增加不明显，综合考虑施工的安全、施工难度及施工成本，对套管的压入深度定为超过隧道底部 3m，套

162

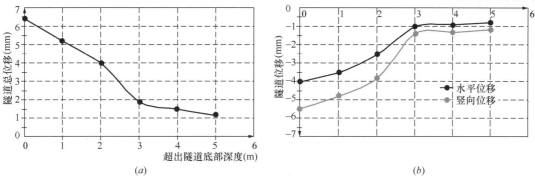

图 8-26　套管超出隧道底部不同深度时的位移图

（a）隧道总位移；（b）隧道水平和竖向位移

管以下部分采用普通钻孔灌注柱施工。

④实施效果

该埋入式桥梁方案经过充分协调和论证后，由施工单位组织进行试桩试验，确定对既有地铁隧道的影响较小后，采用本方案实施，施工过程中未影响南京地铁 2 号线运营，取得了预期的效果，施工现场及完成后效果如图 8-27 所示。

图 8-27　桥梁施工现场及完成后效果图

（4）相似工程建议

随着城市化进程加快，城市用地日益紧张，地上、地下构造物越来越多，遇到构造物可采取一定的保护措施保障既有构造物的安全。上述工程开阔了设计思路，不再局限于对既有构造物（如地铁隧道）的避让，通过方案优化，采取措施减少对既有构造物（如地铁隧道）的影响，提高了线路布设的灵活性。埋入式桥梁设计时应注意以下几点：

①应考虑耐久性问题，采用不设支座的桥型方案；

②桥梁跨度不宜太大，宜采用较小的结构高度；

③桥梁设计时应考虑相应的施工工艺，确保施工过程中可保证既有构造物的安全。

2. 改造式桥梁

（1）既有桥概况

南京河西新城现代有轨电车 1 号线工程沿道路路中敷设，如图 8-28 所示。

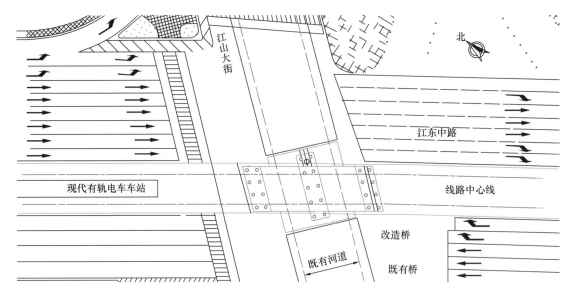

图 8-28　现代有轨电车头关河桥位

既有城市道路采用桥梁跨越头关河，既有桥梁为南北两幅，桥跨布置为：北幅为单跨16.0m；南幅板梁区为单跨16.0m，矩形梁区为 2×8.0m；总宽95.61m，其中南幅宽63.0m，北幅宽32.61m，如图8-29所示。桥梁横断面布置为：全桥桥面均为行车道。桥梁下部结构为埋置式桥台，桩柱式基础。设计荷载为公路-Ⅰ级。

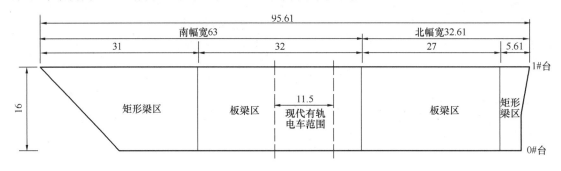

图 8-29　既有桥平面布置（m）

根据调查，桥梁经过3次加宽改造，其中板梁区域为最早修建桥梁，上部板梁出现多处裂缝，经检算，现代有轨电车改造后，承载能力不能满足规范要求；另本桥在道路路口，现代有轨电车标高要顺应道路标高，只做桥面改造不能满足线路纵断面的要求，因此需要对既有桥梁进行改造。

（2）工程方案研究

设计中根据既有桥梁的使用情况，经评估分析，拟定了两个方案：

方案一：利用既有桥下部基础，与既有桥相接处进行拼接。桥梁跨度同原跨度16m，经检算，桥台承载能力可以满足，但桥台刚度不满足，且上部梁建筑高度不能满足线路纵断面要求。

方案二：新建现代有轨电车桥梁，其他位置采用桥梁拼接形成整体，中间为现代有轨电车桥梁采用 2～12.5m 简支板梁，现代有轨电车桥梁与既有桥之前采用异型现浇板连接为整体，纵向跨度为 2～8m，如图 8-30、图 8-32 所示。本方案将大跨度改造为 2 个小跨度桥梁，有效地降低了梁高，满足了纵断面的要求，与既有桥衔接顺畅。

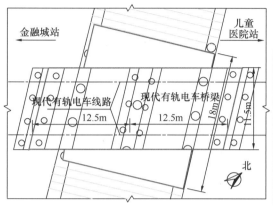

图 8-30　方案二平面图及实施效果图

（3）工程设计方法及措施

为保证方案合理和结构安全，对本桥改造提出了以下具体工程措施。

①既有桥拆除

既有桥拆除范围一般应满足现代有轨电车限界要求，由于既有桥与线路斜交，需拆除 18m 桥面宽度，如图 8-31 所示。

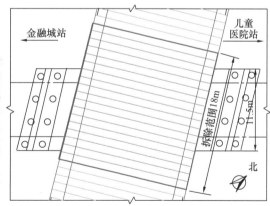

图 8-31　既有桥拆除范围

②与既有桥衔接

本桥处于交叉路口范围，如果不处理好与既有桥衔接的问题，可能会造成板梁分布系数过大，与计算模型不符，易产生纵向裂缝，与既有桥衔接方案如图 8-33 所示。

③多种活载检算

本桥位于交叉路口，活载种类多，结构本身属于异形板，计算工况较多。

桥梁设计需要考虑 3 种活载类型：现代有轨电车活载、城市车道荷载（公路‐Ⅰ级）及城市车辆荷载（城‐A 级）。

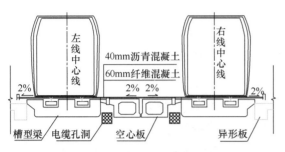

图 8-32 头关河桥现代有轨电车范围桥梁横断面图

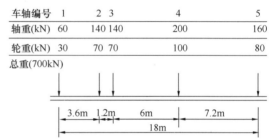

图 8-33 与既有桥衔接方案

车辆荷载采用城-A 级，布置形式如图 8-34 所示，桥梁横向可布置 4 辆车，共计 8 个车轮，又结合城-A 轴重特点及桥面宽度，单个车轮采用 140kN。

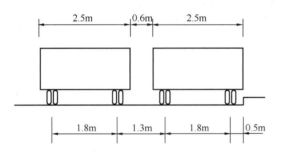

图 8-34 城-A 车辆荷载图示

车辆荷载通过车辆荷载等效进行加载，计算原理如下：采用 Midas/Civil 软件进行车道荷载与车辆对比，然后采用换算系数进行等效，以轨道梁为例确定的等效系数见表8-15。

等效系数表 表 8-15

荷载情况	跨中弯矩（考虑冲击系数）	横向折减后等效系数
车道荷载	1065.1kN·m	1
横向 2 车	1615.9kN·m	1.517135
横向 3 车	1975.5kN·m	1.446709
横向 4 车	2124.4kN·m	1.336352

注：桥梁横向布置时考虑折减，根据《公路桥涵设计通用规范》(JTG D60—2015) 双车不折减，三车折减 0.78，四车折减 0.67；车道荷载考虑 1 车道，冲击系数为 0.35。

计算可知，小跨度桥梁采用城-A 车辆荷载为控制荷载，设计时确保了桥梁结构的安全性。

（4）相似工程建议

现代有轨电车沿城市既有道路敷设时，由于现代有轨电车工程与城市道路工程采用的规范及受力结构的要求不一致，往往需要改造既有桥梁，改造设计时应注意以下几点：

①考虑经济性，在满足结构安全的情况下，应最大可能利用既有桥；

②通过对既有桥加固能够满足结构安全时，宜对结构进行加固处理；

③充分考虑新旧结构强度、刚度与使用寿命的均衡与匹配，尽可能地保证新增加的界

面和构件与原有结构能够可靠地协同工作、整体受力，共同承担外部荷载，使改造后的桥梁结构达到安全、耐久的目标；

④一般来说，桥梁改造施工过程中可能包含卸载、加载、协同受力等过程，在这个过程中，结构受力图式，荷载大小及作用位置等都在不断的变化中。因此，应当严格按照设计确定的施工工序实施，严格控制施工临时荷载，尽量减少作用在原有结构上的施工荷载，避免在某个阶段产生过载现象，导致对原有结构造成新的损害。

⑤现代有轨电车桥梁设计时，应考虑承受多种活载及合理选用设计规范；既有桥改造应核算无缝线路对桥墩刚度的要求；利用既有桥上部结构时，轨道应与桥面有效连接；既有桥位于道路交叉口时，应核实改造后桥面高程能否适应交叉口，避免出现道路不平顺。

第9章 交通组织与衔接

现代有轨电车作为地面轨道交通系统，是城市综合交通体系的组成部分。根据城市综合交通现状及规划，科学地进行交通组织设计是优化现代有轨电车系统、提升城市公共交通效率的关键；合理处理好乘客、行人及机动车的交通组织，不仅有利于构建一体化城市综合交通体系，更有利于提高现代有轨电车的运营效率，保障运营安全。本章主要论述现代有轨电车交通组织与衔接的基本原则，从交通组织、交通衔接等几个方面分析设计基本要求，并对现代有轨电车安全防范措施提出相应建议。

9.1 交通组织与衔接的一般规定

现代有轨电车交通组织与衔接旨在完善公共交通系统一体化，提高现代有轨电车系统运行标准和服务水平，提升公共交通系统整体运行效率。因此，在进行交通组织与衔接时应遵循以下规定：

（1）现代有轨电车线路和车站应与城市快速轨道交通、常规公交、社会车辆、自行车和步行等系统合理衔接，形成多层次、复合、高效的一体化综合交通系统。现代有轨电车交通组织与衔接设计应包括交通组织、一体化换乘衔接、常规公交优化等内容，其中：交通组织设计主要包括平面交叉口交通组织、路段交通组织；一体化换乘衔接规划主要包括现代有轨电车车站与城市快速轨道交通、常规公交、社会车辆、自行车与步行等换乘衔接；常规公交优化主要包括公交线路、公交停靠站、发车频次等优化调整。

（2）交通组织设计应根据城市道路网络、交通流量与流向、用地条件等因素进行；根据线路路权要求，不同程度地考虑人车分隔、机非分隔、现代有轨电车与常规公交分隔的措施，做到公交优先、安全畅通、减少延误、提高旅行速度和运输能力。

（3）交通衔接规划应充分考虑现代有轨电车在城市公共交通中的功能定位和技术要求，根据服务对象性质及用地条件，合理布置现代有轨电车车站公交换乘、步行换乘、公共自行车与非机动车换乘、小汽车P＋R换乘、临停换乘等设施。各种换乘设施布局应系统考虑交通换乘设施与外部交通的联系，处理好现代有轨电车车站的进出站乘客与外部交通的流线组织，保证各种交通出行方式换乘顺畅、有序转换。

（4）常规公交线路优化、公交站点设置优化、公交运营调度管理优化，应根据现代有轨电车线路走向和车站位置、公交出行需求、通道公共交通运输能力情况、道路运行状况与公交服务质量等进行统筹考虑，提出对平行公交线路及站点进行合并、取消、新增、改道等优化调整建议。

（5）交通组织衔接设计方案，应在对道路资源分配协调性和安全性评价基础上，结合路段及路口通行能力分析，根据道路交通量大小、用地条件、居民出行特性等因素合理选择。

9.2 平面交叉口交通组织

平面交叉口是现代有轨电车与其他交通方式互相影响最为突出的节点，不同交通方式汇聚在此，共享道路空间资源。为了方便乘客过街、减少对路段交通的影响，现代有轨电车车站多设置在距离交叉口较近的位置。现代有轨电车交叉口附近站点的交通组织更加复杂，交通组织的关键是通过时间及空间措施，保障各类交通的有序运行，提高现代有轨电车整体运行效率。

9.2.1 现代有轨电车通过平面交叉形式

依据现代有轨电车线路走向和横断面布置方式，现代有轨电车通过交叉口可分为路中对路中直行（"中-中直"）、路中对路中转弯（"中—中转"）、路中对路侧转弯（"中—侧转"）、路侧对路侧直行（"侧—侧直"）、路侧对路侧转弯（"侧—侧转"）五种方式，如图9-1所示。

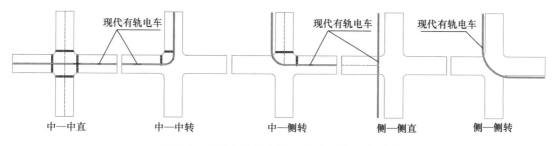

图9-1 现代有轨电车通过交叉口类型示意图

现代有轨电车通过交叉口转向不同，与机动车交通冲突点也各不相同。现代有轨电车以不同方式通过交叉口时，与机动车交通冲突点分布如图9-2所示。

不同方式下，现代有轨电车与机动车交通冲突点数量如表9-1所示。

现代有轨电车以不同方式通过交叉口的交通冲突点数量表 表9-1

现代有轨电车通过交叉口方式	中—中直	中—中转	中—侧转	侧—侧直	侧—侧转
交通冲突点数量（个）	12	8	14	8或12	16

表9-1统计分析结果表明：现代有轨电车以中—侧转、侧—侧转两种方式通过交叉口的交通冲突点数量多，与社会车辆冲突点分别达到14个、16个，而且冲突点相对集中，对同向和异向社会车辆交通、以及路侧非机动车和行人交通均存在影响，交叉口交通组织复杂程度最大。因此，在条件许可情况下，建议现代有轨电车尽量采取中—中转的方式通过交叉口，减少对既有道路交叉口的交通影响。

9.2.2 平面交叉口交通组织原则

为保证现代有轨电车正常旅行速度、减少交叉口延误、提高交叉口运行安全和相交道路的通行能力，在进行交叉口交通组织时，应遵循以下原则：

（1）保障现代有轨电车优先通行的原则：统筹考虑现代有轨电车线路与城市道路的交叉形式和交通信号控制方式，对于相交道路交通量相对较小的平面交叉口，现代有轨电车尽可能采取绝对信号优先的控制策略通过，以保证现代有轨电车整体运行效率和服务水平；对相交道路流量均较大，现代有轨电车尽可能采取相对信号优先的控制策略通过，最

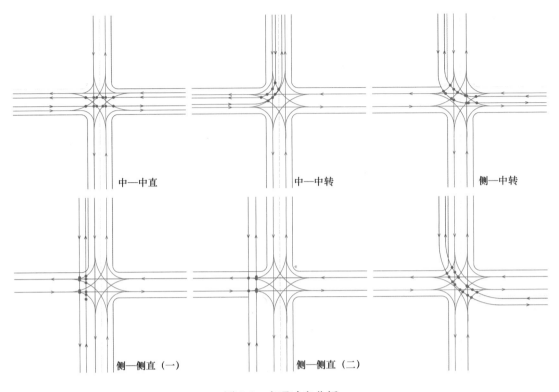

中—中直　　　　　　　　　中—中转　　　　　　　　　侧—中转

侧—侧直（一）　　　　　　侧—侧直（二）

图 9-2　交通冲突分析

注：—现代有轨电车　—机动车　·冲突点

大限度地减少现代有轨电车运行对城市道路交通的影响。

（2）保障交通整体运行效率的原则：现代有轨电车交叉口交通组织，尤其是信号控制策略的选择，要兼顾相交道路的交通功能，尽可能的满足城市道路交通的整体运行要求，处理好与车流和人流的关系，合理布设人行道、车行道及现代有轨电车车道，并按规定设置交叉口信号、行车标志、标线等交通设施。在现代有轨电车运行初期，合理控制发车间隔，减小相交道路交通延误。

（3）保障行人交通安全的原则：现代有轨电车交叉口的交通组织应将行人安全放在首要位置，处理好现代有轨电车与人流的关系，合理布设人行道、现代有轨电车车道及安全过街设施，并合理设置交叉口信号灯与安全标志等交通设施。

9.2.3　平面交叉口交通组织设计要求

（1）现代有轨电车车道在平面交叉口处，应避免对机动车车道分合流区和交织区的干扰；共享路权区段，在平面交叉口的进口道，现代有轨电车车道只能与一条行驶方向相同的机动车道混行；专用道区段，在平面交叉口的进口道，机动车进口车道渠化方案应与线路走向相协调，应区分左转车道、直行车道和右转车道。

（2）采用路中形式布设线路的平面交叉口，不宜通过压缩中央分隔带的方式增加机动车左转专用车道；在沿线道路交叉口间距小于 200m 的情况下，宜取消左转和掉头，防止道路交通对有轨电车车辆运行的频繁干扰。采用路侧形式布设线路的平面交叉口，进口道展宽段和展宽渐变段的长度，应同时满足线路线形要求和现行《城市道路交叉口规划规范》GB 50647 的有关规定。

（3）在平面交叉口，由于线路转弯而形成的转角安全岛，宜设置实体安全岛，其面积不宜小于 7m²；小于该值时，宜设置标线安全岛。安全岛内侧宜设置右转机动车专用车道，在与现代有轨电车线路之间设置必要的防护措施后，车道转弯半径不应小于 25m。

（4）现代有轨电车宜避免平面穿越环岛、错位多交叉口和畸形交叉口，必要时应对其进行改造。当错位交叉口间距小于 50m 时，可视为一个十字路口或斜交路口进行交通组织设计；当错位交叉口间距大于 50m，可视为两个 T 型路口进行交叉口群交通组织设计。

（5）现代有轨电车线路与城市道路平面交叉口应采用信号控制，尽可能避免交通流线冲突。信号相位设计应考虑不同线路布置形式在平面交叉口相互转换的因素，合理设置信号周期和相位数，现代有轨电车相位的绿灯时间应大于电车通过平面交叉口的最小绿灯时间。

（6）平面交叉口人行横道应规避道岔的转辙器部位（尖轨处），并设置不小于 1.5m 的保护距离。

9.2.4 平面交叉口信号控制策略

现代有轨电车与城市道路平面交叉口信号控制策略，可分为定时信号控制策略、相对信号优先控制策略和绝对信号优先控制策略三种。平面交叉口信号控制策略应根据高峰小时正线道路与相交道路的交通流量的相对关系，灵活选用。

1. 定时信号控制策略

定时信号控制是指不实施现代有轨电车信号优先，在不增加新的信号相位情况下，现代有轨电车信号相位与道路社会车辆信号相位合并，按照常规信号周期运行方式进行信号配时，现代有轨电车与同向社会车辆共享同一个信号相位通过平面交叉口，不另外增加现代有轨电车专用相位，如图 9-5 所示。在相交道路交通流量大于正线道路交通流量情况下，宜采用定时信号控制策略，但是当现代有轨电车发车间隔小、发车密度高时，车辆的运行受信号影响较大，容易造成现代有轨电车延误。

常规信号方案通常采用四相位控制方式，如图 9-3 所示。在第一相位、第二相位、第三相位情况下，现代有轨电车禁止通行，其余道路机动车有序通过交叉口，现代有轨电车与机动车无交织冲突；在第四相位情况下，现代有轨电车通过交叉口，与现代有轨电车存在交织冲突的机动车流禁止通行。

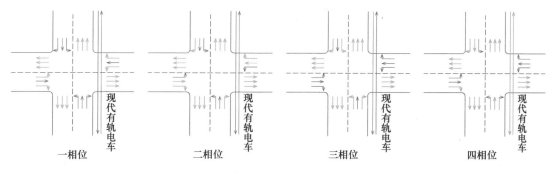

图 9-3　四相位信号控制基本方案图

2. 相对信号优先控制策略

相对信号优先控制是指对现代有轨电车进行倾向性信号配时，即：①当现代有轨电车

171

在通行相位接近交叉口时，若现代有轨电车通行信号相位剩余绿灯时长小于现代有轨电车通过交叉口所需最小时间，则延长该相位绿灯时长，保证现代有轨电车不急减速通过平面交叉口，待现代有轨电车完全通过交叉口后，交叉口信号相位恢复原有信号控制状态，如图9-4所示；②若现代有轨电车在非通行相位接近交叉口时，则通过缩短冲突相位绿灯时长，提前开启现代有轨电车正线通行相位绿灯，保证现代有轨电车不停车通过交叉口或电车停车等待时间减少，待现代有轨电车完全通过交叉口后，交叉口信号相位恢复原有信号控制状态，如图9-5所示。在相交道路交通流量与正线道路交通流量大体相当或略小于正线道路交通流量的情况下，宜采用相对信号优先控制策略，无需另外增加现代有轨电车专用相位。

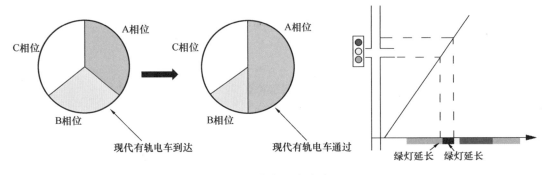

图 9-4　绿灯延长方案

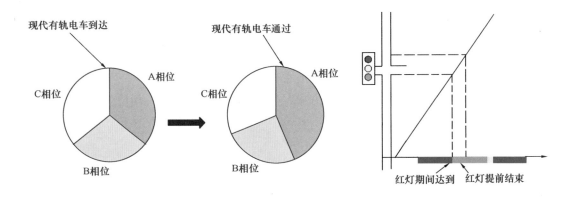

图 9-5　红灯缩短方案

（1）绿灯延长

当现代有轨电车在通行相位（绿灯）即将结束（一般结束前2～3s时），延长现代有轨电车通行相位剩余绿灯时间，使现代有轨电车顺利通行。绿灯延长方案如图9-4所示，当现代有轨电车在通行相位（A相位）绿灯即将结束转换至非通行相位（B相位）时接近交叉口，则延长通行相位（A相位）绿灯时长，延迟非通行相位（B相位）绿灯开启时间，保证现代有轨电车优先通过平面交叉口，待现代有轨电车完全通过交叉口后，开启B相位，交叉口信号相位恢复原有信号控制状态。

延长现代有轨电车绿灯相位时间，势必会影响被交道路的社会车辆通行效率，导致交叉口整体通行能力的下降。因此，绿灯延长时间不宜过长，一般不超过周期长度的10%。

（2）红灯缩短

当现代有轨电车在非通行相位到达时，缩短冲突信号相位绿灯时长，提前开启现代有轨电车通行相位（绿灯早亮），缩短现代有轨电车等待时间。该措施可最大限度减少车辆停车等待时间，实现优先通过。红灯缩短方案如图9-5所示，当现代有轨电车在非通行相位（C相位）时接近交叉口，则缩短C相位绿灯时长，提前开启现代有轨电车通行相位（A相位）绿灯，保证现代有轨电车优先通过交叉口，待现代有轨电车完全通过交叉口后，交叉口信号相位恢复原有信号控制状态。

红灯缩短时间要保证被缩短相位的最小绿灯时间和通行能力，也可以借鉴绿灯延长时间，缩短时间不应大于整个信号周期的10%。

3. 绝对信号优先控制策略

绝对信号优先控制指优先保证现代有轨电车不停车通过交叉口的信号控制策略，当交叉口满足设置信号控制的最低要求，且相交道路交通流量明显小于正线道路交通流量的情况，宜采用绝对优先的信号控制策略，可分为两种控制方式：

①当现代有轨电车在非通行相位时接近交叉口，立即切断与现代有轨电车存在冲突相位绿灯，信号相位转换到现代有轨电车正线通行相位绿灯，保证现代有轨电车在交叉口无需等待而直接通过；②在原有交叉口常规信号相位控制基础上，为提高现代有轨电车交叉口通行能力，增加现代有轨电车专用相位，在交叉口前方一段距离安装检测器，当现代有轨电车到达交叉口时，检测器自动发出请求信号，暂停原有相位执行策略，开启现代有轨电车专用相位执行策略，为现代有轨电车提供绿灯相位，待现代有轨电车通过交叉口后，恢原有信号相位控制状态，道路交通按照原有相位顺序运行，如图9-6所示。

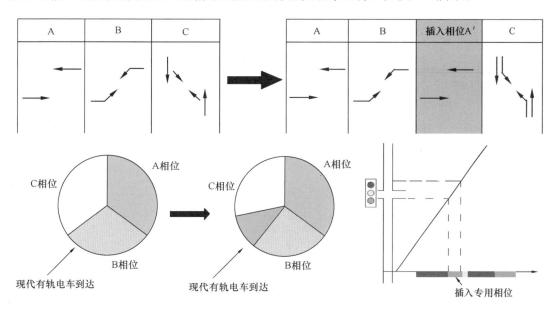

图9-6 插入现代有轨电车专用相位方案

通过VSSIM仿真，不同信号控制策略下，现代有轨电车通过交叉口的平均延误时间与平均延误次数各不相同，如表9-2所示。

173

信号优先策略	定时信号	相对优先	绝对优先
平均延误时间（s）	39.6	22.4	0
平均延误次数（次）	0.77	0.36	0

不同信号控制策略下现代有轨电车通过交叉口的延误情况　表 9-2

9.2.5　案例分析

以南京河西新城现代有轨电车 1 号线江东南路与河西大街交叉口为例，进行交叉口信号控制实证案例分析。南京河西新城现代有轨电车 1 号线起于奥体东站，讫于秦新路中段，线路全长 7.7km，沿江东路和江东南路敷设，途径河西中央公园、南京国际博览中心、海峡城等重要节点，共途径 23 个平交路口，承担南京河西新城南部地区内部公共交通主骨干和主城区方向的地铁加密与补充功能。

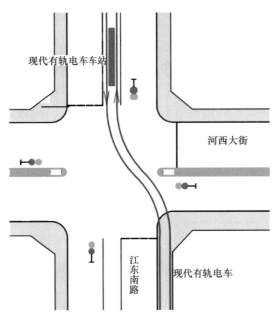

图 9-7　河西大街交叉口示意图

河西大街交叉口是典型的十字交叉口，南北向的江东南路全段道路红线宽度为 80m，东西向的河西大街红线宽度为 60m，交叉口东西向进口（河西大街）为 6 车道，其中左转 2 车道、直行 2 车道、右转 2 车道；南北向进口（江东南路）为 10 车道，其中左转 2 车道、直行 6 车道（含辅道 2 各车道）、右转 2 车道，如图 9-7 所示。

在现代有轨电车开通运营初期，客流相对较少、发车间隔较长，为了尽可能减少现代有轨电车通行对城市道路的交通影响，该交叉口信号策略以定时信号控制为基础，采用四相位放行配时方案：信号周期为 170s，相位一绿灯时长为 45s，相位二绿灯时长为 30s，相位三绿灯时长为 45s，相位四绿灯时长为 30s，相位过渡时间均为 5s，现代有轨电车通行位于相位三，如图 9-8 所示。

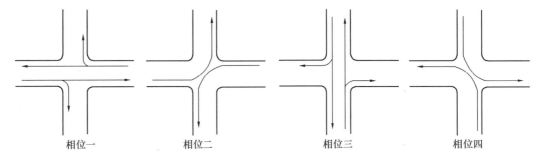

图 9-8　交叉口四相位配时放行方案

通过仿真数据分析，如图 9-9 所示，随着客流增长和发车间隔的缩短，在江东南路道路中增加现代有轨电车后，采用定时信号控制策略会对现代有轨电车运行产生影响。因此，在原有四相位信号配时基础上，增加现代有轨电车专用相位，实施绝对信号优先控制策略，即：当现代有轨电车接近交叉口时，通过交叉口前方检测器自动发出请求信号，提前开启现代有轨电车专用相位绿灯，实现电车不停车通过交叉口，最大限度减少电车停车等待时间，如图 9-10 所示。

图 9-9　河西大街交叉口仿真三维效果图

图 9-10　河西大街交叉口相对信号优先控制方案

9.2.6　总结与建议

基于现代有轨电车的平面交叉口设计，应根据高峰小时顺向道路与相交道路交通流量的相对关系，按下列原则灵活选用交通信号控制策略：

（1）当相交道路交通流量大于正线道路交通流量时，宜采用定时信号控制策略；

（2）当相交道路交通流量与正线道路交通流量大体相当时，可采用信号相对优先的控制策略；该情况下不宜改变绿信比，宜优先考虑在固定信号周期中提前执行现代有轨电车相位；

（3）当相交道路交通流量小于正线道路交通流量时，宜采用信号优先的控制策略，可适当加大顺向道路的绿信比。针对优先情况，可采取延长绿灯相位时间、缩短红灯相位时间的措施，并宜优先考虑延长绿灯相位时间的信号控制方法；

（4）当相交道路交通流量远小于正线道路交通流量时，可适当采用信号绝对优先的控制策略，保证现代有轨电车快速通过该交叉口，避免因停车等待而造成延误，但需要合理组织周边道路网交通的疏导与分流，将对相交道路地面交通的影响控制在可承受范围之内。

9.3　路段交通组织

9.3.1　路段交通组织原则

现代有轨电车沿线通常为城市主要商业区、居住区、旅游景点等人流相对集中的节点，道路两侧商业区或居住区的出入口相对密集，在进行路段出入交通组织时，应遵循以下原则：

（1）优先保障现代有轨电车运行顺畅的原则。现代有轨电车沿线机动车、非机动车和行人的出入对现代有轨电车运行有较大影响，为了保障现代有轨电车运行"顺畅、准点、安全"，充分发挥现代有轨电车在城市公共交通体系中的骨干功能，应对沿线单位出入口进行归并，有序组织出入交通，优先保障现代有轨电车在路段运行顺畅。

（2）确保现代有轨电车运行安全的原则。现代有轨电车作为半独立或混合路权的地面轨道交通系统，应处理好现代有轨电车与社会交通的空间隔离，保障居民人身安全和交通安全。

（3）稳定性与适应性相结合的原则。在道路资源有限的情况下，充分发挥路网分流的作用，困难路段宜重新调整地块出入口分布，尽可能减少路段出入社会交通爆发式引入正线道路，使流经路段的流量与其通行能力相匹配。

（4）满足沿线生产生活基本出行要求的原则。在现代有轨电车沿线出入口密集路段，需要对出入交通进行归并时，应充分考虑沿线居民日基本出行需求，预留行人过街天桥或地下过街通道。

9.3.2 路段交通组织设计要求

（1）采用路中形式敷设现代有轨电车线路的路段，沿线单位出入口间距小于 200m 的情况下，宜取消左转和掉头，采取右进右出的出入交通组织方式，左转车辆通过附近平面交叉口掉头，防止道路交通对有轨电车车辆运行的频繁干扰。优化前左转社会车辆对现代有轨电车冲突如图 9-11（a）所示，优化后交通组织如图 9-11（b）所示。

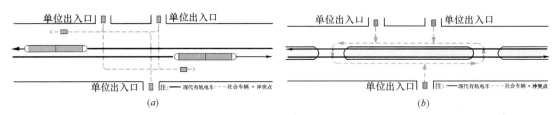

图 9-11　路中敷设时沿线出入口交通组织优化示意图
（a）优化前；（b）优化后

（2）采用路侧形式敷设现代有轨电车线路的路段，同侧单位出入口间距小于 200m 的情况下，宜采取工程措施进行归并，可借用一段非机动车道或修建辅道疏导社会车辆集中于一个出入口或附近交叉口进出，减少路侧单位车辆进出对现代有轨电车通行影响。优化前同侧单位车辆进出与现代有轨电车冲突如图 9-12（a）所示，归并同侧单位出入口后交通组织优化如图 9-12（b）所示。

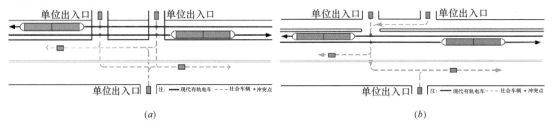

图 9-12　路侧敷设时沿线出入口交通组织优化示意图
（a）优化前；（b）优化后

（3）沿线单位或小区出入口交通出行频率高时，宜增设感应信号进行交通组织，即当现代有轨电车即将进入出入口时，触发地面感应设施与感应信号灯，为相交道路机动车与行人提供有效的交通引导信息，避免车辆、行人对现代有轨电车的干扰，确保现代有轨电车安全、高效运行。在沿线单位出入口增设感应信号的交通组织如图 9-13 所示。

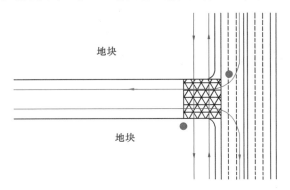

图 9-13　出入口增设感应信号的交通组织示意图

注：——　现代有轨电车
　　——　交织流线
　　▨▨　禁停区
　　●　增设感应信号灯

（4）人行过街间距大于 150m 时，应增设人行过街天桥或地下过街通道，既保证沿线单位人行过街基本要求，又减少对现代有轨电车通行影响，保障行人人身安全。人行过街天桥布置如图 9-14（a）所示，地下过街通道布置如图 9-14（b）所示。

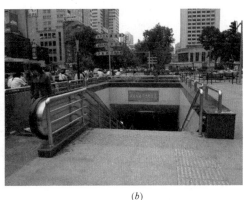

(a)　　　　　　　　　　　　　　　　　(b)

图 9-14　人行过街设施布置示意图
（a）人行过街天桥；（b）地下过街通道

（5）现代有轨电车车站布置于道路路段时，宜增加乘客人行横道线或人行天桥进出现代有轨电车车站，如图 9-15 所示。人行横道线方式的优点是乘客进出站便捷，工程造价低；缺点是乘客进出站对主线机动车的干扰较大，对乘客自身安全也存在隐患。人行天桥的优点是分离行人与机动车，对主线交通影响较小；缺点是工程造价相对较高，对城市景观影响较大。

(a)   (b)

图 9-15　现代有轨电车路段车站乘客进出站交通组织示意图
（a）人行横道线进出站；（b）人行天桥进出站

9.4　交 通 衔 接 规 划

　　为了完善现代有轨电车集疏功能，充分发挥现代有轨电车在城市中的交通骨干作用，提高其客流吸引强度，进一步扩大其服务范围，应对现代有轨电车站点与其他交通方式接驳换乘进行一体化衔接规划。主要包括与城市轨道交通、常规公交、非机动车（含公共自行车）、出租车、P＋R 停车换乘等一体化衔接。

9.4.1　交通衔接规划原则

　　（1）交通一体化原则

　　统筹考虑现代有轨电车车站周边交通衔接配套条件，突出现代有轨电车交通与其他多种出行方式的一体化接驳换乘，科学设置常规公交、P＋R 停车换乘、非机动车、临停接送和出租车等换乘设施，有序组织各类服务设施人流与进站人流之间的流线关系，保证各种交通出行方式接驳换乘安全、便捷、高效。

　　（2）功能一体化原则

　　充分考虑现代有轨电车车站对周边用地功能和地块开发的引导与服务，与周边城市公共服务中心体系相适应，突出公交优先的规划理念，根据现代有轨电车车站在城市中所处的位置和周边建设程度，科学配置各方式接驳换乘设施，构建公交优先、环境友好、资源共享的公共空间。

　　（3）集约化利用原则

　　现代有轨电车换乘设施尽可能布置在道路绿地内，减少二次占用城市建设用地。用地条件相对紧张的车站，应根据车站周边用地实际情况和道路条件，尽可能利用道路空间资源分散布置非机动车和公共自行车换乘设施，P＋R 换乘尽可能考虑与周边建筑联合开发，以节约土地。

　　（4）远近结合原则

　　各类换乘设施按照现代有轨电车远期需求一次规划，根据近期、远期进出站客流规模和周边用地开发建设时序进行分期建设，既要满足现代有轨电车开通运营初期基本的换乘需求，又要做好远期换乘设施规模与用地的预留控制。

9.4.2 交通衔接设施设计要求

1. 步行衔接设施设计要求

（1）现代有轨电车车站周边应通过整合沿线及周边地区现状或规划的步行廊道、步行平台以及立体过街设施等，形成连续完整、顺畅安全的步行系统。

（2）现代有轨电车车站乘客进出站方式，宜结合相邻道路等级及车站形式，选择平面过街或立体过街形式。

（3）行人过街设施应与周边公共建筑的行人出入口顺畅衔接，保证连续性和完整性，并设置必要的交通诱导标识和安全设施。

2. 临时停靠衔接设施设计要求

（1）临停换乘设施用于现代有轨电车乘客接送车辆的临时停靠，主要包括出租车、小汽车接送、班车等接驳方式。

（2）若无独立场地仅设置路边停靠位时，宜采用港湾式或专用通道式停靠，尽可能不影响其他车辆通行。

（3）在所有临时停靠位中，出租车停靠位宜设置在靠车站出入口最近的位置，距离宜控制在180m以内。

3. 小汽车停车衔接设施设计要求

（1）小汽车停车换乘设施用于满足私家车全天候的停车需求。

（2）其设置应结合其他场站设施空间进行立体式布置或结合周边商办用地联合开发，且停车场出入口数量应符合相关规划及进出设计要求，应设置步行通道联系停车场与车站出入口。

（3）大型换乘停车场宜适当拆分、分散布置，减少交通集聚，避免影响景观。

4. 公共自行车与非机动车衔接设施设计要求

（1）非机动车换乘停车场应根据服务对象性质及用地条件，充分考虑城市交通需求，采用分散与集中相结合的原则在现代有轨电车出入口处进行就近布设。如图9-16所示。

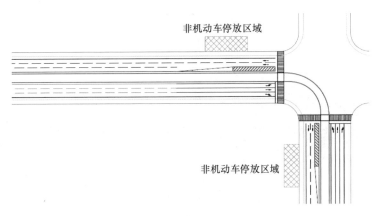

图9-16 现代有轨电车与非机动车的衔接示意图

（2）公共自行车设施规模应统筹考虑周边建筑的使用，合理区分现代有轨电车使用规模和周边建筑使用规模。如图9-17所示。

（3）在非机动车停车场内选择靠近现代有轨电车车站出入口的适当位置，进一步设置

——— 有轨电车线路

▢ 有轨电车车站

🚲 非机动车停放区

图 9-17　自行车停车设施

或预留公共自行车车位。

　　南京河西新城现代有轨电车富春江街站周边自行车设施如图 9-15 所示，现代有轨电车车站设置于江东中路西侧，车站周边 150m 范围内共有两处自行车停车区域，分别位于现代有轨电车车站南侧、东侧。乘客可通过自行车行至车站附近任一自行车停车区域，换乘现代有轨电车至目的地。现代有轨电车与非机动车的高效衔接，可以满足居民"点到点"的出行需求，有利于生态城市的发展。

　　5. 常规公交衔接设施设计要求

　　（1）现代有轨电车车站布设在路段上时，常规公交同向换乘距离不宜大于 50m，异向换乘距离不宜大于 150m。

　　（2）现代有轨电车车站布设在平面交叉口和立体交叉口附近时，常规公交换乘距离不宜大于 150m，并不得大于 250m。现代有轨电车车站布设在平面交叉口处时常规公交衔接如图 9-18 所示。

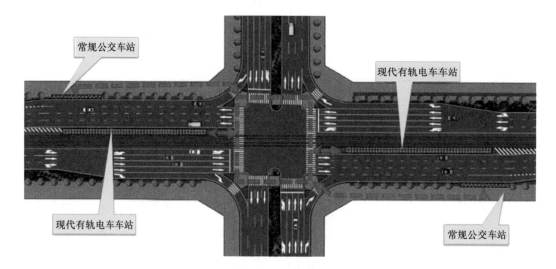

图 9-18　常规公交站与现代有轨电车车站接驳方案图

（3）多线公交换乘时，宜尽量合并公交换乘设施空间，方便公交线路间的换乘。同时应结合现代有轨电车功能定位及线路走向，调整平行公交线路和发车频次，减少常规公交与现代有轨电车重复系数，引导常规公交客流向现代有轨电车转移，增强现代有轨电车服务客流强度。

如南京河西新城现代有轨电车 1 号线，相关联的常规公交线路主要有 85 路、89 路、134 路、160 路、109 路等五条，关联站点分别有奥体东站、富春江西街、元通站、博览中心、江山大街以及友谊街等站点，从友谊街到秦新路之间的站点目前没有关联的公交线路；在引入现代有轨电车系统后，交通主管部门对原公交线网及公交线路发车密度进行优化调整，取消从奥体中心到富春江西街的 65 号公交线路，将 85 路、89 路、134 路公交线路的运营长度延伸到元通站，使其更好地与现代有轨电车相互衔接，满足新城内部居民的公交出行需求。优化后的公交线路衔接如图 9-19 所示。

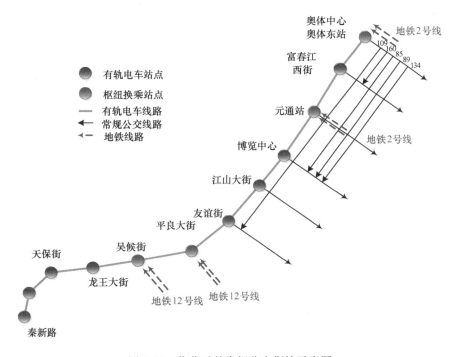

图 9-19　优化后的常规公交衔接示意图

同时考虑常规公交线路部分或者完全与现代有轨电车线路所覆盖，将优化前的常规公交线路平均发车间隔 13.93min 提高到 15.00min，通过增长常规公交发车频率，一方面为了避免运能过剩，有利于客流转移到现代有轨电车上面，而且可以降低常规公交车的运营成本。优化前后奥体东站到友谊河之间站点公交车需求频率对比如图 9-20 所示。

6. 与城市快速轨道衔接设计要求

现代有轨电车系统作为城市中低运量公共交通系统，承担城市轨道交通的延伸与补充的功能，因此，需要做好现代有轨电车与大运量的城市轨道交通间的接驳换乘。由于城市轨道交通以地下敷设方式为主，现代有轨电车以地面敷设为主，两种交通系统间的接驳换乘通常以立体换乘为主，要求各系统车站的布置在空间上应尽量靠近，出入口衔接上应遵

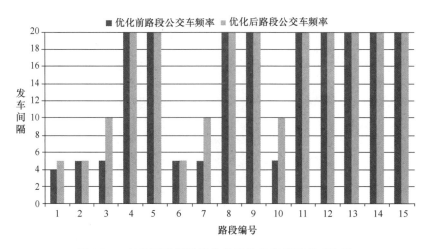

图 9-20　南京河西新城优化前后公交发车频率对比图

循就近、便捷的原则，同时在换乘通道地面、墙壁等显要位置设置清晰易懂的标志、标线，合理组织进站、出站换乘客流。

图 9-21 为南京河西新城现代有轨电车奥体东站，该站与南京地铁 2 号线形成立体换乘。南京地铁 2 号线奥体东站为地下两层岛式车站，河西现代有轨电车奥体东站为地面岛式车站。现代有轨电车换乘地铁 2 号线的乘客，可直接由现代有轨电车车站内的楼梯或电扶梯进入地铁车站站厅层。相反，地铁 2 号线换乘现代有轨电车的乘客，可根据地铁站厅层诱导标志由 2 号口、3 号口，通过楼梯或电扶梯直接进入地面现代有轨电车奥体东站。奥体东换乘站充分利用了地铁车站地下站厅层的转换功能解决现代有轨电车车站对侧乘客的立体转换，换乘通道内诱导标志清晰、连续、易懂，可有效提升现代有轨电车系统的便捷程度和服务水平。

图 9-21　现代有轨电车与轨道交通车站衔接示意图

9.5　安全防范措施

现代有轨电车运行于开放的交通环境中，外界因素对现代有轨电车的安全运行影响较大。国内外的现代有轨电车交通事故大部分为以旅客意外、与轨旁移动单位碰撞为主。因此，完善的现代有轨电车交通安全措施是降低交通事故，实现现代有轨电车"准点、快速、便捷、舒适和安全"特点的前提与关键。

目前，国内现代有轨电车开通运营的线路较少、时间较短，各地尚未建立一套关于现代有轨电车事故的信息统计、发布系统。本书引用法国 STRMTG2014 年 4 月发布统计的 2012 年法国有轨电车事故报告数据对交通事故进行分析，如表 9-3 所示。

法国 2012 年有轨电车事故统计数据　　　　表 9-3

事故		受害者										
种类	数量	总计	合计			轨旁			旅客		
			轻伤	重伤	死亡	轻伤	重伤	死亡	轻伤	重伤	死亡
火灾	2	2									
恐慌											
触电											
出轨	4										
旅客意外	563	538	532	5	1	34			498	5	1
列车间碰撞	2	9	9								
轨道上障碍物	24	1									
与轨旁移动单位碰撞	1207	335	307	26	2	233	26	2	74		
其他	30	14	14			9			5		
总计	1832	897	862	31	3	276	26	2	587	5	1

注：数据来源—法国 STRMTG 与 2014 年 4 月，《ACCIDENTOLOGIE DES TRAMWAYS》。

从表 9-3 中数据来看，与轨旁移动单位碰撞是现代有轨电车最主要的事故原因，占据事故总量的 67％左右。通过对已发生事故的原因分析，约 82％的现代有轨电车事故可通过司机驾驶安全防范、路段安全防范、交叉口安全三条措施避免。

9.5.2 交通引导措施

为指示现代有轨电车车站位置、引导乘客进出现代有轨电车车站，有效的对乘客进行交通疏解与引导，应在现代有轨电车站点周边及站台设置诱导标志。诱导标志主要包括车站标志、车站交通指引图、车站进出指示标志等。

（1）车站标志：如图 9-22 所示，车站标志一般设置在现代有轨电车车站前方距离交叉口和重要的出入口 30～50m 处，主要标明线路方向、车站距离、乘车方向。

图 9-22　车站标志示意图

（2）车站交通指引图：如图 9-23 所示，车站交通指引图一般设置在车站出入口位置，指示车站所在位置及周边道路情况、主要的枢纽场站及商业节点，方便乘客交通疏导。

图 9-23　南京河西新城现代有轨电车车站交通指引图

（3）车站进出指示标志：如图 9-24 所示，进出站标志一般设置在现代有轨电车车站站台及车站前方 30～50m 处，以地面为主，标明进站、出站方向，提示乘客进站路线及出站方向。

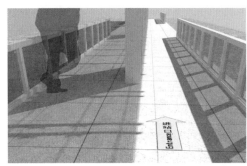

图 9-24　车站进出指示标志图

9.5.3　交通安全防范措施

1. 司机驾驶安全防范措施

现代有轨电车开放性的运行环境决定了其不可能像地铁一样实行自动驾驶，司机需要依靠瞭望条件行车、操作车辆及现场相关设备设施。在没有自动闭塞、车载 ATP 保护的情况下，对司机安全驾驶的要求进一步提高。

图 9-25　现代有轨电车脱轨事故

2016 年 11 月 9 日，一列有轨电车于当天早晨在英国伦敦南部的克罗伊登一隧道附近脱轨，事故共造成 7 人死亡，51 人受伤。英国铁路事故调查部门将此次脱轨事故定性为"严重事故"，根据初步调查结果，事发时有轨电车明显超速，如图 9-25 所示。

为了防止列车脱轨，保障现代有轨电车的安全运营，通常可采取以下安全措施：

（1）加强对现代有轨电车驾驶员的安全驾驶培训，提升驾驶员安全防范意识；

（2）现代有轨电车线路沿线应具备良好的瞭望条件，避免驾驶员视线受到影响；

（3）根据线路条件设置明显的限速标志提醒司机注意，尤其是曲线、道岔、交叉口处；

（4）设置专用岗亭，组织专人对现代有轨电车轨道进行全天候巡检，避免因轨道上杂乱物体而引起的脱轨事故。

2. 路段安全防范措施

为降低现代有轨电车的工程造价，保证现代有轨电车的工程经济性，其路权形式一般以半独立路权为主，无法实现全线封闭运营。因此，路段上其他交通参与者也是导致现代有轨电车事故的主要原因。

2015 年 12 月 7 日 20 时 23 分许，淮安市一列现代有轨电车在上行方向和平路路段正常行驶，私家车在轨行区内倒车，现代有轨电车司机见状后鸣笛警示，小轿车却无动于衷，最终撞上现代有轨电车，导致现代有轨电车车身前部轻微受损，如图 9-26 所示。

图 9-26　现代有轨电车路段碰撞事故

为了减少现代有轨电车路段交通事故，避免其他道路交通参与者影响现代有轨电车的正常运行，可采取以下措施提高现代有轨电车运行的安全性：

（1）对现代有轨电车线路和其他交通方式进行隔离，条件允许时采用绿化、路缘石和栏杆等措施对现代有轨电车和周边道路机动车进行硬隔离；条件困难时，施划地面标线对现代有轨电车和周边道路机动车进行软隔离，如图 9-27 所示。

图 9-27　现代有轨电车隔离措施图

（2）沿线道路设置明显的警示标示，提醒其他道路交通参与者禁止进入现代有轨电车线路范围，如图 9-28 所示。

（3）由交通主管部门或有轨电车运营公司定期向市民组织现代有轨电车出行培训，加强市民"遵守交通规则，安全有序出行"的交通意识。

3. 交叉口安全防范措施

以地面敷设为主的现代有轨电车与地面道路存在大量的交叉口，根据法国现代有轨电车统计数据，交叉口发生的事故占全部事故的 60% 以上。根据事故原因分析，机动车尤其是左转机动车辆抢行、机动车在现代有轨电车轨行区范围内停车、行人及非机动车违规

穿越轨道
注意安全

图 9-28　现代有轨电车警示标志图

穿越现代有轨电车轨行区、道路车辆超高挂断现代有轨电车接触网等是造成现代有轨电车交叉口事故的主要原因。法国现代有轨电车事故发生区域统计如图 9-29 所示。

2013 年 8 月 25 日，沈阳浑南新区现代有轨电车运行的第一天，在沈阳浑南大道东湖学校门前的交通岗前，一辆现代有轨电车与一辆左转的吉普车发生碰撞，事故原因为吉普车未按道路信号灯左转。该起事故导致现代有轨电车右前段损坏，保险杠脱落，吉普车驾驶室被撞凹陷，如图 9-30 所示。

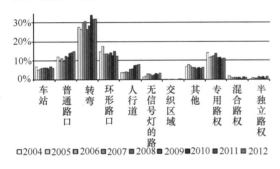

图 9-29　法国现代有轨电车事故发生区域统计

图 9-30　现代有轨电车与机动车在交叉口相撞

现代有轨电车进入道路交叉口后，将额外增加道路交通冲突点，因此需采取以下措施保障现代有轨电车在道路交叉口处的运行安全。

（1）设置专用信号灯及信号相位，将现代有轨电车信号与道路信号联动；

（2）交叉口范围内设置必要的警示、引导标志，规范居民交通行为；交叉口轨行区范围内设置禁停区域，禁止机动车辆停靠；

（3）采用接触网的现代有轨电车，对交叉口范围内的接触网立柱进行保护，悬挂明显的限高标志，必要时设置限高门；

（4）现代有轨电车车站附近应指定横穿轨道的区域，并安装诱导标志，引导乘客使用。

第10章 机电系统

由于车辆特征、运营组织的差异，现代有轨电车机电系统有其自身的特点。本章主要对现代有轨电车的供电系统、通信系统、信号系统以及售检票系统四大系统进行了阐述，各个系统的介绍包含系统构成、子系统的关键方案选择、案例分析等内容。

10.1 供 电

现代有轨电车通过传统接触网或车载储能装置（蓄电池、超级电容等）提供电力驱动，供电系统通常由外部电源、电源开闭所、中压供电网络、牵引供电系统、低压配电与动力照明、杂散电流腐蚀防护系统、电力监控、过电压防护及综合接地系统组成。

现代有轨电车的牵引负荷小，可利用区域内 10kV 电源、单环网供电。由于外电源接入方式受当地电网条件限制，不同区域的供电方案存在较大差异，一般而言，现代有轨电车可按二级负荷来考虑外部电源接入方案。

现代有轨电车因车辆类型多，新能源技术发展快，供电系统应根据车辆的供电方式，如：超级电容、蓄电池、能量电池、氢能源等各种储能装置的特性进行供电设计。

10.1.1 供电方式

现代有轨电车的外部电源方案主要有集中式和分散式两种形式。

集中式供电方案，是指由专门设置的主变电所集中为牵引变电所及降压变电所供电的外部供电方式，每个主变电所有两路独立的进线电源，主要优点为：供电系统可靠性高、便于运营管理；主要缺点为：现代有轨电车主变电所变压器容量偏低，且在正常运行方式下，供电距离较短；主变电所占地面积大，工程投资高。

分散式供电方案，是指沿线分散引入城市中压电源直接为牵引变电所及降压变电所供电的外部供电方式，一般由城市电网引入 10kV 中压电源。主要优点为：工程投资经济，运营管理成本较低，工程实施方便；主要缺点为：城市电网电源引入点较多，独立性差，电源工程费用具有不确定性。

目前已建成的南京河西新城现代有轨电车 1 号线、淮安现代有轨电车一期工程、沈阳浑南新区现代有轨电车等均采用分散式供电方式；分散式供电和集中式供电各有优缺点和适用范围，应结合城市电源、线网规划、资源共享、工程造价、线路条件等因素综合评估后确定。

10.1.2 中压网络供电

现代有轨电车供电 10kV 中压网络供电可采用单环网或双环网供电方式。

单环网供电：变电所主接线采用单母线接线形式，有两路电源一主一备供电，主电源由城市电网提供或由相邻变电所提供，备用电源由相邻变电所提供。如图 10-1 所示。

双环网供电：变电所主接线采用单母线分段接线方式，由城市电网提供两回电源或相

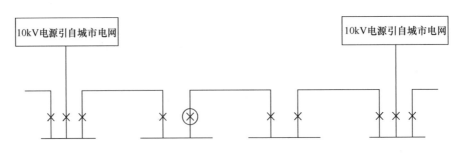

图 10-1　单环网供电系统图

邻变电所提供两回电源同时供电。如图 10-2 所示。

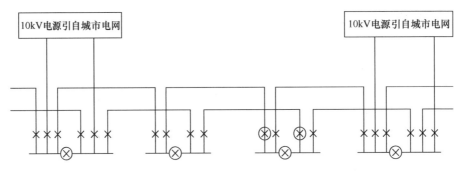

图 10-2　双环网供电系统图

　　单环网和双环网供电方式均能满足现代有轨电车二级负荷供电需求，双环网适用于供电可靠性要求较高的线路，单环网适用于可靠性一般和投资要求更省的线路。在具体项目设计中，应根据沿线的外部电源情况及负荷需求，并按供电安全性、可靠性、经济性的要求进行综合比较选择，具体对比详见表 10-1。

供电系统单环网、双环网对比表　　　　　　　　　　　　表 10-1

项目	单环网	双环网
外部电源费用	外部电源引入回路少，投资少	外电源引入点多，投资高
环网电缆造价	变电所之间环网电缆少	环网电缆约为单环网的二倍
变电所设备造价	变电所一次设备少	一次设备多
供电可靠性	满足供电要求	可靠性高
工程运用实例	苏州高新区现代有轨电车 2 号线、广州海珠现代有轨电车、沈阳浑南新区现代有轨电车	淮安现代有轨电车一期工程、南京河西新城现代有轨电车 1 号线

10.1.3　不同车辆类型的供电方案要点

　　目前现代有轨电车车辆供电类型可分为接触网供电和车载储能供电两种方式。其相应的供电方式及设备选型等做如下说明：

　　（1）接触网供电方式

全线接触网采用 DC750V 架空柔性接触网供电。柔性接触网悬挂适用于地面或高架，跨距不大于 40m，如图 10-3 所示。供电系统方案和接触网的布置形式可结合现代有轨电车的特点简化设计，变电所设备、低压配电设备的选型可与地铁变电所设备选型保持一致。

图 10-3　全线接触网供电实例图

（2）车载蓄电池供电方式

正线车站及车辆段设置 DC750V 架空充电接触网。车辆进站时升弓充电，充电电流一般为 500A，采用双回架空"Π"型刚性汇流排（图 10-4、图 10-5）或钢铝复合轨可满足充电要求。

蓄电池充电方式为恒压充电，接触网的电压为 DC750V，供电系统方案和接触网的形式可根据现代有轨电车的蓄电池储能量、行车组织等设计，变电所设备、接触网设备、低压配电设备的选型可与地铁变电所、接触网设备选型保持一致。

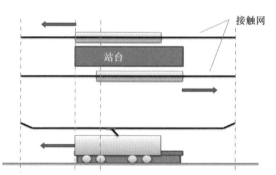

图 10-4　车载储能蓄电池供电示意图

图 10-5　车载储能蓄电池供电实例图

图 10-6　车载超级电容供电实例图

（3）车载超级电容供电方式

正线车站及车辆段设置 DC750V 架空充电接触网。车辆进站时升弓充电，充电电流一般为 1000～2000A，采用钢铝复合充电轨（图 10-6）可满足供电要求。

超级电容的充电方式为恒流限压充电方式，即电流逐渐上升至恒定电流，等到超级电容达到额定电压时，再进行恒压充电，因此需设置调压装置或者成套充电装置，以满足超级电容充电要求。成套充电装置系统如图 10-7 所示。

受车载储能介质的影响，需根据不同的车载储能介质有针对性的选择供电方式。成套充电装置的几种类型，如表 10-2 所示。

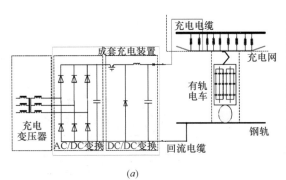

(a)

(b)

图 10-7　成套充电装置及实例图

（a）成套充电装置系统示意图；（b）成套充电装置实例图

成套充电装置类型　　　　　　　　　　　　　　表 10-2

项目	类型一	类型二	类型三
系统构成	12/24 脉波二极管整流＋Buck DC/DC 变换	APFC 整流＋LLC 串联谐振软开关 DC/DC 变换	IGBT PWM 整流＋Buck DC/DC 调压
变压器一次电压	AC 10kV	AC 10kV	AC 10kV
变压器二次整流绕组电压	1.18kV	0.4kV	0.52～0.6kV
变压器二次工作绕组电压	0.4kV	0.4kV	0.4kV
DC 调压范围	DC 0V～900V	DC 0V～900V	DC 0V～900V
DC 电流输出范围	0～2400A	0～2400A	0～2400A
输出控制方式	恒流控制	恒功/恒流控制	恒流控制
输入端功率因数	0.95	1	1
输入端电压畸变率		≤5%	≤3%
设备的绝对占地面积 m²/站	6.48	6.38	6.48
整体效率	＞0.931	≥0.99	＞0.9
技术成熟度	技术成熟，各个模块具有成熟的产品	技术基本成熟；单个模块和小功率产品，大容量机组的并联尚没有工程应用	技术成熟，各个模块具有成熟的产品

综上所述，不同车辆供电类型有各自的适应领域，详见表 10-3。

不同车辆供电类型适应性对比　　　　　　　　　表 10-3

类型	接触网	车载蓄电池	车载超级电容
接触网设备	柔性悬挂，设备选型可与传统地铁一致	刚性悬挂汇流排或钢铝复合轨等	钢铝复合轨
变电所设备	可与传统地铁选型一致	可与传统地铁选型一致	增加成套充电装置
对电网的影响	无	无	有一定的冲击

10.1.4　变电所形式

现代有轨电车沿线设置一定数量的变电所以满足全线牵引供电及机电设备用电。沿线变电所的建造模式通常包括土建变电所和箱式变电所两种模式。

（1）土建变电所

土建变电所内需设置立柱、横梁等，还需考虑人员进出变电所的通道、消防通道、设备运输通道等，土建变电所的房屋面积大多在 200m² 左右，苏州高新区现代有轨电车 1 号线、沈阳浑南新区现代有轨电车等项目均采用了土建变电所。

以苏州高新区现代有轨电车 1 号线为例，正线沿线共设置 10 座牵引降压变电所，采用土建变电所，设置于车站附近绿化带中，占地面积约为 24m×8m（长×宽），变电所内设置中压开关柜、整流机组、动力变、低压柜等牵引降压设备，变电所四周种植绿植进行遮挡。如图 10-8、图 10-9 所示。

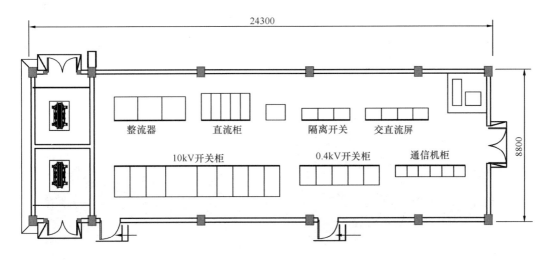

图 10-8　土建变电所布置图

图 10-9　土建变电所实物图

（2）箱式变电所

箱式变电所是将高压开关设备、变压器、直流开关设备、低压电器等设备按照最小空间的原则，集成在箱体内。箱式变电所实现了模块化设计、成套性强、体积小、结构紧凑、现场土建和安装工作量少、运行安全可靠、维护简单。目前南京河西新城现代有轨电车 1 号线、淮安现代有轨电车一期工程、广州海珠现代有轨电车项目中均采用了箱式变电所。

以南京河西新城现代有轨电车 1 号线为例，正线沿线共设置 4 座牵引降压变电所，均采用箱式变电所，设置于车站附近路侧绿化带中，占地面积约为 17m×3.5m（长×宽），箱式变电所内设置中压开关柜、整流机组、动力变、低压柜等牵引降压设备。箱式变电所外壳图案与周围环境相融合，并在箱体四周种植绿化进行遮挡，景观性较好。如图 10-10、图 10-11 所示。

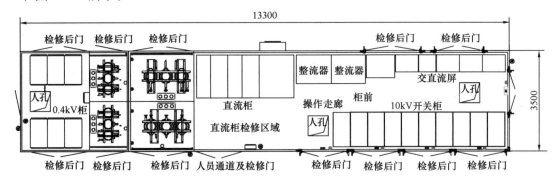

图 10-10　箱式变电所布置图

图 10-11　箱式变电所实物图

（3）两种模式变电所比较

土建变电所与箱式变电所的经济技术比较见表 10-4。

土建变电所与箱式变电所的经济技术比较　　　　　　　　　　　　表 10-4

类型	土建变电所	箱式变电所
设备房可靠性	可靠	可靠
与其他专业的配合工作量	较多	较少
设备投资	一般	略贵
设备运输	方便	需整体运输，条件复杂
设备安装	各单个设备现场安装	各单个设备工厂安装，箱体现场安装
设备调试	现场调试，较复杂	工厂调试，较简单
电缆数量及敷设	设电缆夹层，电缆数量较多	设电缆沟，电缆数量较少（部分电缆敷设在工厂完成）
占地面积（m²）	200	70
周围景观	差	好
设备国产化率	高	高
适用性	适用于道路两侧绿化带较宽	适用于用地资源紧张、景观要求高

箱式变电所和土建变电所都能满足现代有轨电车供电系统的要求，应根据变电所位置，结合线路沿线的用地资源进行选择，并应符合城市供电部门的要求。

10.1.5　牵引网

现代有轨电车牵引网型式可分为全线架空接触网、车站充电网两种类型。牵引网由充电网或架空接触网和回流网组成，充电网或架空接触网正极送电，走形轨作为负极回流。

接触网型式的选择应根据城市发展定位、沿线景观和受电方式等因素综合确定。

1. 接触网悬挂方式

（1）正线地面段接触网悬挂

正线地面段接触网为柔性补偿简单弹性悬挂形式，接触线悬挂点距轨面连线的高度一般为5800mm；特殊地段如下穿既有立交跨线桥、架空线等，接触线最低高度不宜低于4000mm；柔性悬挂的跨距应根据其悬挂类型、线路曲线半径、受电弓工作宽度、接触线的风偏值、接触线最大驰度等因素确定，直线区段跨距一般不大于45m。地面接触网立柱采用单立柱，如图10-12所示。

（2）车辆段接触网悬挂

车辆段出入段线及试车线为柔性补偿简单弹性悬挂形式，车场内多股道区段宜结合软横跨支持方式，车辆段库外、停车列检库、洗车库接触线悬挂点距轨面连线高度根据工艺专业的要求确定，一般为5800mm，如图10-13所示。

图 10-12　正线接触网悬挂图　　　　图 10-13　车辆段接触网悬挂

（3）交叉口处实施方案

设置接触网：与城市道路共享路权区域内尽量不设接触网支柱；特殊情况设置支柱时应采用机动车隔离带对支柱进行保护，在共享路权的交叉口，设置限高装置、安全警示牌，避免车辆碰撞；如图10-14所示。

无接触网：为了减少交叉口架空网对环境景观的影响，在交叉口可不设接触网而采用车载电源供电，车辆行驶通过无接触网区段时，通过自动感应装置自动升弓、降弓。车辆在有接触网区段运行时用接触网供电，同时给车载电源充电，如沈阳浑南新区现代有轨电车，路口处无接触网，如图10-15所示。

2. 充电网

充电网一般采用直流电压充电，对采用"车载储能供电＋车站充电"模式的现代有轨电车，通常在车站设置架空充电网，利用现代有轨电车车辆进出站、停站时间进行充电。

图 10-14　交叉口接触网布置图　　　　　　图 10-15　交叉口无接触网布置图

充电网载流总截面积应满足列车充电最大持续电流值的要求。以储能式蓄电池供电方案为例，为满足车辆运行及充电电流，要求正线车站充电网可采用钢铝复合轨（图 10-16）或刚性悬挂汇流排（图 10-17）。以超级电容供电方式为例，短时大电流快速充电，刚性悬挂汇流排无法满足其最大充电电流要求。

图 10-16　充电网实例图（钢铝复合轨）

图 10-17　充电网实例图（刚性汇流排）

10.1.6　杂散电流腐蚀防护

现代有轨电车牵引供电一般采用 DC750V，利用走行轨回流。由于轨道建成区对地无法做到完全绝缘，因此不可避免地会产生杂散电流。现代有轨电车通行的区域一般为城市核心区，杂散电流泄漏不仅对轨道自身，也会对附近的自来水管、油气管道、建筑结构等造成腐蚀，具有较大的危害性。杂散电流防护设计应按照"以防为主，以排为辅，防排结合，加强监测"的原则设计。隔离、控制所有可能的杂散电流泄漏途径，减少杂散电流进入有轨电车系统的主体结构、设备及沿线附近的相关设施；通过杂散电流的收集及排流系统，提供杂散电流返回牵引变电所的电气通路，以限制杂散电流继续向系统以外泄漏，减少杂散电流对金属管线及金属构件的腐蚀；设计完备的杂散电流监测系统，监视、测量杂散电流的大小，为运营维护提供依据。

防护设计主要涉及供电、轨道、桥梁、通信、信号等专业，具体措施如下：

（1）牵引供电

供电专业在牵引变电所分布设置时，在满足系统供电可靠性的前提下，宜适当缩小牵引变电所间距，同时牵引网应采用双边供电，从源头控制杂散电流的产生。

（2）轨道

① 作为牵引回流导体的钢轨应焊接成长钢轨，钢轨接头电阻应小于 5m 长的回流钢轨阻值，以减少回流阻抗。若采用短钢轨，用鱼尾板螺栓连接，则两根钢轨之间必须加焊 1 根截面为 150mm² 以上的绝缘铜电缆。

② 电化线路中的道岔与辙岔的连接部位应设置铜引连接线，其每根截面面积不应少于 150mm²，铜引线与钢轨间应可靠焊接，接头电阻不应超过 1m 长完整钢轨的电阻值。

③ 钢轨采用绝缘安装。在钢轨与混凝土轨枕之间、在紧固螺栓、道钉与混凝土轨枕之间及扣件与混凝土轨枕之间采取绝缘措施，加强钢轨对道床绝缘，以减少钢轨泄漏电流。钢轨与道床间过渡电阻应不小于 15Ω·km。更具体的试验要求是：钢轨的每个支撑处在干燥条件下的绝缘电阻值应达到 108Ω 以上。如图 10-18 所示。

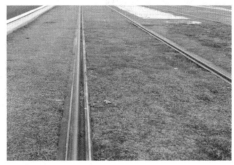

图 10-18　钢轨绝缘包封图

④ 道岔采用绝缘扣件，道岔转辙装置的控制电缆的金属外铠装与道岔本体之间应具有绝缘措施。

⑤ 钢轨绝缘分段的设置，正线与车辆段线路间应进行绝缘分段，车辆段库内与库外线路间应进行绝缘分段，每条钢轨的车挡装置与电化股道间应进行绝缘分段，所有的电化与非电化区段应进行绝缘分段。

⑥ 利用整体道床内结构钢筋可靠连接，形成道床杂散电流收集网，在轨道下部结构中敷设钢筋，并按一定要求焊接，收集网的结构钢筋总截面应不小于 1500mm²/行。在有牵引变电所的车站，整体道床或道床内收集网钢筋应引出排流端子，以备将来与牵引变电

所内的排流柜连接。

（3）桥梁

桥面结构钢筋与整体道床内被选作排流网的结构钢筋之间必须保持绝缘；梁体与桥墩之间宜采取绝缘措施，以阻断杂散电流向外界泄漏。

（4）通信、信号

通信专业应为杂散电流监测系统提供专门的数据传输通道。杂散电流专业须确认信号专业是否采用轨道电路，尤其是车辆段和停车场内。若信号专业不采用轨道电路，杂散电流专业须对钢轨进行一定连接，以确保回流通路的畅通。

在杂散电流监测系统方面，为了检测结构钢筋、整体道床钢筋电位，可以设置完备的杂散电流监测系统。通过变电所综合自动化系统将信息传送至位于车辆段内的微机管理系统，使运营人员可在办公室内直接查询各种统计信息。运营人员可根据以上结果，及时对相关区段进行清扫和相应的维护管理。

10.2 通　　信

通信系统是现代有轨电车运营指挥、服务乘客的网络平台，是现代有轨电车正常运转的"神经系统"，可为列车运行的快捷、安全、准点提供基本保障。现代有轨电车通信系统的部分设备如图10-19所示。

（a）　　　　　　　　　　　　　　　　　（b）

图10-19　现代有轨电车通信系统部分设备
（a）车站乘客信息系统；（b）车辆基地通信机房

10.2.1　通信系统的特点

现代有轨电车通信系统主要具有以下系统特征：

（1）技术先进性

为了使系统能够满足长期发展的需要，应采用先进且成熟的技术，坚持开放原则，采用国际标准。

（2）安全可靠性

基于通信系统的特点，传输的语音、数量、图像等具有高度的敏感性，因此系统需要具有严密的安全措施，对数据存储、传输等均应采取安全有效的技术手段。作为现代有轨电车"神经系统"的通信骨干网络，保持系统的高可靠性同样重要。

（3）低时延性

为了保障现代有轨电车的安全运行，需要降低应用信号传输的时延性，通信骨干网要求在最短的时间内将应用信号传送到目的地。

（4）接口丰富性

现代有轨电车系统中使用的设备数量较多，各系统与通信系统都有相关接口，因此通信系统应保证接口类型丰富且协议通用。

（5）结构简单性

现代有轨电车通信系统网络结构应尽可能简单，安装便捷。

（6）易扩容性

通信系统在现代有轨电车设计初期应考虑未来的扩容和延伸，通信系统应具有良好的扩容能力及系统升级能力。

10.2.2 系统构成

现代有轨电车通信系统一般由传输系统、无线通信系统、公务专用电话系统、闭路电视监控系统、广播系统、时钟系统、乘客信息显示系统、电源及接地系统等主要子系统组成，子系统构成如图10-20所示。

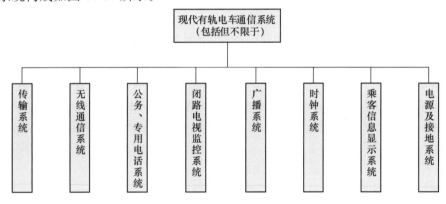

图10-20 通信子系统构成图

10.2.3 传输系统

传输系统是现代有轨电车工程通信系统中的主要子系统，为通信系统的各子系统以及变电所电力监控（SCADA）、售检票等专业提供可靠的、冗余的、灵活的及可重构的数据通道。该系统必须迅速、准确、可靠地传送现代有轨电车运营、管理所需的各种信息，这些信息包括语音、数据及图像信息等。中心传输设备如图10-21所示。

1. 系统功能

传输系统的主要功能包括：

（1）满足各子系统传输容量的要求，提供所需的业务接口；

（2）光传输系统从逻辑上提供保护通道，并利用区间中的两条光缆，从物理上构成自愈环，以确保传输系统的可靠性；

（3）可为通信网中的各节点提供点对点直通式、一点对多点共用式及总线式等信道形式。

2. 常用组网方案

现代有轨电车的通信传输网是一种可以传输语音、视频、文本等各种类型信息的综合

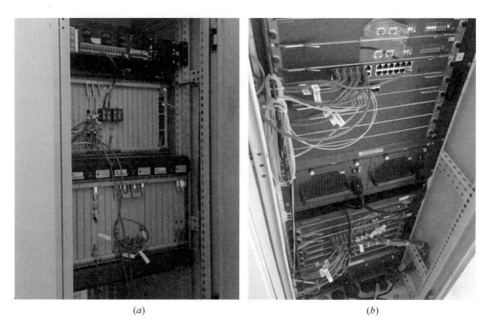

图 10-21　中心传输设备图

(a) 中心传输设备正面图；(b) 中心传输设备背面图

通信网，主要包括以下信息：专用电话，无线通信，广播系统，视频监控系统，电力监控，自动售检票，机电设备监控以及其他运营管理数据。因此，一般在设计过程中着重对传输网络进行方案比选，以确保整个通信系统安全可靠、成熟且经济合理。当前，国内外现代有轨电车的传输网络主要有 MSTP（多业务传输平台）、工业以太网和 OTN（开放式传输网）3 种技术，下面对其进行分析比较。

（1）MSTP 组网方式

MSTP 组网基于 SDH 技术（图 10-22），同时可以实现 TDM、ATM、以太网等业务的接入、处理和传送功能。针对 SDH 传输技术的不足，MSTP 增加了以太帧和 ATM 信源的承载能力和交换能力，实现同一平台网络节点和技术的融合。在 MSTP 传送技术中，

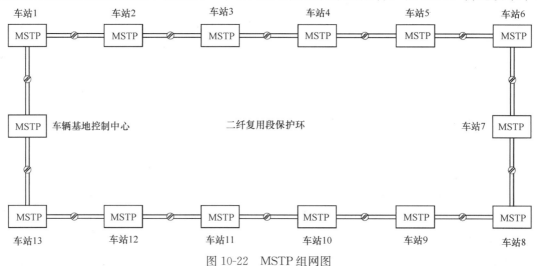

图 10-22　MSTP 组网图

POS 技术可为 IP 互连提供更可靠、更高效的通道连接；ATM 技术可实现基于 ATM 的 DSLAM 共享汇聚；PDH、SDH 接入功能可高效处理大量的 TDM 业务；高速以太网互联技术可实现各种数据设备之间的可靠连接。随着数据业务的开展，MSTP 技术在发挥传送功能方面继承了 SDH 稳定、可靠的特性，并融合了数据网灵活、多样的业务处理能力，已大量应用于专线、以太网接入、DDN 专线等业务的接入，在多业务传输方面发挥着越来越重要的作用。但由于 MSTP 本质上还是 TDM 技术，在数据传送能力方面不如纯 IP 网络。

（2）OTN 组网方式

OTN 是德国西门子公司专门为中小型、封闭式局域网而研发设计的专用通信网，OTN 技术基于 TDM 传输制式（图 10-23），采用时分复用的方式，属于同步传输体系，但是帧结构、速率与 SDH 不同，设备简单，网络可靠，可组成星形、环形等多种网络拓扑结构，在国内的一些地铁通信传输网中都有可靠的应用。但是 OTN 没有相关的国际标准支持，因此在互联操作性上无法得到保证，用户对产品的选择存在一定的局限性。

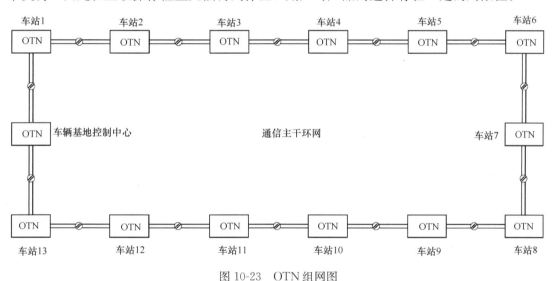

图 10-23　OTN 组网图

（3）工业以太网组网方式

以太网根据应用场合可分为商业以太网和工业以太网，一般应用于工业控制系统中的以太网技术称为工业以太网（图 10-24），其对介质的访问控制采用了载波监听多路访问/冲突检测协议即 CSMA/CD，CSMA/CD 的优势在于站点无需依靠中心控制就能进行数据发送，但是存在着响应时间不确定的弊端，这与现代有轨电车传输实时性的要求相背离。随着以太网带宽的增加和网络交换技术的发展和应用，可以大大缓解以太网介质访问机制固有的不确定性，从而为其应用于工业现场控制清除了主要障碍。

3. 各传输系统比较

MSTP 具有承载传统 TDM 业务和数据业务的综合能力，但承载数据业务的能力一般。OTN 在功能实现方面很适合现代有轨电车通信系统组网，但由于其技术的垄断性，系统扩展困难且价格较高，难以满足现代有轨电车通信网对国产化的要求。特别是在建设现代有轨电车首期工程时，通常要给后期其他线路留有接口，对传输网络的扩展性就有了

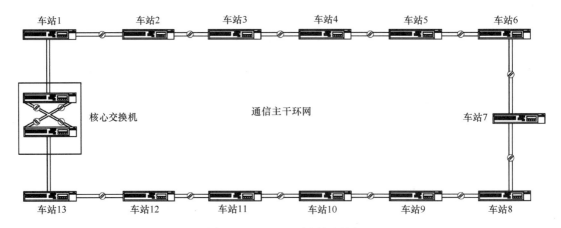

图 10-24　工业以太网组网图

更高的要求，因而 OTN 在现代有轨电车的传输网络中竞争力不足。工业以太网组网技术成熟，标准化、国产化程度高，成本低，易扩展，协议简单，网络结构简单，但是对网络流量控制及管理能力较差，传输实时性较弱。

传输系统方案比较

表 10-5

序号	比较内容	MSTP	OTN	以太网
1	传输媒介	单模光纤	单模光纤	单模光纤
2	系统保护能力	好	好	好
3	带宽利用率	一般	好	好
4	组网灵活性	好，扩容方便，与其他系统互联好	一般，扩容方便，与其他系统互联差	好，扩容方便
5	技术水平和应用领域	成熟技术，已在公网、专网中大量使用	成熟技术，专网中大量运用	新技术，还未开始大规模使用
6	支持的用户接口	一般	丰富	一般
7	技术发展前景	一般	一般	好
8	在有轨电车领域的应用	南京河西新城现代有轨电车、海珠线现代有轨电车	南京麒麟科技创新园现代有轨电车	淮安现代有轨电车、青岛现代有轨电车
9	运营维护管理	运维简单，备件便宜	运维简单，备件较贵	运维简单
10	国产化程度	国产化程度高	国产化程度低	一般
11	系统造价	低	高	较低

　　综合表 10-5 的比较数据，三种传输方式各有优劣，在国内目前开通或在建的现代有轨电车项目中均有应用，在选择传输方式时应根据项目实际情况因地制宜地进行选择，秉持高效实用、经济安全是现代有轨电车传输系统选择的标准。

　　目前已建成的南京河西新城现代有轨电车采用 MSTP 组网方式，沿线 13 个车站和 1 个控制中心构成自愈环网，组建整个河西新城现代有轨电车的通信骨干网。正在建设中的南京麒麟生态科技园现代有轨电车采用 OTN 组网方式，沿线 13 个车站和 1 个控制中心构成自愈环网，组建整个麒麟生态科技园现代有轨电车的通信骨干网。

10.2.4 无线通信系统

无线通信系统为保证行车安全、提高运营效率和管理水平、改善服务质量、应对突发事件提供了重要保障。无线通信系统为现代有轨电车的固定用户（控制中心、车辆段调度员等）与移动用户（列车司机、防灾和维修等移动人员)(图 10-25）之间的语音和数据信息交换提供了可靠的通信手段。

图 10-25　无线通信系统用户关系图

现代有轨电车线网无线通信系统建议按照统一规划、分期实施的原则，无线通信系统宜实现网络互联互通及资源共享。

1. 功能需求

现代有轨电车无线通信系统功能需求应满足：

（1）中心行车调度员与在线列车司机之间的通话。

（2）中心/场/车站值班员与列车司机之间的通话。

（3）中心维修值班员与移动维修作业人员之间，以及与移动维修作业人员之间的通话。

（4）公务电话用户与无线用户之间的通话。

（5）单呼、组呼、通播组呼叫和紧急呼叫等通话功能。

2. 常用数字集群技术及方案

现代有轨电车主要数字集群技术主要有 TETRA，WLAN，TD-LTE，McWill 等方式，常用无线通信系统可分为租用和自建两种，表 10-6 及表 10-7 分别从无线通信技术层面和方案选择方面进行比较。

现代有轨电车主要数字集群技术比较　　　　　　　　　　　　表 10-6

技术对比	TETRA	WLAN	TD-LTE	McWill
频段	800M	2.4G/5.8G	1.4G/1.8G	1.8G
频谱利用率	3bits/s/Hz	3bits/s/Hz	5bits/s/Hz	3bits/s/Hz
系统使用带宽	25kHz	22M	5M/10M/20M	5M
上行峰值	28.8kbps	10～30Mbps	50Mbps	5Mbps
移动性	<300km/h	<80km/h	<350km/h	120km/h
QoS	—	一般	9 级	3 级
产业链成熟度	较高	高	高	低
集群通信	支持	不支持	支持	支持

注：所列无线通信技术在国内外在建及已建成现代有轨电车中均有应用。

已建成的南京河西新城现代有轨电车 1 号线采用的是租用运营商 3G 无线网络的方式，已建成的淮安现代有轨电车采用的是租用政务网的无线网络构架方式。自建网中 TETRA 的使用频率也较高，随着无线技术发展，近年来越来越多的现代有轨电车也开始选择采用自建 LTE 的无线网络构架方式。现代有轨电车无线系统方案比选如表 10-7 所示。

方案	租用		自建		
	租用运营商	租用政务网	自建 LTE	McWill	TETRA＋WLAN
业务传输能力	较高	较高	高	高	较高
可靠性	较低	较低	较高	较高	较高
频率申请	不需要	不需要	需要	需要	需要
运营成本	较高	高	低	低	较低
维护	较复杂	复杂	较易	较易	复杂
建设成本	低	较低	较高	较高	高

3. 常用无线通信系统

（1）租用运营商 3G 无线通信系统（图 10-26）：3G 无线调度通信系统是利用现有的公网网络数据通道，将话音数据通过网络通道进行传输的一种新型集群通信技术，系统本身无需建设基站，但需每年向运营商付一定的费用，并且后期管理、维护、无线调度安全保障都依赖于运营商。

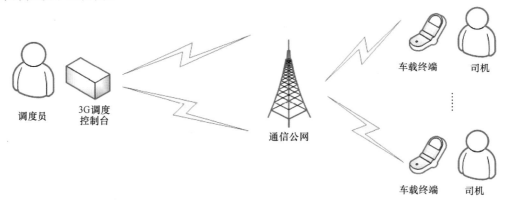

图 10-26　3G 无线通信系统构成图

（2）租用政务网构架无线通信系统（图 10-27）：无线政务专网采用的是 GoTa 4G 集群系统，拥有数据及语音传输速度快，覆盖范围广，无需申请专用频点等特点，系统本身

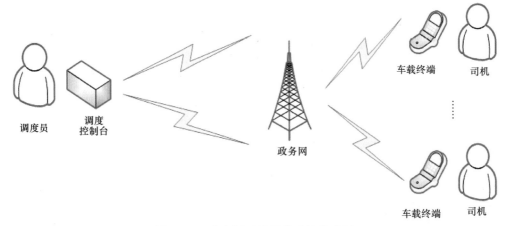

图 10-27　公务网无线通信系统构成图

无需建设基站，但需运营部门为相关管理部门（公司）每年支付一定的费用，并且后期管理、维护、无线调度安全保障都依赖于运营商。

（3）自建 TETRA 无线通信系统（图 10-28）：TETRA 专用无线网通信系统是用户申请无线频段后自建一套专用的无线网络，将话音数据通过自建网络通道进行传输的一种无线集群通信技术，此系统目前广泛应用于政府、铁路、地铁、航空、机场、水利等部门。

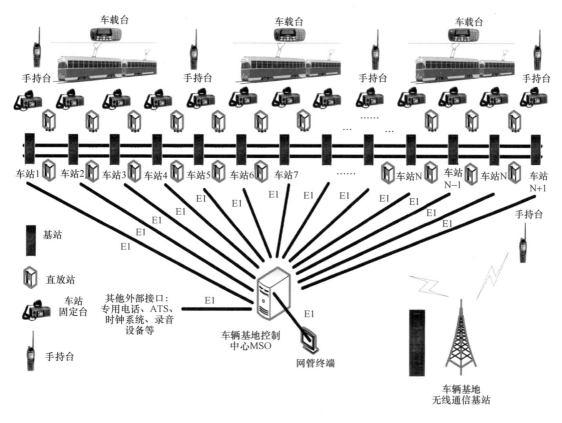

图 10-28　TETRA 系统构成图

（4）自建 LTE 无线通信系统（图 10-29）：LTE 是英文 Long Term Evolution 的缩写。LTE 也被通俗的称为 3.9G，具有 100Mbps 的数据下载能力，被视作从 3G 向 4G 演进的主流技术。LTE 的优点在于等待时间的减少、更高的用户数据速率、系统容量和覆盖区域的改善以及运营成本的降低。

10.2.5　公务专用电话系统

公务专用电话系统是现代有轨电车工作人员与内部及外部进行公务联络的工具，同时又是为控制中心各调度员、值班员以及运营管理工作人员等组织指挥行车和运营、管理、维护以及确保行车安全而设置的专用调度设备。公务专用电话系统构成如图 10-30 所示。

1. 功能需求

公务专用电话系统功能应满足以下要求：

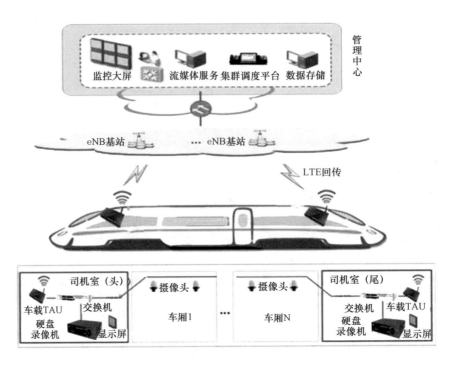

图 10-29　LTE 系统构成图

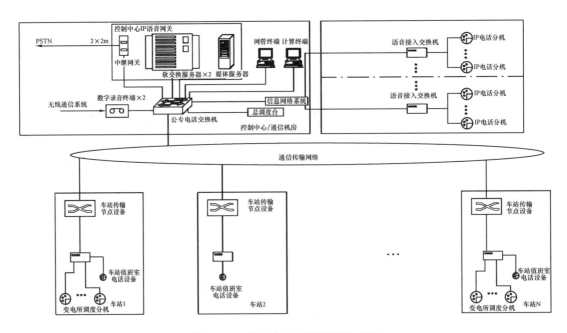

图 10-30　公务专用电话系统构成图

（1）用于现代有轨电车运营管理部门间进行公务通话及业务联系，为运营、管理、维修等部门的工作人员提供服务；与市话公用电话网连接，实现现代有轨电车用户与公网用户间的通信；

（2）支持控制中心调度员实时呼叫变电所和车辆段各行车、电力值班员。各调度台能单呼、组呼和全呼分机，在任何情况下均不会发生阻塞，从而保证控制中心行车调度员、电力调度员、环控（防灾）调度员与变电所、车辆段相关值班员和工作人员之间的直接通话；

（3）对各重要业务部门的通话实时录音记录，以便随时重放通话实况。

2. 常用公务专用电话技术

根据公务专用电话系统的功能需求，目前常用的电话交换技术主要有两种：电路交换技术和软交换技术。

（1）电路交换技术

电话交换技术先后经历了人工交换、步进制、纵横制交换、程控交换几个阶段。人工交换、步进制交换、纵横制交换属于模拟的空分交换技术，而程控交换技术也经过了模拟（空分）交换和数字（时分）交换的发展历程。

电路交换的基本特点是采用面向连接的方式，这种方式的优点是在通信过程中可以保证为用户提供足够的带宽，并且实时性强，时延小，交换设备成本较低。缺点是网络的带宽利用率不高，一旦电路被建立，不管通信双方是否处于通话状态，分配的电路都一直被占用。

（2）软交换技术

软交换技术是网络演进以及下一代分组网络的核心设备之一，系统独立于传输网络，主要完成呼叫控制、资源分配、协议处理、路由、认证、计费等功能，可以向用户提供现有电路交换机所能提供的所有业务，并向第三方提供可编程能力，是下一代网络（NGN）的核心技术。基本思路是将业务/控制与传送/接入分离，其核心是硬件软件化，通过软件的方式来实现电路交换机的控制、接续和业务处理等功能，各实体之间通过标准的协议进行连接和通信。两种交换系统比较如表10-8所示。

软交换系统与程控交换系统对比表　　　　　　　表10-8

对比项目	程控交换系统（电路交换）	软交换系统
技术特点	利用电子计算机技术，用预先编好的程序来控制电话的接续工作	基于分组网络的交换技术，呼叫控制功能与媒体处理功能相分离，并能通过纯软件实现
可靠性	产品成熟，可靠性高	产品较为成熟，可靠性高
适用范围	适合集中型的模式	适合集中或分散模式，组网方式灵活
组网特点	组网模式相对固定	组网灵活，可按需配置功能模块，工程实施方便，设备体积小，耗电量小
与支撑网络的接口	利用传输系统E1接口	利用传输系统以太网接口
性价比	中等	较高

传统的程控交换系统产品成熟，技术可靠性高，但组网模式相对固定；而软交换系统具有成本低、扩展性好、业务提供能力强等优点，可满足公务电话用户对系统扩展性、维护管理、业务提供等方面的需求。软交换技术作为新一代的电话交换技术，符合通信技术的发展趋势，在现代有轨电车通信系统中已有越来越多的应用。公务专用电话管理终端如

图 10-31　公务专用电话管理终端

图 10-31 所示。

目前已建成的南京河西新城现代有轨电车及建设中的麒麟科技创新园现代有轨电车都是采用软交换技术来构建公专电话系统网络。

10.2.6　闭路电视监视系统

闭路电视监视系统是现代有轨电车维护和保证运营安全的重要子系统，它能够将车站的客流情况、安全信息以图像的形式提供给调度员，为调度员、列车司机等提供有关列车运行、防灾救灾、乘客疏导以及社会治安等方面的视觉信息，是提高现代有轨电车运营能力、保障客运安全的强有力工具。现代有轨电车闭路电视监视系统如图 10-32 所示。

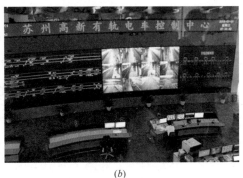

(a)　　　　　　　　　　　　　　　　(b)

图 10-32　现代有轨电车闭路监视系统

(a) 沈阳浑南现代有轨电车闭路电视监视系统；(b) 苏州高新区现代有轨电车 1 号线闭路电视监视系统

1. 功能需求

闭路电视监视系统功能应满足以下要求：

(1) 中心行车调度员、防灾调度员、电力调度员利用监控终端和显示大屏，监视全线各车站、变电所的情况；

(2) 控制中心设置数字录像存储设备，对正线、变电所所有摄像机的图像信号进行实时不间断录像，录像保留时间不少于 30 天；

(3) 控制中心各调度员可根据时间、地点等信息，调看各站任何一路摄像机的图像信号，并可进行刻录保存；

(4) 控制中心的各调度员能够远程控制摄像机的云台和镜头焦距，用以调整摄像机的视场大小，并可设定优先级。

2. 常用视频监视技术比较

目前，适用于现代有轨电车的视频监控技术有模拟摄像机全数字编码和全数字高清两种方案。视频监视技术比较如表 10-9 所示。

序号	比较项目	模拟摄像机全数字编码	全数字高清方案
1	建设投资	较高	高
2	技术先进性	较先进，易实现视频的相关应用功能	先进
3	系统组成	简单	简单
4	图像编解码	需要	需要
5	灵活性、扩展性	好	好
6	图像质量	清晰	最清晰
7	在轨道交通中的应用	多	少，已进入新线建设
8	是否符合未来发展方向	逐步淘汰	主流方案

随着现代有轨电车行业的发展，对视频监视的要求不断提高，高清设备的价格也逐年降低，目前现代有轨电车常用的视频监视技术为全数字高清方式，全数字高清闭路电视监控系统结构如图 10-33 所示。

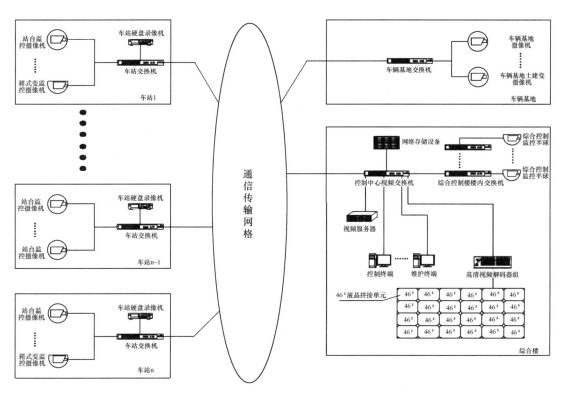

图 10-33 全数字高清闭路电视监控系统

10.2.7 广播系统

广播系统是通信系统中的一个专用子系统，在现代有轨电车行车组织、客运服务、防灾救险、设备维护等方面具有十分重要的作用。

广播系统由中心广播设备和分区广播设备组成。行车和防灾广播可合并设置，但必须符合国家防灾相关规范要求。控制中心广播控制台建议可对全线选站、选路广播。广播系统终端如图 10-34 所示。

(a)　　　　　　　　　　　　　　　　　　(b)

图 10-34　广播系统终端图

(a) 广播系统管理终端图；(b) 车站广播终端

1. 功能需求

广播系统功能应满足以下要求：

(1) 统一广播：广播管理中心可对现代有轨电车路线内所有广播点进行统一广播；

(2) 分组广播：广播管理中心可将现代有轨电车路线内广播点进行随意组合，定时分组或单点播放广播节目；

(3) 应急广播：遇到紧急情况，广播管理中心和各广播点能够进行紧急广播，通知其他或全部广播点；

(4) 背景音乐广播：广播管理中心可定时播放背景音乐，减轻现代有轨电车路线内驾乘人员旅途中产生的疲劳感，同时也可以调节现代有轨电车路线内工作人员的工作心情；

(5) 自动广播：可设置定时播放列表，音频自动定时播出，播放车辆进出站信息等。

2. 常用广播系统技术

广播系统常用技术主要有三种：传统模拟广播系统、数模结合的广播系统以及全数字广播系统，表 10-10 针对三种常用技术进行了比较。

传统的模拟广播系统技术成熟，但是灵活性和可靠性受到限制；数模结合的广播系统采用 DSP 微处理技术，使控制更灵活，结构更简单，采用的数字功放体积小，效率高，接口简单。

全数字广播系统采用了功率分散处理技术，使得从机房出去的只有控制和数字音频信号，可在一条两芯总线上传输，而不再像传统广播系统那样使用广播电缆传输从机房到扬声器的功率信号；但全数字广播系统投资比其他两种方案高，该技术更适合于需要进行定点广播的场所。

常用广播系统技术比较　　　　　　　　　　　　　　　　　表 10-10

比较项目	传统的模拟广播系统	数模结合的广播系统	全数字广播系统
语音处理方式	全模拟	输入、输出放大均为模拟信号	全数字（除扬声器）
数据传输方式	语音和数据分路传输，广播语音信道一般为总线式 15kHz，控制信道一般为 RS422/485 等低速数据信道	语音和控制信号采用 IP 传输	语音和控制信号采用 IP 传输

比较项目	传统的模拟广播系统	数模结合的广播系统	全数字广播系统
功率配置方式	集中设置于机房内	集中设置于机房内	功率分散到现场
机房到扬声器电缆	广播电缆	广播电缆	广播电缆
广播功能	支持组播、分区广播、平行广播	支持组播、分区广播、平行广播	支持组播、分区广播、平行广播
技术先进性	传统	先进	先进
可扩展性	一般	好	好
在轨道交通中的运用	较多	多	较少
投资	低	低	高

目前现代有轨电车上应用较多的还是数模结合的广播系统技术，其系统结构如图 10-35 所示，已建成的河西现代有轨电车及在建的麒麟科技创新园现代有轨电车均采用了数模结合的广播系统。

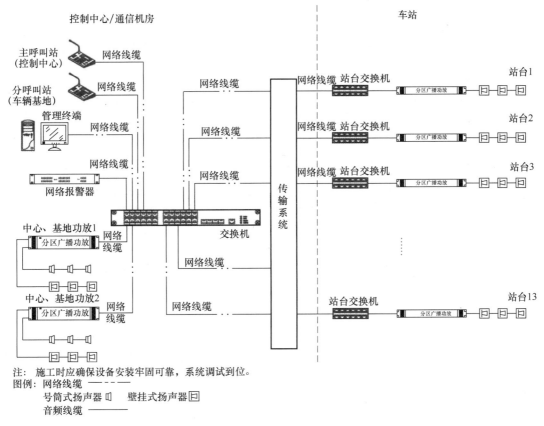

图 10-35　数模结合式广播系统结构图

10.2.8　时钟系统

时钟系统的主要作用是为控制中心调度员、车辆段、停车场、车站等各部门工作人员及乘客提供统一的标准时间信息，同时还为现代有轨电车其他系统的中心设备提供统一的时间信号，使各系统的设备与本系统同步，从而实现全线统一的时间标准。时钟系统的设置，对保证现代有轨电车运行计时准确、提高运营效率起到了非常重要的作用。

系统一般构成

时钟系统一般构成包括：一级母钟、二级母钟、子钟及网络管理设备。时钟系统构成如图 10-36 所示。

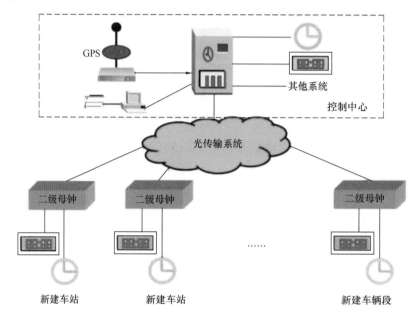

图 10-36　时钟系统构成图

（1）一级母钟：在控制中心设置一级母钟，可接收外部标准时钟信号来校准，以免产生累计误差。一级母钟可同时产生精确的同步时间码，有传统的时间接口或 NTP 接口，产生时间编码信号提供给本地的子钟或其他专业。一级母钟带有年月日及时分秒显示，并负责向其他各系统提供定时信号，一级母钟自走时精度为 10^{-7}。

（2）二级母钟：在车辆段、停车场设置二级母钟，可接收外部标准时钟信号来校准，以免产生累计误差。二级母钟校对一级母钟发出的定时信号，在无法接收一级母钟发送的 GPS 时间信息时，仍能正常驱动子钟工作为其他系统提供标准时间信息。二级母钟带有年月日及时分秒显示，并负责向其他各系统提供定时信号。

（3）子钟：设置于与行车直接有关处所的子钟接收一级母钟发出的时间驱动脉冲信号，进行时间信息显示，子钟脱离一级母钟仍能够保持一定的时间精度独立运行。子钟型号尽量统一，避免因备用子钟型号繁杂增加运维成本。

（4）网络管理：在控制中心设置时钟系统的网管设备，可对母钟甚至子钟（可选）进行故障管理、性能管理、配置管理、安全管理。当系统出现故障时能发出声光报警，并能对故障进行定位、记录及打印等。

10.2.9　乘客信息系统（PIS 系统）

乘客信息系统（PIS 系统）（图 10-37）是一个计算机网络和多媒体技术的综合信息服务系统。乘客信息服务设备为在站台上候车的乘客提供上、下行的候车服务信息，包括静态的现代有轨电车线路信息、动态的车辆运行状态信息、其他一些标志标识信息和换乘信息等，发布的信息包括运营信息、公共信息、公益信息等。其中，运营信息包括首末班车时间、动态显示最近到达车辆距离和所在位置、预计到达当前站的时间，以及动态显示道路阻塞等异常信息、车辆停车信息、交通换乘信息等；公共信息包括日期与时间、票价、气象预报、文字新闻等。

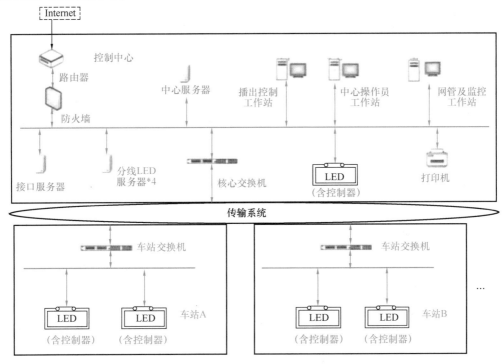

图 10-37　乘客信息系统（PIS 系统）组网构成图

1. 功能需求

乘客信息系统（PIS 系统）功能应满足以下要求：

（1）显示列车服务信息

车站播出控制器从中心接收列车服务信息，再控制指定的信息显示屏显示相应列车服务信息，如下班车的到站时间、列车时间表、列车阻塞、列车异常、特别是列车服务安排等信息。

（2）时钟显示的功能

乘客信息系统（PIS 系统）可以读取时钟系统的时钟基准，并同步整个乘客信息系统（PIS 系统）所有设备的时钟，确保终端显示屏幕显示时钟的准确性。屏幕可以在播出各类信息的同时提供时间和日期显示服务。时钟的显示可以为数字方式，也可以为模拟指针方式。

（3）实时信息的显示功能

通过中心操作员工作站，操作员可以即时编辑指定的提示信息，并发布至指定的终端显示屏，提示乘客注意。

操作员可以设定实时信息是否以特别信息形式或者紧急信息形式发放显示，发放高优先的信息可以即时打断原来正在播放的信息内容，即时显示。

2. 常用系统方案

目前现代有轨电车常用方案是采用三级设置的方式来构建乘客信息系统（PIS系统）。

（1）中心：采用控制中心集中数据发布方案，从而实现乘客信息系统（PIS系统）的集中控制和维护管理。

（2）网络：乘客信息系统（PIS系统）采用控制中心和车站两级组网方式。控制中心与车站之间信息传输利用通信传输网络提供的以太网通道。

（3）车站：设置播出控制器、显示屏等设备。

现代有轨电车系统中可以根据实际情况对乘客信息系统（PIS系统）进行设置，在有条件的区域可以考虑采用流媒体的播放形式，可以作为广告投放平台，为现代有轨电车增加运营收益。

10.2.10　电源及接地系统

通信电源系统是保障整个通信网络正常运行的关键，一旦某节点通信电源发生故障，必将造成该点通信系统的中断，从而影响行车。因此，通信电源系统不但要求外供交流电源的可靠性，而且要求通信电源供给系统也必须非常稳定可靠。当外供交流电源停电时，能够自动启动通信电源蓄电池，为通信系统提供不间断电源（UPS）。通信电源系统构成如图10-38所示。

接地系统应确保人身和通信设备的安全，并保证通信设备的正常工作。通信电源系统控制中心设备如图10-39所示。电源及接地系统功能应满足以下要求：

（1）对通信系统设备提供不间断、无瞬变地供电；

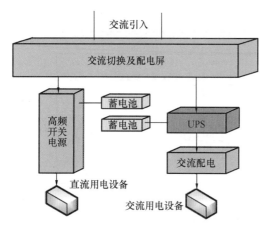

图10-38　通信电源系统构成图

（2）对通信系统设备及通信电源系统设备提供接地、防雷保障；

（3）对通信电源系统设备提供集中监控、维护管理；

图10-39　通信电源系统控制中心设备

（4）现代有轨电车车站、控制中心与车辆基地宜采用综合接地方式，车辆基地也可采用分设接地方式；

（5）室外综合接地体电阻值不应大于1Ω。

10.3 信 号

信号系统是指挥现代有轨电车行车、保证列车运行安全、提高运输效率、传递交通信息的重要设施。现代有轨电车的信号系统是实现迅速、及时、准确的行车调度指挥和运营管理现代化、提高运输效率及服务质量的重要系统。

10.3.1 概述

现代有轨电车因线路不封闭、车站构造简单、周边景观要求高，且为人工驾驶，更多的趋向于公交化的运营模式，所以在保证运营安全的前提下，现代有轨电车信号系统与地铁信号系统在系统架构、功能配置上有着显著的区别，主要体现在以下几点：

（1）控制及管理对象的运行模式差异显著。以列车行驶路权为例，地铁列车具有"独享"的专用路权，而现代有轨电车行车则采用是"非专用路权"或"混合路权"方式；

（2）现代有轨电车以人工驾驶为安全保证；

（3）正线设备分布式就地控制；

（4）现代有轨电车信号与地面交通信号相结合。

上述差别和特点，决定了现代有轨电车不能直接采用城市快速轨道交通信号设计标准，也不宜直接采用与地铁信号系统对应的安全完整性认证标准。现代有轨电车信号系统应遵循如下主要原则：

（1）信号系统设备须以安全、成熟、可靠、技术先进和经济合理为基本宗旨，凡涉及行车安全的设备必须满足故障-安全原则；

（2）现代有轨电车在区间运行采用司机目视人工驾驶模式，行车安全由司机保证；

（3）基于现代有轨电车线路及运营方式的特点，正线部分一般仅对道岔区域进行联锁控制。主要行车指挥设备的计算机系统应采用冗余结构；

（4）正线除道岔区段设防护信号机外，在部分路口设置现代有轨电车专用信号机，由司机目视瞭望并依据现代有轨电车专用信号机显示控制行车；

（5）车辆段设出入段信号机和调车信号机，以地面信号机作为行车信号。

10.3.2 系统构成

为便于车辆专线运行、提高运行效率、减轻司机劳动强度，正线道岔区段应设置由司机通过车载设备遥控道岔转换的道岔自动控制系统。为保证运行效率，现代有轨电车应采用适合的交叉口信号优先控制系统，保证车辆在非繁忙道路交叉口顺利通行。在车辆段应设置信号联锁系统，并配备信号微机监测设备，保证段内调车作业及出入段作业的安全。

现代有轨电车信号系统应具有很高的安全性，其设备应严格遵守 EN50126、EN50128、EN50129、EN50159 等规范和标准，对其中涉及行车安全的设备必须满足故障-安全原则，且安全完整性等级 SIL 应达到 4 级或由相关国家权威部门出具等级相当的认证报告，以证明其符合或兼容安全完整性等级 SIL4 级的要求，整个信号系统安全失效率指标应满足 $10^{-8}/h \sim 10^{-9}/h$（h 为行车小时）。各子系统应符合表 10-11 中的要求：

子系统	安全完整性等级
正线道岔控制子系统	SIL3 级
平交路口信号控制子系统	SIL2 级
车辆段计算机联锁子系统	SIL4 级
列车检测装置（计轴）	SIL4 级

信号系统主要包含：运营调度管理子系统、正线道岔控制子系统、平面交叉口信号优先控制子系统、车辆段联锁子系统等。现代有轨电车信号系统构成如图 10-40 所示。

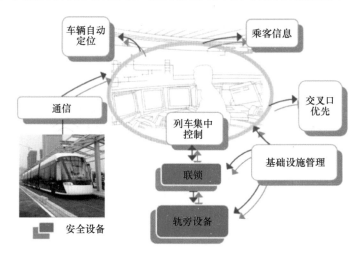

图 10-40　现代有轨电车信号系统

10.3.3　运营调度管理系统

现代有轨电车运营调度管理系统是对现代有轨电车运行进行管理、指挥、控制和监控的综合型管理与控制一体化系统，对现代有轨电车进行智能化、综合化和集成化管理，保证行车的管理水平和运行安全。

1. 系统功能

运营调度系统的主要功能是编制、管理行车计划，实现对全线列车的自动监视，其主要功能如下：

（1）列车自动识别、监视、车次号显示，如图 10-41 所示；

（2）时刻表编制及管理；

（3）列车运行计划下发至道岔控制存储设备，日常道岔控制不需要中心下发控制命令；

（4）运行统计及报表生成处理，各种操作信息的记录及回放；

（5）列车运用计划及车辆管理；

（6）系统故障时故障复原处理；

（7）向乘客信息系统提供信息；

（8）与其他系统交换信息；

（9）操作员身份识别及记录管理功能，防止非法登录操作功能；

图 10-41　对全线列车运营和设备状态的监视图

（10）编制管理行车计划、统计运营数据等方面计算机辅助管理和优化。

2. 系统分析

运营调度管理系统设备主要由中央控制室设备、中心机房设备和车载设备等组成。

中央控制室（调度大厅）设备主要包括综合显示屏（通信系统提供）、交换机、调度员工作站、时刻表编辑工作站、运营调度终端、维修工作站、打印机等。

机房设备包含应用服务器、数据库服务器、通信前置机、以太网交换机等，为保证系统的可靠性和稳定性，上述主要硬件设备均为主/副双套热备方式，可自动切换或人工切换。

车载设备由调度主机、显示单元、GPS/BD 天线、正线无线通信接收设备等组成。运营调度管理系统构成如图 10-42 所示。

3. 常用系统方案

为实现控制中心对在线列车的自动监视及运营管理，需要将全线在线列车位置、列车状态等信息实时传送至控制中心，因此需要确定列车与地面的信息传输方式及车辆自动定位方式。

（1）列车与地面的信息传输方式

目前国内常用且比较可行的列车与地面的信息传输方式有基于无线局域网的信息传输方式、通信系统无线网络方式和租用公网方式。

无线局域网方式需要建立专用无线传输网络，使用的无线频率在 2.4GHz 频段或 5.8GHz 两个频段，特别是在 2.4GHz 频段为公共频段，敞开的地面线路容易与其他采用该频率的系统产生同频干扰问题，5.8GHz 频段需要向当地无委会提出申请有偿使用。通信系统无线网络方式利用 TETRA 系统的数据业务承载功能传输数据，主要设备由通信系统设置，无线网络可覆盖全线，但是需要对通信系统设备和软件进行二次开发。租用公

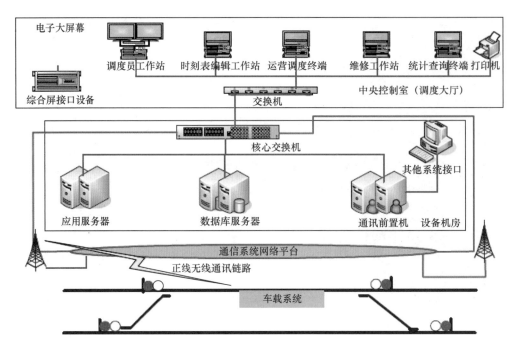

图 10-42 运营调度管理系统构成图

网方式主要是 3G/4G 无线通信技术，由运营商建设和维护，只需要支付相关费用。

日前国内已实施的广州海珠现代有轨电车采用的是无线局域网技术，车地无线传输方式采用无线天线，使用的无线频率为公共频段——2.4GHz 频段，这对防止同频干扰问题要求极高。淮安现代有轨电车一期工程采用的是租用政府专网的形式，这对区域内的政府专网建设有一定的要求。综合考虑现代有轨电车不同于地铁的特点，申请现代有轨电车专用频段实施难度较大，采用通信系统无线网络方式涉及软件二次开发且沿线架设的无线基站（铁塔）影响周围景观等不确定因素，从经济合理性角度出发，为保证系统功能的实现，现代有轨电车列车与地面的信息传输采用公网方式是最为常用、成熟可行的方案。见图 10-43、图 10-44。

图 10-43 无线天线图

图 10-44 通信基站

（2）列车定位方式

为实现控制中心对车辆的自动监视功能，应对全线列车进行实时定位。列车自动定位

216

方式可采用 GPS/BD 卫星定位或车载定位设备（编码里程计）＋信标定位。

GPS/BD 方式仅在车辆安装天线，与其他专业接口少，不足在于无法实现精确定位，且受天气变化影响较大。车载定位设备＋信标定位方式需要在列车上增设编码里程计，与列车增加了相应接口，可提高现代有轨电车定位信息精确度，但该方式造价相对较高。

结合目前国内现代有轨电车系统以采用 GPS 为主的定位方式，综合考虑实际运营中卫星定位的误差、盲区以及存在无效定位信号的问题，在车辆自动定位时须增加一定的辅助设备，采用组合定位的方式，充分发挥各自的优势，进行优势互补，使现代有轨电车的列车定位方式安全、实用、经济。现代有轨电车列车自动定位可采用 GPS/BD 卫星定位，并在道岔区段、交叉口等重要区域增加其他辅助手段（如交叉口预埋感应线圈，一般设在临近交叉路口 100m 的现代有轨电车线路范围内）来提高车辆定位精度。

10.3.4 正线道岔控制系统

正线道岔控制系统由动作系统、通信系统、道岔冗余检测系统及运行控制系统组成。其中运行控制系统是其他系统之间联系的纽带，实现对道岔动作运行指挥控制及安全防护功能。

1. 系统功能

现代有轨电车正线道岔控制子系统应具备的主要功能如下：

（1）正线道岔控制系统对于安全性虽不苛刻，但要求其具备很高的可靠性；

（2）司机可在列车上遥控道岔；

（3）可自动识别列车 ID 号，自动判断交路从而操作道岔；

（4）与运营调度管理系统进行通信，从中心接受交路运行表，并将道岔、进路表示器状态实时上传至中心；

（5）需保证正在通过道岔的列车具有唯一的道岔控制权；

（6）走向相同的列车，多列车可按序通过道岔区。

2. 系统分析

传统地铁和轻轨正线信号系统具备联锁、闭塞方式防护及超速防护等几项核心功能。现代有轨电车与传统地铁或轻轨相比，具有与地面其他交通方式交叉、运输能力较小、正线站间距短、运行速度较低、运行间隔较大、制动距离短等特点，一般采用类似于公交的人工驾驶列车模式和灵活的运营组织方式。有轨电车正线运营需求如下：

第一，无安全间隔控制需求，不适合 ATP/ATO（列车自动防护系统/列车自动运行系统）。现代有轨电车线路不完全封闭，在道路交叉口需要与社会车辆共享路权，易受地面交通状况的影响，因此传统的 ATP 不适合现代有轨电车需求。

第二，无超速防护需求。现代有轨电车的运行由于受地面交通状况的影响，运行速度低、制动距离短、运营组织灵活。因此，可采用与公交类似的驾驶方式，由司机在目视范围内人工驾驶车辆，根据列车速度，判断并保持与前车的距离，并能将列车在人可反应和控制时间内制动。

第三，需保证列车通过道岔时的安全。现代有轨电车在其专用线路独立运营，但在岔路线分叉处设有道岔，当现代有轨电车接近时需对道岔进行可靠控制，给出相应的信号指示，确保列车在通过道岔后，道岔才准许解锁。正线道岔控制系统如图 10-45 所示。

3. 常用系统方案

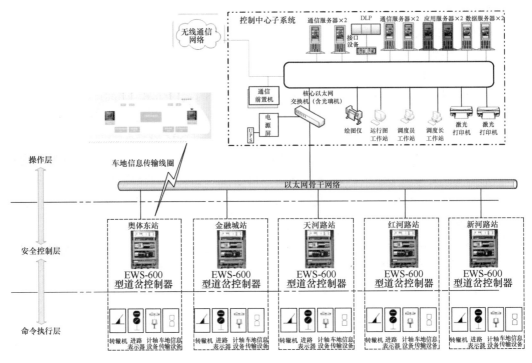

图 10-45　正线道岔控制系统

通过动作系统、通信系统、道岔冗余检验系统及运行控制系统，将全线在线列车位置、列车状态等信息实时传送至控制中心，实现对列车的自动监视和运营管理。

（1）道岔控制模式

现代有轨电车在区间运行，主要采用司机目视人工驾驶，速度较慢。结合其区间专有路权，交叉口共享路权的特点，从实际应用角度分析，占据主导地位的正线道岔控制方式为车载遥控的方式，且具备自动进路控制的条件。现代有轨电车正线道岔控制如图 10-46 所示。

正线道岔控制系统一般采用车载遥控道岔模式。车载遥控道岔模式由司机驾驶车辆进

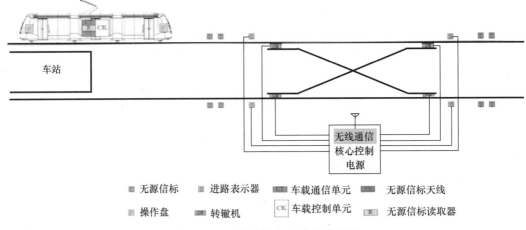

图 10-46　现代有轨电车道岔控制图

入道岔控制区域后自动取得控制权，由车载控制系统自动或人工控制道岔转动至需要的位置，道岔自动锁闭、信号开放，车辆驶出道岔控制区域后，自动失去控制权以保证不会因司机误操作造成道岔再次转动。车辆取得控制权至车辆完全离开道岔区段期间，系统不授予其他车辆控制权，以保证运行安全；车载遥控控制模式在大连、天津、南京、淮安等城市的现代有轨电车工程中均有应用。现代有轨电车区间正线道岔如图 10-47 所示。

图 10-47　现代有轨电车区间正线道岔示例图

（2）道岔占用检测方式

常用于检测轨道区段列车占用的设备有轨道电路和计轴设备。

计轴设备检测列车通过线路上某一点（计轴点）的车轴数，即检测区段内进/出的车轮数量来检查两个计轴点之间的占用/出清情况，从而为相应转辙机的锁闭提供物理决策依据，计轴结构如图 10-48 所示。

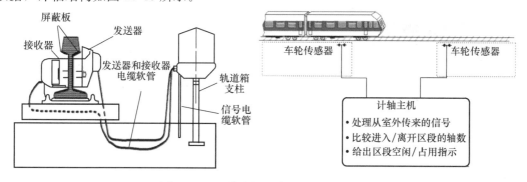

图 10-48　现代有轨电车正线计轴结构图

轨道电路是以一段轨道为导体构成电路，当有车辆通过时，车辆金属的车轮轴就会短路原先构成的电路，导致相应的继电器落下，从而自动、连续检测这段线路是否被机车车辆占用，并且可以用于控制信号装置或转辙装置，以保证行车安全的设备。轨道电路原理如图 10-49 所示。

轨道电路由于轨旁设备较多，不便于安装在路边，与环境景观不相协调，且两条钢轨容易受到外界金属物质的短路干扰，影响行车安全；而计轴设备安装方便，轨旁设备少，不会影响线路两侧景观、不容易受到外界干扰、维护维修方便。

目前在建或已建成的现代有轨电车系统中越来越多地采用计轴设备作为道岔区段列车占用检测设备。计轴系统和轨道电路对比如表 10-12 所示。

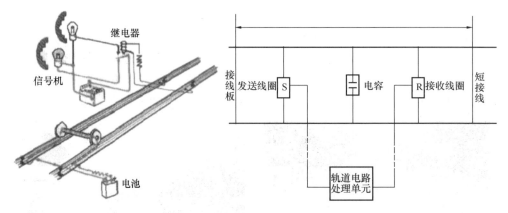

图 10-49　现代有轨电车正线轨道电路

计轴与轨道电路对比表

表 10-12

	有轨电车专用轨道电路	有轨电车专用计轴设备
具体型式	以钢轨为导体构成电路，通过自动、连续检测这段线路是否被短路从而被机动车车辆占用	利用安装在钢轨的闭环传感器监督列车车轮对经过数来判定划定区间是否被车辆占用
优点	抗干扰性能好、设备简单、维修方便	设备安装方便，对景观影响较小，不受道床电阻、分路电阻、轨道区段长度以及电气化区段牵引回流等因素干扰，并且与钢轨表面清洁度和线路条件无关，不需要绝缘节
缺点	轨旁设备较多，对环境要求较高，且两条钢轨容易受到外界金属物质的短路干扰，对钢轨绝缘要求较高	由于其他铁器如铁等在磁头上的动作可能造成错误计轴，投资较轨道电路大，无法检测钢轨断轨

10.3.5　交叉口信号控制系统

现代有轨电车是一种新型的快速地面公交系统，区间运行时通常采用专用的路权，但在交叉口处与社会车辆会共享路权，因此现代有轨电车在通过平面交叉口时需要与社会车辆按照交叉口信号控制方式通行。

1. 系统功能

现代有轨电车在城市道路交叉口与社会车辆共享路权，为保证列车安全、有序通过交叉口，需建立交叉口信号控制子系统，其主要功能如下：

（1）控制调度中心实时监控有轨电车车辆的运行状况；

（2）对现代有轨电车车辆进行倾斜性的信号分配，提高车辆在交叉口的通行效率，确保其优先通行权；

（3）保证现代有轨电车与社会车辆有序运行，保障线路运营的安全和通畅。

2. 系统分析

交叉口信号系统与正线调度系统共用车载设备，信号优先轨旁设备由路口检测设备（通信环路 LOOP 等）、现代有轨电车专用信号机、平交路口控制单元等组成。

交叉口信号控制系统提供平面交叉口信号控制单元、信号灯、检测设备，社会交通信号灯控制系统由当地交警部门提供。

平面交叉口信号灯的典型布置如图 10-50 所示。图中所示为现代有轨电车轨道位于路侧，直线运行的情况，其他情况下的设备布置类似，主要区别是各种类型信号灯要根据实际道路状态调整不同相位。

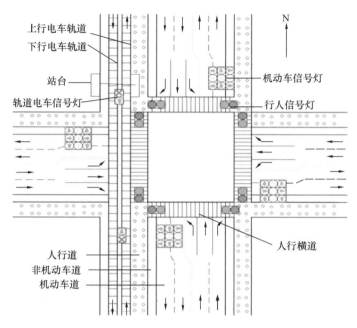

图 10-50　平面交叉口信号灯的典型布置图

3. 常用系统方案

目前交叉口信号的控制有定时信号控制和感应信号控制两种方式。

定时信号控制方式是在交叉口信号固定配时的基础上，在每个信号周期内增加有轨电车专用相位，且在相位时间分布上，对其进行适当倾斜，从而达到优先控制的目的。

感应信号控制方式是在交叉口附近探测到有轨电车到来时，在现代有轨电车方向上延长绿灯时间或激发绿灯，以保证其优先通过。感应信号控制方式作为交叉口信号优先方式，可更好地适应交叉口复杂多变的情况，更好地提供信号优先控制。

（1）现代有轨电车信号优先控制策略

目前交叉口信号优先方式有"区域控制"和"集中控制"两种方式。区域控制方式由于信号优先的交互仅处于区域范围内，信号优先判定过程中基本不存在信息传输延时问题。车辆位置信息无需频繁上传，信息传输成本相对较低。在车载定位设备基础之上，如加之通讯和管理功能，则可形成完善的车载系统。集中控制方式相对区域控制，GPS 传输信息量大，定位信息的传输存在延时，定位精度不高，特别是在车辆高速运行的情况下，影响优先信号的实时性和连续性等。优先方式选择时，可根据当地道路交通情况，结合城市交通组织方案，合理选择平面交叉口信号优先方式。

（2）现代有轨电车信号分配方式

信号优先控制是通过对交叉口交通信号控制策略的优化设计，对现代有轨电车车辆进行倾斜性的信号分配，提高车辆在交叉口的通行效率，确保车辆的优先通行权。

现代有轨电车通过平面交叉口前，信号优先系统先采集有轨电车位置，主要采集方式有 GPS/BD（全球定位系统/北斗卫星导航系统）和检测器（环形线圈）。

车辆通过与安装在线路中的车辆检测设备相连的交叉口信号控制箱和交叉口设备交通

信号控制箱进行通信。在接近交叉口区域，车辆发送优先请求，交叉口社会交通信号控制箱依据实际交通情况确定是否给予现代有轨电车信号优先。针对优先请求，具有"绿灯延长"、"红灯缩短"、"插入相位"3种优先方式。

4. 案例分析

南京河西新城现代有轨电车1号线将路口信号纳入智能交通系统，构建了道路公交信号优先系统。信号优先控制主要是调节现代有轨电车所在相位的绿灯起亮时间和绿灯结束时间，信号调解后现代有轨电车可以避免或者尽可能少地遇到红灯，从而减少有轨电车在交叉口的通行延误。

根据交管部门相关意见，南京河西新城现代有轨电车采用被动优先的控制方案，系统运行架构如图10-51所示。

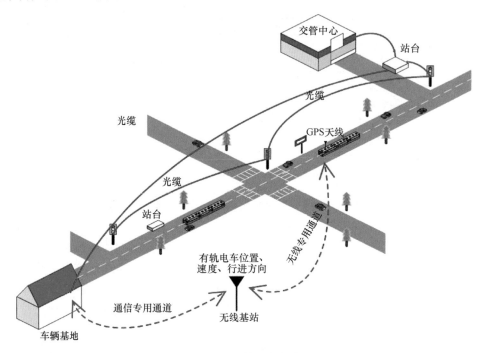

图 10-51　系统运行架构图

现代有轨电车通过车上的GPS定位系统，将车辆的位置、行进速度、行进方向等信息进行打包，通过无线专用数据通道实时将数据传输到车辆控制中心，控制中心对接收到的数据进行处理后，通过光缆将数据传输至交管中心路口信号管控平台，交管中心根据接收到的数据及现代有轨电车沿线当时的交通状况制定最优的行车策略，并下发至相关路口信号灯进行控制，通过采取延长、提前、增加或跳跃相位等措施实时调整交叉口信号控制方案，从而实现现代有轨电车的优先通行。系统运行流程如图10-52所示。

图 10-52　系统运行流程图

10.3.6　车辆段联锁系统

现代有轨电车车辆段联锁系统是保证车辆段内接发列车作业安全，提高接发车能力的一种信号设备。可以实现进路建立、锁闭、解锁，道岔单操、单锁、单封，进路监督，故障诊断以及与正线接口等功能。

1. 系统功能

车辆段联锁设备能对车辆段内的调车作业进行集中控制，是保证车辆段内调车作业及车辆出入段作业的安全，实现车辆段内进路上的道岔、信号机和轨道区段之间的正确联锁的安全设备。车辆段联锁系统必须符合故障—安全的原则，其主要功能如下：

（1）根据运行计划及车辆位置设定、建立、锁闭、解锁进路；

（2）实现车辆段内信号机、道岔、轨道电路间的正常联锁功能，保证联锁关系正确，满足故障-安全原则；

（3）道岔具有进路操纵及锁闭、单独操纵、单独锁闭功能；

（4）系统应具有较完善的自诊断功能，对包括联锁设备、车辆占用检测设备、道岔、信号机以及电源设备（含 UPS 电源）等工作状况实施监督；

（5）实现对车辆的位置检测，检测设备向车辆段联锁系统提供车辆占用、出清轨道区段信息。

2. 系统构成

现代有轨电车车辆段联锁系统室内设备主要包括车辆段/停车场联锁设备、列车占用检测设备、微机监测车站设备、维修设备、操作终端、工作站和电源设备等。

室外设备主要包括信号机、列车占用检测设备、道岔转辙设备等。联锁系统结构示意如图 10-53 所示。

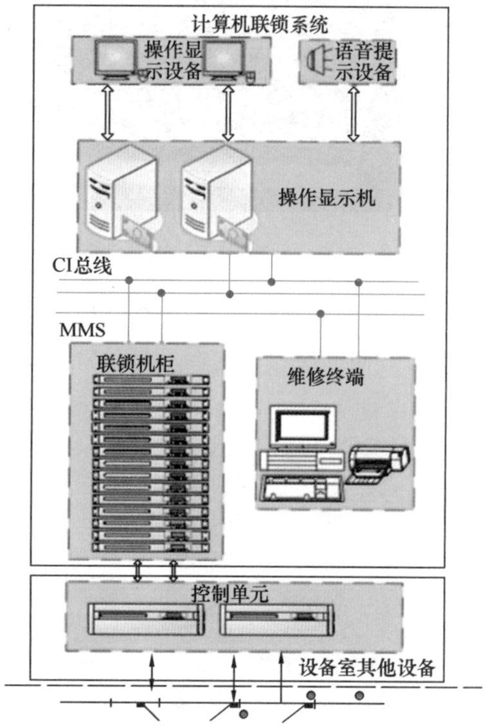

图 10-53　联锁系统结构示意图

3. 常用系统方案

（1）主要系统设备选型

车辆段联锁系统多采用技术成熟、工程造价低、国产化率高的双机热备型计算机联锁系统。联锁系统微机监测界面如图 10-54 所示。

（2）系统控制方式

车辆段采用本地控制方式，控制中心对车辆段不具备控制功能。列车进、出段及在段内的转线作业均由车辆段值班员办理相应的进路，进路建立并锁闭后开放信号，司机根据地面信号机显示驾驶列车进出车辆段及段内调车作业。

目前，国内现代有轨电车车辆段运用较多的轨道占用检测设备为：计轴设备和 50Hz 单轨条相敏轨道电路。

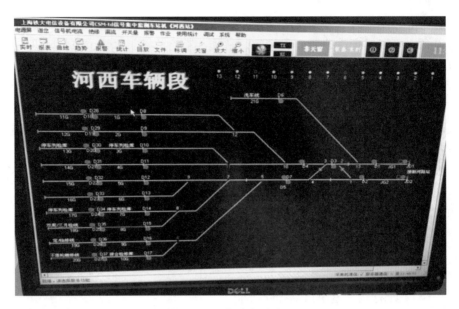

图 10-54 微机监测界面

50Hz 单轨条相敏轨道电路与其他轨道电路系统相比，具有抗干扰性能好、设备简单、维修方便的优点。主要不足是轨道调整受道床电阻的影响较大。轨道电路终端电缆盒如图 10-55 所示。

图 10-55 轨道电路终端电缆盒

计轴设备相对简单，不受区段长度限制，维护工作量低，被多数的移动闭塞系统用作辅助列车检测设备。系统工作不受道床泄露电阻、分路电阻、轨道区段长度以及电气化区段牵引回流等因素的影响，并且与钢轨表面洁净度和线路条件无关。

10.4 售检票系统

现代有轨电车售检票系统是直接面对乘客的服务设施，也是现代有轨电车建成后乘客最为关注的焦点。

10.4.1 售检票系统设置原则

（1）应根据客流预测情况选择合理的售检票制式，根据客流特征、车站规模，合理设置系统构成。

（2）售检票系统应满足线路运营和管理的需要，并与城市"一卡通"票务系统相关联。

（3）售检票系统宜根据运营需求实现线网内各线路之间、线网与外接其他系统之间的票款收益清分功能。

（4）售检票系统的设计能力应满足现代有轨电车远期超高峰客流量的要求。售检票终端设备的数量应按近期超高峰客流量计算确定，按远期超高峰客流量预留位置与安装条件。

10.4.2 售检票系统构成及功能

对不同售检票方式而言，售检票系统的构成基本是一样的，如图10-56所示，主要分为两级结构：票务管理中心和终端设备。售检票系统主要由管理主机、系统管理软件、车载稳压电源、发卡机、车载IC卡收费机（车载刷卡机/便携式刷卡机）、数据采集设备、非接触式IC卡等组成。

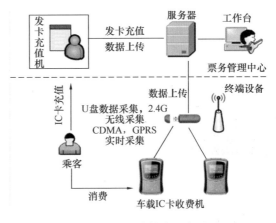

图10-56　系统构成示意图

1. 票务管理系统

票务管理系统由服务器双机备份系统、业务工作站、网络打印机、网络设备等组成。

（1）在车辆基地设置票务管理中心，负责车载IC卡收费机的管理、功能卡和数据下载盒管理、数据采集情况的统计、消费数据的处理及相应的查询统计、处理。

（2）通过与城市公共交通一卡通管理中心间的接口将数据传送到一卡通管理中心，同时将消费数据存入本地数据库，进行数据处理，为线路在运营决策提供准确的数据依据。

（3）线路发卡充值机直接与公共交通一卡通清算管理中心相连，业务上由现代有轨电车票务管理中心管理。

2. 终端设备系统

终端设备系统主要由车载稳压电源、车载IC卡收费机（车载刷卡机/便携式刷卡机）、数据采集设备、非接触式IC卡等组成。

（1）车载刷卡机

车上装有统一管理编号的车载收费机，负责对乘客所使用储值卡的合法性进行检验，并对合法的储值卡进行扣款收费，同时对非法卡进行报警。

（2）便携式刷卡机

用于管理人员和车上售票人员对乘客使用车票进行检票和验票，能够读写公交系统储值卡的数据。

（3）数据采集设备

用于采集刷卡数据后向票务管理中心提交数据，系统票务管理中心与车载设备之间采用无线传输系统进行数据交互，使设备实现永远在线、刷卡数据的实时上传，同时配备数据采集设备，用以在特殊情况下进行离线数据采集复制并导入票务管理中心系统。

配备的运营辅助设备包括：手持便携式刷卡机、硬币清点机、纸币清点机、点钞机等，供运营部门在车上人工售票和在中心对纸、硬币进行清点。

3. 维修系统

维修系统由维修管理终端、打印机等设备组成，承担下达维修工单，维护计划等任务。售检票维修中心一般与通信、信号系统合设。

10.4.3 售检票方式

1. 售检票方式分类

从目前国内、外现代有轨电车实施案例来看，售检票方式主要有车上售检票、开放式售检票和封闭式售检票三种。

（1）车上售检票

车上售检票方式是常规公交车普遍采用的售检票方式。主要有两种方式：一是在上车门处设置 POS 机和投币箱，持有储值票的乘客上车刷卡，无储值票乘客上车投币；二是在车上设置售票员，售票员配有便携式检票机和纸质车票，如图 10-57、图 10-58 所示。

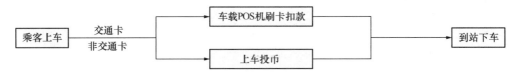

图 10-57　车上售检票流程图

图 10-58　车上售检票实例图

（2）开放式售检票

开放式售检票模式为香港轻轨及国外现代有轨电车常用的售检票模式。车站采用开放式站台，站台车站端头设置储值票刷卡设备和单程票售票机，车上一般配置有 IC 卡售检票中心系统，单程票常采用纸质车票，乘客刷卡或购票后方可在站台候车，车站无人值守，查票方式一般为人工抽查。如图 10-59、图 10-60 所示。

乘客进站 ──交通卡/非交通卡──→ 车站自动售票机购票，直接上车 ──────→ 到站下车

图 10-59　开放式售检票流程图

图 10-60　开放式售检票实例图

（3）封闭式售检票

封闭式售检票方式一般用于封闭站台，在站台完成售检票后进站上车。

采用封闭式售检票方式的车站普遍设置进/出站闸机、自动/半自动售票机、查询机和自动充值机等，并且设置票务及客服人员。该售检票系统应实现车票的自动售票、自动检票、计费、收费、统计、结算全过程的自动化管理。系统可实现线路中心和车站两级管理，应能接受交通网络清算管理中心（清分系统）的统一调度指挥。该方式适合具有独立站房的车站。如图 10-61、图 10-62 所示。

乘客进站 ──交通卡──→ 车站闸机刷卡扣费 ──────→ 到站下车出站
　　　　 ──非交通卡──→ 自动售票机购票，刷票进站

图 10-61　封闭式售检票流程图

图 10-62　现代有轨电车封闭式售检票实例图

2. 售检票方式比较

售检票方式比较如表 10-13 所示。

售检票方式比较

表 10-13

比较内容	车上售检票	开放式售检票	封闭式售检票
售检票设备	车上设置车载刷卡机	站台设置自动售票机、车上设置刷卡和检票设备	进/出站闸机、自动售票机、充值/机补票、查询机
人员配置	车上需设置售票员	只需配置抽查人员	车站需配置站务人员
人力成本	高	低	高
设备投资	低	较高	高
实施难度	易	易	难
单个车站投资范围（万元）	3～5	30～40	40～60
后期养护费用	低	低	高
售票系统适应性	弱	强	弱
车站形式	开放	开放	封闭
联乘优惠	储值票可以，单程票不可以	可以	可以
客流适应情况	高峰时段上下车较慢	高峰时段上下车快	高峰时段上下车较快
进出站的效率	较高	高	较低
适合的收费系统	适合单条线线路的收费系统	适合现代有轨电车线网内部付费换乘收费系统	适合轨道交通付费换乘收费系统
应用举例	天津滨海有轨电车、上海张江现代有轨电车、淮安现代有轨电车、沈阳有轨电车	香港有轨电车、广州海珠线有轨电车	厦门快速公交、南京河西新城现代有轨电车

3. 售检票方式选择

售检票方式选择一般考虑如下因素：

（1）客流需求

车站的上下客流量大小，影响到车辆的停站时间，对于客流量较大的线路或车站，需采用上下客效率较高的售检票方式，如采用封闭式售检票方式以减少停站时间，满足快速运营的需要，提高客运效率。

（2）换乘方式

现代有轨电车系统在形成网络后，才能发挥最大的效用，网络内的换乘对于现代有轨电车的发展极为重要，而售检票方式往往是换乘方式的主要决定因素之一。因此，售检票方式需与未来的换乘方式相结合进行考虑。

（3）票价制式

系统的票价制式对于售检票方式有直接影响，如果采用计程收费票价制，宜采用车外售票的检票方式。

（4）人工成本

任何售检票方式，都要专业人员进行运营和管理，人工成本是现代有轨电车运营成本的重要组成部分，在选择售检票方式时应将人工成本纳入考虑范围。

（5）经济指标

与售检票方式有关的经济指标包括：车站建设费用、车站售检票设施、相关的土建机电工程以及相关设备的运营期维护费等，在选择售检票方式时应根据项目情况在经济指标间寻求平衡。

结合现代有轨电车特点，在满足运营组织要求的前提下，项目初期当客流量不高时可采用车上售检票方式，每列车上设置检票员，采用投币和车载读卡器（POS）检票及便携式检票机进行检票；远期客流量增加后，也可根据需要采用车下售检票方式，通过在站台设置单程票售票机和POS机，车上配置抽查人员，使乘客可在站台完成售票、车上完成检票，从而实现乘客快速有序的上、下车。

10.4.4 票制方式

为最大限度地发挥现代有轨电车的社会效益，提高运营企业的经济效益，需要对现代有轨电车的票制方式进行科学的研究与分析。

1. 票制票务确定原则

（1）售检票系统应建立统一的车票制式标准，车票制式宜与城市公共交通系统保持一致。

（2）票务制式应适应各城市现代有轨电车的票价政策，可采用全程一票制，预留计程票价制能力。

（3）车票票种宜采用单程车票、储值车票，以及根据需要采用的其他票种。城市公交一卡通可作为储值车票使用。

（4）售检票系统宜设置统一的线网票务中心进行票务管理，也可根据线网规模大小设置若干个区域或线路的票务分中心进行分级管理。

2. 票制分类

目前国内外现代有轨电车运营主要采用的票制有单一票价制、里程计价票制、区段计价票制三种。

（1）单一票价制

单一票价制：即全线全程票价就一种，不管乘客上、下车之间的旅程多长、旅途时间多长，都是一种票价。

（2）里程计价票制

里程计价票制：是以具体公里数作为基本计价单位，累计旅途里程加价的计程票制。

（3）区段计价票制

区段计价票制：是以规定里程（一般以车站区间长度）作为基本计价单位，累计旅途区段加价的计程票制，是目前城市轨道交通比较普遍采用的一种计程票制。

3. 票制比选

上述三种票价制目前在国内外许多城市公共交通体系中均有不同应用，各有优缺点，票制的选型对售检票系统成本和运营维护影响也较大，各种票制的综合比选见表10-14。

比较内容	单一票价制	里程计价票制	区段计价票制
收费合理性	不合理	精确合理	较合理
票务管理	计费等级单一、易于管理	计费等级多，较为复杂，增加系统复杂性、管理较复杂	计费等级少、易于管理
可操作性	实施相对简单易行	实施较为复杂，不方便乘客	实施较为简单易行、方便乘客
线路类型	短线路或直达线路	较长线路，站间距长短差距较大	较长线路，站间距比较均匀
吸引客流	较容易（票价低）	容易，适合所有收入阶层旅客，尤其是中低收入阶层	较容易
应用范围	较少	较少	较多
系统类型	半开放式/封闭式系统	封闭式系统	封闭式系统
车票媒介	储值卡和主动投币/可回收再利用单程票	储值卡和可回收再利用单程票	储值卡和可回收再利用单程票
性能要求	相对较简单	相对较高、较复杂	相对较高、较复杂
运营成本	不经济、运营成本较高	经济、运营成本较低	经济、运营成本较低
运营管理	较方便	较复杂	较复杂
智能化程度	智能化程度相对较低	智能化程度相对较高	智能化程度相对较高
适合范围	低投资、运营过渡系统	高投资、成熟系统	高投资、成熟系统
技术成熟度	成熟	较成熟	较成熟
实施难易	实施容易	实施较难	实施较难

综合上述分析，并结合运营组织要求，现代有轨电车初期可采用单一票制并预留里程计价票制或区段计价票制条件。

4. 车票发行

车票发行一般可采用单程票和储值票两种，单程票一次使用有效；储值票采用非接触式 IC 卡车票，可以与城市公交一卡通系统形成良好衔接。

储值票：可使用城市公交一卡通储值票进行刷卡扣费，并预留与相应的公交联乘优惠的条件。见图 10-63。

图 10-63 储值票

单程票：常规的单程票有传统的纸质单程票和智能 IC 卡单程票。纸质单程票广泛应用于公交系统中，IC 卡单程票主要应用于地铁系统中。对于采用开放式、封闭式的售检票系统，宜采用 IC 卡单程票为主，以利于票务统计和资源重复利用。见图 10-64、图 10-65。

图 10-64　纸质单程票图

图 10-65　IC 卡单程票

第 11 章 车 辆 基 地

车辆基地是现代有轨电车车辆进行维修保养的场所，也是车辆停放、运用、检查、整备和修理等各项作业的管理单位，车辆基地布局的优劣直接关系到现代有轨电车系统的行车组织和运营效率。车辆基地主要包括车辆段（停车场）、综合维修中心、物资总库、培训中心和其他生产、生活、办公等配套设施。见图 11-1。

图 11-1 现代有轨电车车辆基地

11.1 概　　述

11.1.1 车辆基地设计原则

车辆基地的设计，应根据线路的技术特征，在充分利用所选段（场）址的地形地貌和周围环境的基础上，以满足工艺要求，改善劳动条件，提高维保效率和安全生产为目的，确定以下主要设计原则：

（1）车辆基地的功能、布局和各类设施的配置应充分利用现代有轨电车线网资源及城市既有轨道交通线网设施，在满足功能的前提下，以资源共享、综合利用为原则，将全线网车辆基地进行整合，明确功能，合理布局，集约使用土地。

（2）为充分发挥现代有轨电车系统对城市发展的开发引导功能，车辆基地可结合选址位置和规划条件，进行综合开发和立体化布局，提高车辆基地开发利用效益。

（3）车辆基地的规模应满足车辆运营、维修功能要求，并根据运行交路长度、列车对数、车辆模块数、检修周期和检修时间、技术参数综合计算确定，并应按最不利情况进行校验。

（4）车辆基地的设施应包括车辆运用、检修、设备系统维修和必要的办公、生活等设施；根据需要可设置物资存储、培训设施。

（5）车辆基地的出入线及车场线应满足车辆的正常运行及维修工艺等要求。场坪标高应满足防洪防汛要求。

（6）车辆维修制度宜采用状态修与计划修相结合，车辆维修模式宜采用社会化委托与专业化检修相结合的原则。

11.1.2 车辆基地系统组成

车辆基地是以现代有轨电车车辆检修和日常维修为主体，主要包括检修车辆段、运用停车场、维修中心、维修工区和必要的办公、生活设施；根据需要，设置物资总库和培训中心；其系统组成如图 11-2 所示。

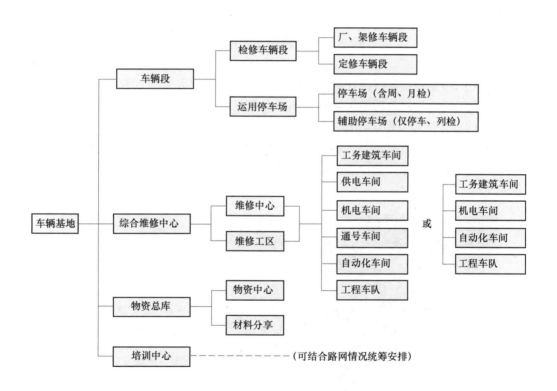

图 11-2　现代有轨电车车辆基地系统组成

11.1.3 车辆基地办公生活设施的配备

为保证生产、管理的正常、高效运行，应根据功能要求、工作性质及定员数量配备办公房屋与生活设施，具体办公、生活设施配置如图 11-3 所示。

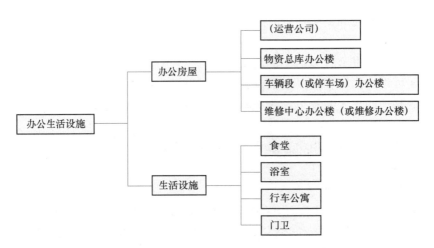

图 11-3　现代有轨电车车辆基地办公、生活设施

11.2　车辆基地的功能

车辆基地的功能根据其线路在整个线网中的功能定位以及建设时序的不同略有差别，作为运营车辆运用、检修及后勤保障的基地，车辆基地应具备以下基本功能：

1. 车辆的日常保养及停放功能

负责现代有轨电车所有配属车辆的停放和管理，司乘人员每日出、退勤前的技术交接，对车辆的日常维修保养及一般性临时故障的处理，车辆内部的清扫、洗刷及定期消毒等。见图 11-4。

图 11-4　现代有轨电车停车列检库

2. 车辆的检修功能

根据现代有轨电车车辆的检修指标，参照地铁车辆的部分修程参数，车辆基地一般应具备完成全线所有配属车辆的定临修及周月检任务。车辆的大、架修应结合现代有轨电车

线网规划以及相关线路建设时序等因素进行统筹布局；当车辆基地与车辆制造厂的距离在经济合理的范围内时，可以把车辆大、架修任务委托附近的车辆制造厂承担，车辆基地只考虑定临修及以下修程的任务。见图11-5。

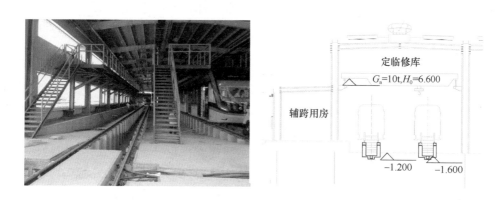

图11-5　现代有轨电车双周/三月检库与定临修库

3. 车辆的救援功能

现代有轨电车在运营过程中出现故障导致不能正常运行，除列车出轨、车辆破损等严重影响车辆行驶的情况外，一般情况下，可以使用邻近的现代有轨电车或者公铁两用牵引车救援，拖回车辆段后进行处理。

当车辆运营中发生出轨事故或供电中断，应迅速出动救援人员和设备进行复轨救援，将故障车辆迅速牵引至临近停车线或车辆基地，并排除线路故障，恢复行车秩序，保证现代有轨电车线路的正常运行。

4. 综合维修功能

综合维修是指全线线路、路基、轨道、桥涵、房屋建筑和道路等设施的维修、保养，以及供电、通信、信号、机电设备和自动化设备的维修和检修工作。车辆基地综合维修功能具体包括以下几个方面：

（1）承担全线线路、轨道、路基、房屋建筑、车站建筑等设施的日常维修和养护；

（2）承担全线的自动检票机等各种机电设备的维修、保养和小修作业；

（3）承担全线通信、信号、防灾报警和信息等设备及其通信线路的维修、保养和小修作业；

（4）承担全线供电系统包括变电所设备以及高中压电气线路的维修、养护和小修作业。

5. 材料供应功能

承担全线车辆段、综合维修中心及其他各部门运营和检修所需各种材料、机电设备、通信信号设备和自动化器材、备品备件、配件、劳保用品，以及其他非生产性固定资产的采购、储备、保管和供应工作。在建设期间，还可用于临时存放各类设备及建设物资。

6. 培训功能

根据需要负责组织和管理职工的技术教育和培训工作。

11.3 车辆检修修程

全线车辆运营一段时间后，各种构件均会产生磨耗、变形或损坏，为了保证车辆安全良好地运行，延长使用寿命，除了加强日常检查和保养、维护外，需对车辆定期进行各项修程的检修。

1. 车辆检修制度

车辆检修制度一般分为计划预防修和技术状态修两种。

计划预防修制度是目前国内外现代有轨电车普遍采用的一种以车辆运行周期（时间或走行公里）为检修依据的定期维修体制。

技术状态修是根据设备和零部件的磨耗、腐蚀程度、化学成分、电气和机械性能、动作次数以及平均故障等，与技术标准进行对照，然后做出修理或更换的决定。

目前，国内现代有轨电车车辆检修绝大部分采用计划预防修制度。

2. 车辆检修作业方式

车辆检修作业方式有两种：现车修理和换件修理。

现车修理是将待修车上的零部件经过修理消除其缺陷后，仍安装在该车上。这种作业方式除报废零部件需要更换外，其他零部件均等待修理后，装回原车。其优点是可减少备用零部件的数量；缺点是停修时间比较长，修车效率低，对部件的检修能力要求比较强，均衡生产性较差。

换件修理是指将待修车上需修理的零部件分解下来，再将预先修好的零部件或新零部件组装上去，其分解下来的零部件经修理后作为备件再装到别的车上。其优点是可以缩短停修时间，提高修车效率；缺点是不仅要求有足够多的备用零部件，而且还要求有一定数量的互换件。

从提高修车效率出发，车辆检修作业方式宜采用换件修理。但由于一般线路运营初、近期车辆检修工作量小，采用换件修理会增大投资，故建议采用两种修理作业方式相结合的方式，即部分零部件换件修理为主，部分零部件现车修理为辅的作业方式，远期有条件可逐渐过渡到换件修理。

3. 车辆检修指标

车辆的检修周期一般应根据车辆的技术条件、线路状况和行车组织以及运用、维修人员的素质等多种因素确定，通常由车辆制造商提供，并在实际运用中不断调整和完善。

目前，由于国内部分车辆生产厂家对现代有轨电车车辆的生产时间较短，已投入运营车辆的运营周期也不长，尚无统一的现代有轨电车车辆检修标准，不同线路采用的车辆检修周期也略有差别。

国内目前使用较多的现代有轨电车车辆检修周期主要参照国内地铁车辆的检修周期及生产厂家对车辆技术性能的经验总结来确定，将检修标准简化为列检、周检、月检、定修、架修和大修6个修程，检修周期如表11-1所示。

4. 车辆检修修程和内容

（1）大修：对车辆所有部件和系统（包括车体在内）进行全面的分解、检查和整修，结合技术改造对部分系统进行全面的更换，完全恢复和改进其性能。修竣后对车辆各系统进行全面检测、调试及试验。

现代有轨电车车辆检修周期   表 11-1

| 类别 | 检修种类 | 检修周期 | | 检修时间 |
		里程（万 km）	时间	（d）
定期检修	大修	90	10 年	38
	架修	45	5 年	24
	定修	15	1.5 年	14
维保	月检	1.25	2 月	2
	周检	0.2	7 天	0.5
	列检	—	每天	—

（2）架修：对车辆的重要部件，特别是转向架及轮对、电机、电器、空调机组、车体连接装置、制动系统等进行分解、清洗、检查、探伤、修理，并更换部分报废零部件；对蓄电池进行清洗及充放电作业；对电子部件进行清洗及测试。修竣后对车辆各系统进行全面检测、调试及试验。

（3）定修：主要进行车辆的各系统状态检查、检测；主要部件的全面检查、清洁、润滑、修理以及列车的全面调试。

（4）月检：主要进行车辆的受流设备、牵引电机、控制装置、各种电气装置、转向架、制动装置、车钩缓冲装置、空调、车体、车门、车灯、蓄电池等重点部件及控制系统进行状态检查，对部件进行清洁、润滑，更换磨耗件。

（5）周检：主要对易损件和磨耗件进行检查，对部分部件进行清洁、润滑。

（6）列检：主要对列车与行车安全相关的部件进行日常性技术检查和保养。

5. 车辆运用、检修作业流程

（1）车辆运用整备作业流程

车辆运用整备作业主要指列车的停车列检、周检、月检及清洗洗刷，是从列车入段开始对车体内、外部进行清扫、消毒，以及对列车与行车安全相关的部分进行日常性技术检查、更换、保养和技术交接过程，具体作业流程如图 11-6 所示。

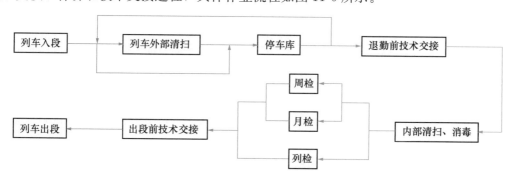

图 11-6　车辆运用整备作业流程

（2）车辆检修作业工艺流程

车辆检修作业主要指列车的大修、架修、定修及临修，是根据列车的检修周期与修程内容制定检修计划后，将列车驶入能满足修程需求的车库内进行检修，并在库内检修作业完成后对列车进行动、静调试及修竣交验的过程，具体作业流程如图 11-7 所示。

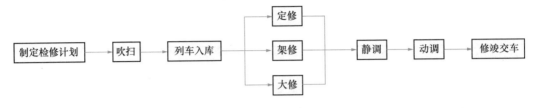

图 11-7　车辆检修作业流程

11.4　车 辆 基 地 总 图

车辆基地的总平面图主要依据车辆基地的功能和维修作业要求，通过合理确定现代有轨电车车辆基地规模，同时布局符合用地和功能要求的总体布置图。

11.4.1　车辆基地的规模

车辆基地的规模主要取决于停车列检库和检修库两大部分的能力需求，再辅以其他生产、办公、生活配套设施。停车列检库和检修库的能力需求由线路初、近、远期不同年度的配属车数量（包括运用车、在修车、备用车）所决定。在满足功能需求的基础上，要合理控制车辆基地规模，优化布局，减小用地规模，尽量集约化利用土地，并实现网络资源共享，减少工程投资。

（1）与车辆基地确定规模有关的基本参数如下：

① 运用车数量

运用车数量的计算如式（11-1）所示。

$$N_y = 2 \times (L/V + T) \times N \tag{11-1}$$

式中　N_y——运用车总列数；

　　　　L——起点站至终点站站中心距离（km）；

　　　　V——列车平均旅行速度（km/h）；

　　　　T——列车交路两端折返时间；

　　　　N——列车交路高峰小时开行对数（对/h）。

a. 系统能力计算所得运用车列数；N 值一般最大不超过 12（根据发车间隔对交叉口运行状态影响的案例分析，发车间隔不宜低于 5min）；

b. 按客流计算所得运用车列数；N 值＝高峰小时客流量/列车载客能力；

c. 按最低服务水平所得运用车列数：N 值一般取最小值 6。（据乘客满意度调查显示，乘客能够忍受最大等车时间为 10min）。

按系统能力计算得到的运用车列数，可以作为远景车辆基地用地最大规模控制的基本依据；而按客流需求和按最低服务水平计算得到的运用车列数取其大者，作为确定远期车辆基地实施规模的基本依据。

② 备用车数量

备用车数量一般按运用车数量的 10% 考虑；线网中能资源共享时，按线路长度每 15

～35km 配备一列备用车。

③ 检修车数量

检修车数量的确定取决于检修周期和行车组织确定的全年车辆走行里程，根据年走行公里计算检修及周月检车数具体计算方法如式（11-2）所示。

$$G = S/90/10^4$$
$$G_n = G \times T_1 \times \mu/250$$
$$J = S/45/10^4 - G$$
$$J_n = J \times T_2 \times \mu/250$$
$$D = S/15/10^4 - G - J$$
$$D_n = D \times T_3/250$$
$$Y = S/1.25/10^4 - G - J - D$$
$$Y_n = Y \times T_4/250$$
$$Z = S/0.2/10^4 - G - J - D - Y$$
$$Z_n = Z \times T_5/250 \tag{11-2}$$

式中　S——年走行公里数；

　G——大修年检修列位数；

　T_1——大修库停时间；

　G_n——大修检修车数；

　J——架修年检修列位数；

　J_n——架修检修车数；

　T_2——架修库停时间；

　D——定修年检修列位数；

　D_n——定修检修车数；

　T_3——定修库停时间；

　Y——月检年检修列位数；

　Y_n——月检车数；

　T_4——月检库停时间；

　Z——周检年检修列位数；

　Z_n——周检车数；

　T_5——周检库停时间；

　μ——大架修检修不平衡系数，取值宜为 1.1。

④ 配属车数量＝运用车数量＋检修车数量＋备用车数量。

（2）车辆基地规模确定方法

① 停车、列检列位数 ＝ 配属车数—检修车数；停车、列检股道数＝列位数/N（N 为每股道的列位数）；列检列位数一般按停车、列检列位数的 50％设置。

② 大、架修规模列位按 G_n、J_n 计算值加和取整；定修规模列位按 D_n 计算值取整；临修规模列位一般按 1 列位考虑；周月检规模列位按 Y_n、Z_n 计算值加和取整。

（3）车辆基地的用地规模

通过比较国内已建车辆基地的规模，结合各车辆基地相应功能区列位的布置情况，一般而言，每列位宜控制占地 0.25ha 以内，对于采取地下、上盖开发的形式，其规模需单独研究。国内部分现代有轨电车车辆基地的规模情况如表 11-2 所示。

已建车辆基地用地规模对比表 表 11-2

车辆基地名称	功能定位	车辆基地规模	远期车辆编组（模块/列）	远期配属车数	总占地面积（ha）	占地指标（ha/列位）
南京河西车辆基地	定修车辆基地	定临修 2 列位、周月检 1 列位、镟轮 1 列位、停车列检 16 列位，共 20 列位	7	18	4.4	0.22
苏州大阳山车辆基地	大架修车辆基地	大架修 2 列位、定临修 2 列位、周月检 2 列位、镟轮 1 列位、停车列检 36 列位，共 43 列位	7	44	10.0	0.23
淮安板闸车辆基地	大架修车辆基地	大架修 4 列位、定临修 2 列位、周月检 6 列位、镟轮 1 列位、停车列检 56 列位，共 69 列位	6	56	16.36	0.24
沈阳浑南新城车辆基地	大架修车辆基地	大架修 3 列位、定临修 2 列位、周月检 2 列位、静调 1 列位、吹扫 1 列位、镟轮 1 列位、停车列检 150 列位，共 160 列位	3	150	26.4	0.17

11.4.2 车辆基地总平面布置

现代有轨电车车辆基地总平面图是为了表达车场线及各建筑物（构筑物）之间的位置关系以及各种工艺、管道、道路等配套设施和生活辅助设施的合理配置。车辆基地的总平面需根据车辆基地的规模，线网中各设施的资源共享情况并结合用地条件综合考虑布置。

1. 车辆基地总平面图型

现代有轨电车车辆基地总平面图的类型主要有贯通式、尽端式两种。

（1）贯通式车辆基地

贯通式车辆基地车场线两端均设有咽喉区并与正线连接，使得车辆进出段作业，特别是双向收发车作业十分方便。

贯通式车辆基地总平面布置工艺流程顺畅，段内折返作业较少，列车出、入段时与正在进行其他作业的列车或调机交叉干扰较少，在采用 1 线 2 列位、或 3 列位时，车辆使用更灵活、发车效率更高。贯通式车辆基地由于两端均设置咽喉区，段形较长，占地面积相对较大。在新技术的指引下，贯通式车辆基地宜可采用梳子道岔（T 型）缩短段形长度，减少占地面积。贯通式车辆基地的总平面布置如图 11-8 所示。

（2）尽端式车辆基地

尽端式相对于贯通式而言，车辆基地车场线只有一端通过出入段线与正线连接。尽端式车辆基地总平面布置工艺流程也较顺畅，列车出、入段时与正在进行其他作业的列车或

图 11-8　贯通式车辆基地

调机交叉干扰较贯通式多。但尽端式车辆基地占地面积相对贯通式要小。由于地形等条件所限，目前已经建成和正在建设的车辆基地以尽端式布置居多。如南京河西有现代轨电车车辆基地、淮安现代有轨电车板闸车辆基地、苏州高新现代有轨电车 1 号线大阳山车辆基地均采用了尽端式布置型式。尽端式车辆基地的总平面布置如图 11-9 所示。

图 11-9　尽端式车辆基地

2. 各图型的特点及适用范围

贯通式车辆基地、尽端式车辆基地均能满足运营及生产作业的要求，贯通式与尽端式相比由于多设一端咽喉区使得车辆进出段更方便，但是占地面积相对较大。贯通式车辆基地与尽端式车辆基地的主要特点和适用范围如表 11-3 所示。

贯通式车辆基地一般适用于地块面积较大，有双向收发车需求的车辆基地；尽端式车辆基地一般用于地块使用受限的车辆基地。以上两种车辆基地总平面布置形式均能够满足使用要求，在规划设计时应依据情况灵活选用。

贯通式车辆基地和尽端式车辆基地的特点比较　　　　表 11-3

车辆基地的 布置形式	优　点	缺　点
贯通式 车辆基地	1. 可向两个方向同时收发车; 2. 两端列车出入段灵活、方便、迅速; 3. 段内作业顺畅,咽喉区交叉作业少	车辆段两端都布置咽喉区,占地较大,线路较 长,铺轨工程量较大
尽端式 车辆基地	车辆段只有一个咽喉区,在相同的停车 条件下,占地面积小,线路短,铺轨工程 量较小	1. 只能一个方向收发车; 2. 列车出入段灵活性较贯通式差; 3. 咽喉区交叉作业多

11.5　车辆基地主要设施

车辆基地通常需设置车辆的运用整备、检修设施,配备必要的办公、生活用房,预留承担现代有轨电车路网中其他线路的部分检修作业条件。主要设施包括:停车列检库、周/月检库、联合检修库、不落轮镟库、洗车库、物资总库、综合维修中心以及维修管理和办公、生活用房。

11.5.1　运用、检修车库

1. 停车列检库

停车列检库用于停放夜间、平峰运行时回段车辆的日常检查作业。

(1) 停车列检库的布置:

① 列车停放线列位数量应含备用列车停放列位;

② 列车停放线与列检作业线根据车辆基地布局形式的不同可混合设置,也可分开设置;

③ 为方便列检作业,列检列位一般设置检查坑和车顶作业平台。列检列位数通常占停车列检总列位数的 50% 左右。停车列检库平面布置如图 11-10 所示。

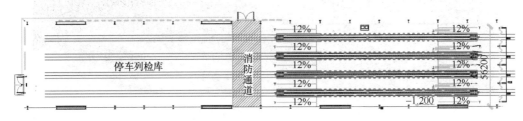

图 11-10　停车列检库内平面图

④ 如果车辆基地条件受到限制,设计中也可考虑利用始发站、折返站站线夜间停放部分列车,适当减小规模;

⑤ 停车列检库(棚)应根据当地气象条件和运营要求进行设计,通常多雨地区宜设为车棚,寒冷地区或风沙地区应设为车库,如图 11-11 所示。

(2) 停车列检库的设备基本配置,如表 11-4 所示,主要设备如图 11-12、图 11-13所示。

序号	名　称	用　途
1	上司机室平台	用于车辆日检过程中检修人员从地面进入到车厢内进行检修作业
2	出乘派班管理系统	用于乘务人员出、退勤的派班管理
3	列检专用工具	用于检修人员检查车辆所需的手持式设备
4	上砂小车或自动上砂系统	用于车辆的上砂、吸砂作业
5	工具箱	用于存放列检所需的便携式小设备

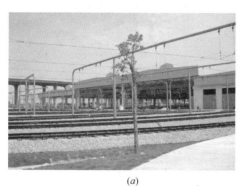 

（a）   （b）

图 11-11　停车列检房屋形式图

（a）停车列检棚；（b）停车列检库

 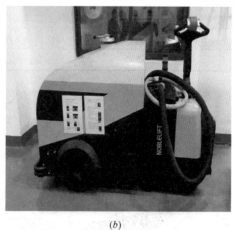

（a）   （b）

图 11-12　停车列检库主要设备

（a）上司机室平台；（b）上砂小车

2. 周/月检库

列车运行两周至三个月左右，需要更换某些零部件，牵引、制动系统也要进行检查调试，这些工作需要在周/月检库内完成。

（1）周/月检库的布置。

周/月检库一般紧邻停车列检库布置，根据车辆检查周期与作业性质的不同，每条线都应设检查坑和车顶作业平台。

图 11-13　停车列检列位

（2）周/月检库的设备基本配置，如表 11-5 所示，主要设备如图 11-14 所示。

双周/三月检库设备基本配置表　　　　　　　　　　表 11-5

序号	名　　称	用　　途
1	固定式登顶作业平台	用于库内检修人员进行车顶设备检查作业
2	上司机室平台	用于车辆周月检过程中检修人员从地面进入到车厢内进行检修作业
3	移动式空调装置测试台	车辆空调机组性能测试和故障快速诊断
4	车辆轮对检测仪	用于检测车辆轮对的踏面磨耗、轮缘厚度、轮对内侧距等参数
5	列检专用工具	用于检修人员检查车辆所需的手持式设备
6	工具箱	用于存放列检所需的便携式小设备

（a）

（b）

图 11-14　周/检库主要设备

（a）登顶作业平台；（b）移动式空调装置测试台

3. 定、临修库

定修线主要进行整列车的调试与车辆各系统部件的全面检查、检测、清洁、润滑以及部分部件的修理。

临修线主要对车辆的临时故障进行检修，更换需检修的转向架及其他大型部件。

（1）定、临修库的布置原则。

① 定、临修线路长度不宜采用多列位设置，一般采用一线一列位形式；

② 定修列位通常设宽型检查坑，即柱式检修坑，如图 11-15（a）所示；临修列位因有架车作业，应设中间检查坑，即壁式检修坑，如图 11-15（b）所示；

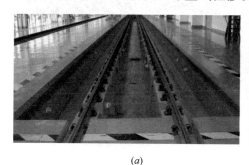

（a）   （b）

图 11-15 定修列位检查坑形式

（a）定修列位柱式检查坑；（b）临修列位壁式检查坑

③ 临修股道两侧应根据架车作业的需要设置块状或条状架车基础；

④ 定修列位与临修列位之间间距要适当加大，方便检修设备的运输；

⑤ 定临修库侧，宜设置辅助车间，包括空调检修间、制动系统检修间、通信信号检修间、电器设备检修间等。

（2）定、临修库的设备基本配置，如表 11-6 所示，主要设备如图 11-16 所示。

定、临修库设备基本配置表   表 11-6

序号	名　称	用　途
1	电动双梁桥式起重机	用于库内对大部件如轮对、转向架等的吊装作业
2	移动式电动架车机	用于车辆周月检过程中检修人员从地面进入到车厢内进行检修作业
	固定式地坑架车机	用于对车辆整列或单模块进行同步或单独架升、落车作业，适用于临修线，可对一台或多台转向架实施更换作业
3	专用吊具	用于车辆对转向架、受电弓、空调机吊装作业时的辅助固定
4	移动式车体支座	用于在车辆检修过程，临时对车体进行支撑
5	钩缓装置拆装小车	用于车辆各类型车钩与车体间的拆装的接送
6	车门拆装升降机	用于车辆临修时检修人员站在该设备工作台上进行车门的拆卸和安装作业
7	车门存放架	用于车门的存放
8	固定式登顶作业平台	用于库内检修人员上、下车顶，便于对车顶设备检修作业
9	零件搬运手推车	用于对车辆零部件的运输
10	AC380V 转 DC750V 设备（静调电源柜）	用于为检查及修竣后的车辆辅助系统试验提供地面电源

图 11-16　定、临修库主要设备

(a) 移动式架车机；(b) 固定式地坑架车机；

(c) 车门拆装升降机；(d) 车门存放架

4. 洗车库（棚）

为保持运用列车的清洁，须设置专门的列车洗车线。根据使用的环境条件，洗车线可设置车棚或车库。洗车设备通过端部和两侧不同形式的清洗毛刷组合，将水和清洁剂喷射在车体上，用清洁毛刷对车辆各部位进行滚刷，确保车辆外表的清洁。

（1）洗车库（棚）的布置

① 洗车线有贯通式、八字往复式和尽端式三种布置形式，以贯通式布置方式使用最为方便，但占地较长；

② 采用固定式自动洗车机的洗车线要求满足洗车库前后直线段长度不小于列车转向架之间的最大中心距，洗车机前后线路有效长应满足一列车的长度。洗车作业不应影响其他列车的正常作业和运行；

③ 一般情况下，列车洗车线应单独设置，不宜与列车出入段线共用；

④ 当没有条件布置贯通式洗车线时，可考虑倒八字往复式洗车线或尽端式洗车线。

（2）洗车库（棚）的设备基本配置，如表 11-7 所示，洗车库设备如图 11-17 所示。

洗车库设备基本配置表　　　　　　　　　　　表 11-7

序号	名　称	用　途
1	洗车机	用于对车辆端部和两侧外表皮的清洗作业

图 11-17　洗车库（棚）/洗车机

5. 不落轮镟库

不落轮镟库内设有不落轮镟机床，列车运行过程中因摩擦产生的擦伤、偏磨等不良故障，可以通过在列车不解体的情况下进行镟轮作业来消除，从而保障列车运行的平稳性和舒适性。

（1）不落轮镟库的布置

不落轮镟库的布置因不落轮镟床形式的不同也略有差别，不落轮镟床的形式主要包括固定式和移动式两种。

① 当全线配属车辆较多时，不落轮镟床宜选择固定式，不落轮镟库需单独设置，且库房的布置应满足以下要求：

a. 不落轮镟线的长度应满足不落轮镟设备前后有一列车长度的直线段，以保证镟轮精度，不落轮镟设备前后线路有效长度应满足一列车的长度，并应避免影响其他列车的正常作业和运行；

b. 不落轮镟库的库门设计应满足在不落轮镟机床安装时设备及吊车进入的条件。

②当全线配属车辆较少时，不落轮镟床可选择移动式，不落轮镟库可与临修库合并设置，且库房的布置应满足以下要求：

a. 库房布置除满足列车临修库功能要求外，库内线路末端应考虑不落轮镟床的存放位置，存放线路长度宜为一个不落轮镟床外形长度外加 5m 的安全距离；

b. 不落轮镟库的库门设计应满足在不落轮镟机床入库时设备及吊车进入的条件。

（2）不落轮镟库的设备基本配置，如表 11-8 所示，主要设备如图 11-18～图 11-20 所示。

不落轮镟库设备基本配置表　　　　　　　　　表 11-8

序号	名称	用途
1	不落轮镟床	用于库内对车辆轮对进行不落轮镟轮作业
2	公铁两用车	用于车辆出入检修库和库内工位间的短距离牵引调度

图 11-18　固定式不落轮镟床

图 11-19　移动式不落轮镟床

图 11-20　公铁两用车

6. 静调库与吹扫库

静调库主要承担定修及临修后整列车功能静态调试工作。配属车辆较少时，为节约造价，静调库可考虑与定修库合建。

吹扫库一般承担大修、架修、定修和部分临修列车检修前的车底、车顶和客室的吹扫和清扫工作。

主要设备如图 11-21、图 11-22 所示。

图 11-21　静调库与吹扫库

(a)　　　　　　　　　　　　　　(b)

图 11-22　静调库主要设备
(a) 固定式静调电源；(b) 移动式静调电源

11.5.2　物资总库

物资总库的功能应满足整个车辆基地运营和检修所需各类材料、设备、备品备件、劳保用品，以及其他非生产性固定资产的采购、储备、保管和供应工作。在车辆基地建设期间，物资总库还具有建设物资的临时贮存、保管、发放的功能。

不同性质的材料和设备宜按分库存放设计，存放易燃、危化物品的仓库应单独设置。物资总库、物资分库应根据需要配备立体仓储设备、起重机设备和汽车、蓄电池车等运输车辆。

物资总库布置如图 11-23 所示。

11.5.3　综合维修中心

综合维修中心应满足全线线路、轨道、路基、桥涵洞、房屋建筑和道路等设施的维修、保养，以及供电、通信、信号、机电设备和自动化设备的维修和检修工作的需要。

综合维修中心根据其规模和工作范围可分为维修中心、维修工区和维修组。维修中心

图 11-23　物资库立体仓储设施

宜设于车辆段级的基地内，可分别在相关的停车场设置维修工区或维修组。维修工区和维修组应隶属于维修中心管理。

维修中心应根据生产的需要配备生产房屋、仓库和必要的办公、生活房屋。房屋的布置应根据作业性质结合总平面布置的具体情况合理布局。其生产房屋宜合建为维修综合楼，办公房屋宜与车辆段办公房屋合建为综合楼。食堂、浴室等生活房屋应与车辆段同类设施合并设置。

11.5.4　培训中心

培训中心主要承担现代有轨电车运营管理人员的技术教育和培训工作。通常一个城市的现代有轨电车系统集中统一设置一个培训中心。

培训中心宜设于车辆基地内，对职工的实际操作培训宜利用车辆基地的既有设施。

培训中心应根据运营管理需要设司机模拟驾驶装置及其他系统模拟设施，并应设教室、实验室、图书室、阅览室和教职员工办公和生活用房，以及必要的教学设备和配套设施。

主要设备如图 11-24 所示。

11.5.5　线路配置

现代有轨电车车辆基地根据生产需要和所承担的任务范围一般应设置下列线路（图11-25）：

（1）连接线路：出入线①。

（2）停放线路：列车停放线②。

（3）作业线路：列检作业线③、周/月检作业线④、定、临修线⑤、架修线、大修线。

（4）辅助作业线路：洗车线⑥、吹扫线⑦、不落轮镟线⑧。

（5）试验线路：静态调试线⑨、动态试车线。

（6）辅助线路：调机停放线、牵出线⑩。

图 11-24　模拟驾驶设备

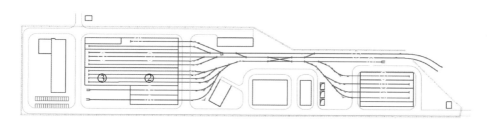

图 11-25　线路配置示意图

11.6　出　入　线　设　置

车辆基地出入线是连接车辆基地和运营正线的通路，其设置的合理与否，对车辆基地的布置形式、车辆运用的方便程度以及整个基地的占地规模，都有重要的影响。车辆基地的出入线一般在车站与运营线路接轨，站段关系主要是指运营线路与车辆基地的关系，它不仅关系到列车进出基地与正线运营列车是否冲突，同时还关系到车辆基地内部的整体布局。

11.6.1　站段关系设置原则

在规划设计时，站段关系一般应遵循以下原则：

（1）出入线应有利于车辆基地内部线路的布置以及土地的合理使用；

（2）出入线的接轨方式应保证列车进出基地方便快捷，尽可能减少对正线行车的干扰，并尽可能缩短进出基地的走行距离；

（3）出入线设计，应根据行车和信号的要求，留有必要的信号转换作业长度；

（4）尽端式车辆基地出入线宜设双线，贯通式车辆基地和规模较小的停车场可采用单出入线；

（5）出入线的设置应尽可能降低工程造价，减小工程难度。

11.6.2 站段关系形式

站段关系是指车辆基地与接轨车站的相对位置关系，与车辆基地的布置及在运营交路中的选址位置有关，关系形式主要有以下三种：

（1）站、段纵列布置，现代有轨电车直接从线路起点或终点站接入车辆基地。这种布置列车出、入段走行距离较短，行车干扰最少，作业流程顺畅，是比较理想的站段关系。见图 11-26。

图 11-26　起终点站接轨示意图

（2）中间站单向接入车辆基地，现代有轨电车由线路中间站，通过设置渡线单向引入车辆基地。这种布置列车走行距离较长，出入线与正线平面交叉，出入段的列车与正线通过列车存在干扰，需配套合理的信号控制方案。见图 11-27。

（3）中间站双向接入车辆基地。这种布置大多适用于需从车辆基地邻近两个车站分别向两个方向发车的情况，一般出入线规模大，占地多。当出入线呈"人"型布置时，可实现列车的换向，有效防止轨道的偏磨。出入线与正线平面交叉，出入段的列车与正线通过列车存在干扰，需配套合理的信号控制方案。见图 11-28。

图 11-27　中间站接轨示意图　　　　　图 11-28　两站接轨示意图

11.7　车 辆 基 地 排 水

车辆基地排水设计主要包括场坪标高的确定和站场路基面排水设施设计。

11.7.1 场坪高程的确定

车辆基地场坪标高的确定，主要考虑以下因素：

（1）场坪标高应尽量减小出入线坡度，以利于运营及行车安全；

（2）场坪标高与周边规划道路高程应有良好的衔接，尽量不破坏既有及规划道路；

（3）场坪标高应尽量减少车辆基地区域内填挖方工程，以降低工程投资；

（4）场坪标高应符合防洪标准、岸线规划和通航要求，不得危害堤防安全，影响河势稳定和行洪畅通；

（5）跨河等影响行洪的车辆基地建设方案需符合《中华人民共和国河道管理条例》的要求。

现代有轨电车车辆基地场坪高程一般参照《地铁设计规范》GB 50157—2013 执行，具体为："沿海或江河附近地区车辆段与综合基地的线路路肩设计高程不应小于 1/100 潮水位、波浪爬高值和安全高之和"，其中重现期采用 100 年一遇标准系参照现行《铁路路基设计规范》TB 10001 中Ⅰ、Ⅱ级铁路设计标准，安全高通常采用 0.5 m。

11.7.2 排水设计

车辆基地的站场路基面排水设施设计应遵循以下基本原则：

（1）站场路基面应设置倾向排水系统的横向坡度，宜采用锯齿形横波；

（2）站场路基排水系统宜采用重力自流排水方式，通过集中收集，最终排入城市排水系统。

（3）段内排水设备应采用排水沟、排水管相结合的形式。建筑密集区应采用暗管排水，股道间应采用纵向盖板排水沟；

（4）室外检查坑和电缆沟的排水宜利用地形采用自然排水。困难时应自成体系，采用集中机械提升排水方式就近排入路基排水系统、城市排水管网或附近河沟；

（5）站场雨水排水系统的设计，应使纵向和横向排水设备紧密配合，并应使水流径路短且顺直；

（6）路基面横向坡度不宜小于2‰，坡面的最大股道数为3条。纵向排水槽的坡度不应小于2‰，穿越股道时，横向排水槽的坡度不应小于5‰。

苏州高新区现代有轨电车1号线大阳山车辆基地将各种排水设备紧密结合，采用重力自流方式排水。车辆基地出入段线股道采用两侧排水，排入雨水检查井；咽喉区采用纵、横向盖板排水槽；各库房周边的雨水就近排入库边道路雨水管中，利用路基横坡汇集地表水引入纵横向排水槽，排入周边的市政管网，大阳山车辆基地的排水总图如图11-29所示。

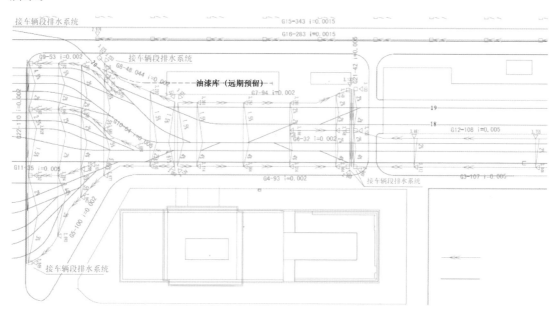

图11-29 大阳山车辆基地排水图

附录：术　　语

1. 有轨电车　tram

采用新型低地板多模块铰接钢轮钢轨车辆，电力牵引，具有较强的起制动能力、适应小曲线半径和大坡度线路、以地面专用道为主、采用智能化运营管理系统的城市轨道交通系统。

2. 设计使用年限　designed lifetime

在一般维护条件下，保证工程正常使用的最低时段。

3. 路权　rightof way

一种交通系统根据交通法规的规定，在一定的空间和时间内使用道路，进行交通活动的权利，包含道路的通行权、优先权和占有权。有轨电车线路的路权管理按照与道路系统的关系，可分为独立路权、半独立路权和混合路权。

4. 旅行速度　travelling speed

正常运营状态下，列车从起点发车至终点停车的平均运行速度，包含列车起停、区间运行及折返等时间延误。

5. 最高运行速度　maximum running speed

列车在正线运行时实际可达到的最高速度。

6. 配线　sidings

除正线、车场线、试车线外，在运行过程中为列车提供收发车、折返、联络、安全保障、临时停车等功能服务，通过道岔与正线或相互联络的轨道线路。包括折返线、渡线、联络线、临时停车线、出入线、安全线等。

7. 低地板车辆　low floor vehicle

地板面至轨面的高度等于或小于350mm的轨道交通车辆。按照低地板面占整个车辆地板面的比例，分为70％低地板车辆和100％低地板车辆。

8. 轨距　gauge of track

轨道的两条钢轨轨头内侧轨顶以下16mm处，与轨道中心线垂直的最短间距。国际标准轨距采用1435mm。

9. 构造速度　design speed

车辆结构强度及安全等条件允许的车辆最高行驶速度。

10. 脱轨系数　derailment coefficient

轮轨间横向力与垂向力之比。

11. 紧急制动　emergency brake

列车在紧急情况下，以最高减速度迅速减速而实施的不可恢复制动。

12. 限界　gauge

限定车辆运行及轨道周围构筑物超越的轮廓线。限界分车辆限界、设备限界和建筑限界三种。

13. 车辆限界 vehicle gauge

车辆在平直线上正常运行状态下形成的最大动态包络线。

14. 设备限界 equipment gauge

车辆在故障运行状态下所形成的最大动态包络线，分直线段设备限界和曲线段设备限界。

15. 建筑限界 structure gauge

在设备限界基础上满足设备和管线安装空间后的最小有效断面。

16. 分车带 road divider

分车带指的是沿道路纵向设置的分隔车行道用的带状设施。按其在横断面中的不同位置及功能可分为中间分车带（简称中间带）及两侧分车带（简称两侧带），分车带由分隔带及两侧路缘带组成。

17. 埋入式轨道 embedded track

钢轨等轨道结构埋设于地面内的轨道。

18. 无缝线路 continuous welded track

钢轨连续焊接或胶结超过两个伸缩区长度的轨道。

19. 基床 subgrade bed

路基上部承受轨道动荷载作用的，并受水文和气候变化影响而具有一定厚度的土工结构，按层次又分为基床表层与基床底层。

20. 火灾自动报警系统 fire alarm system（FAS）

具有自动监测、自动判断、自动报警功能，实现火灾早期预警和通报的系统。

21. 环境与设备监控系统 building automation system（BAS）

以计算机控制技术和计算机网络通信技术为基础，对轨道交通车站的照明设备、通风空调设备、给排水设备、屏蔽门系统、自动扶梯等机电设备进行集散式的监视、控制，同时利用先进的管理软件，全面实现这些机电设备与火灾报警系统、水消防系统、气体灭火系统、防排烟系统、防烟设备相互间的有序联动控制和监视的自动控制系统。

22. 调度系统 dispatch system

对有轨电车运行进行管理、指挥、控制和监控的综合型管理与控制一体化系统，实现有轨电车运输组织、运行监控、车辆运用、供电监控、环境监控和维修管理等的智能化、综合化和集成化管理。

23. 正线道岔控制系统 switch control system for main line

实现车载设备与地面设备的联动控制，保证列车通过道岔时安全运行的控制系统。

24. 视频监视系统 CCTV（closed-circuit television）

为控制中心调度员、列车司机等提供有关列车运行及乘客疏导等方面视觉信息的全部装置的总称。

25. 自动售检票系统 automatic fare collection（AFC）

基于计算机、通信、网络、自动控制等技术，实现轨道交通售票、检票、计费、收费、统计、清算等全过程的自动化系统，简称 AFC 系统。

26. 开放式售检票系统 open fare collecting system

公共区域内没有严格划分付费区与非付费区的售检票系统。

27. 乘客信息系统　passenger information system（PIS）

为站内和车厢内的乘客提供有关安全、运营及服务的综合信息显示系统设备的总称。

28. 车辆基地　vehicle base

具有配属车辆，以及承担车辆的运用管理、整备保养、检查工作和承担较高级别的车辆检修任务的基本生产单位。车辆基地包括车辆段和停车场。

29. 检修修程　inspection and maintenance program

根据车辆技术状态和寿命周期所确定的车辆检查、修理的等级划分，我国现行轨道交通车辆检修修程定为厂修、架修、定修、月检和列检五个等级，其中厂修、架修和定修为定期检修，月检和列检为日常维修。

30. 检修周期　period of inspection and maintenance

车辆各种检修修程中，两次检修的间隔，通常采用车辆走行公里或间隔时间作为规定。

31. 智能照明　intelligent lighting

指利用计算机、无线通信数据传输、扩频电力载波通信技术、计算机智能化信息处理及节能型电器控制等技术组成的分布式无线遥测、遥控、遥讯控制系统，来实现对照明设备的智能化控制。

参 考 文 献

[1] 祖永昶，卢健，付强，代磊磊. 苏州有轨电车 1 号线交叉口交通组织分析[J]. 城市轨道交通研究. 2016.

[2] 徐波，王波，周侃. 面向协同控制的城市有轨电车交通组织技术探讨[J]. 城市道桥与防洪，2014.

[3] 刘海军，赵正平. 现代有轨电车与交通信号系统接口方案分析[J]. 都市快轨交通，2014.

[4] 王舒祺. 现代有轨电车交叉路口优先控制管理方法研究综述[J]. 城市轨道交通研究，2014.

[5] 张华，付一娜，任俊利等. 现代有轨电车交叉路口交通组织研究[J]. 城市轨道交通研究，2014.

[6] 张海军. 对我国现代有轨电车发展应用的思考[J]. 城市轨道交通研究，2015.

[7] 张海军，胡军红，杨敏，肖慎. 现代有轨电车最小发车间隔及相关指标研究[J]. 南京工业大学学报，2016.

[8] 王明文，王国良，张育宏. 现代有轨电车与城市发展适应模式探讨[J]. 城市交通，2007.

[9] 沈训梁，陆云，李俊，李文革. 100%低地板有轨电车及其转向架发展现状[J]. 都市快轨交通，2013.

[10] 许明春，曾京. 纵向耦合独立旋转车轮转向架导向机理[J]. 交通运输工程学报，2011.

[11] 杨珂，李猛，郭泽阔，肖瑞金. 现代有轨电车车辆关键技术[M].

[12] 陶功安. 地铁车辆限界计算[J]. 电力机车与城轨车辆，2006.

[13] 罗湘萍. 全动态包络线地铁车辆限界研究[J]. 铁道车辆，1997.

[14] 中华人民共和国国家标准. 地铁设计规范 GB 50157—2013[S]. 北京：中国建筑工业出版社，2014.

[15] 王风云. 现代有轨电车主要线路技术条件[J]. 学术探讨，2014.

[16] 李威. 浅析现代有轨电车路权形式及其道路横断面布置[J]. 交通科技，2015.

[17] 陈丽莎. 现代有轨电车道路平面布局研究[J]. 2014.

[18] 贾富强. 有轨电车运营管理系统研究[J]. 2015.

[19] 何雄. 浅议现代有轨电车行车组织的灵活性[J]. 学术探讨，2014.

[20] 易志刚，刘皓玮，李科. 现代有轨电车运营管理系统的研究[J]，铁道通信信号，2015.

[21] 中华人民共和国行业标准. 城际铁路设计规范 TB 10623—2014[S]. 北京：中国铁道出版社，2015.

[22] 中华人民共和国行业标准. 高速铁路设计规范 TB 10621—2014[S]. 北京：中国铁道出版社，2015.

[23] 中华人民共和国行业标准. 铁路无缝线路设计规范 TB 10015—2012[S]. 北京：中国铁道出版社，2012.

[24] 广钟岩，高慧安. 铁路无缝线路[M]. 北京：中国铁道出版社，2012.

[25] 中华人民共和国行业标准. 城市桥梁设计规范 CJJ 11—2011[S]. 北京：中国建筑工业出版社，2011.

[26] 顾成权. 无砟轨道有轨电车路基基床结构探讨[J]. 路基工程，2015.

[27] 姜领发，陈善雄. 铁路客运专线路基工后沉降预测方法研究[J]. 铁道标准设计，2010.

[28] 中华人民共和国行业标准. 铁路路基设计规范 TB 10001—2016[S]. 北京：中国铁道出版社，2005.

［29］ 胡一峰，李怒放. 高速铁路无砟轨道路基设计原理［M］. 北京：中国铁道出版社，2005.

［30］ 秦洪雨，冯京波，谢传军，李超群. 现代有轨电车的排水设计［J］. 都市快轨交通，2013.

［31］ 喻智宏，孙吉良，申大川. 有轨电车通信信号技术与智能交通系统［J］. 城市交通，2013.

［32］ 程鑫，曲直. 沈阳现代有轨电车通信系统整体设计方案分析［J］. 都市快轨交通，2013.

［33］ 李峥. 现代有轨电车通信传输网络的类型分析［J］. 2014 中国（唐山）城市轨道交通系统解决方案与工程应用研讨会.

［34］ 何宇峰，李金龙，冯京波. 现代有轨电车控制中心方案研究［J］. 都市快轨交通，2013.

［35］ 何利英. 现代有轨电车在绿色公共交通中的应用现状［J］. 地下空间与工程学报，2012.

［36］ 王国军，贾利生，韩晓. 有轨电车道岔控制方案及安装方式研究［J］. 铁道标准设计，2014.

［37］ 孙吉良. 现代有轨电车信号系统及关键技术的研究［J］. 铁道通信信号工程技术，2013.

［38］ 邹仕顺. 现代有轨电车的信号控制技术［J］. 铁道通信信号工程技术，2014.

［39］ 上海市城市建设设计研究总院. 苏州高新区现代有轨电车 1 号线初步设计［R］.

［40］ 上海市城市建设设计研究总院. 淮安现代有轨电车一期工程施工图设计［R］.

［41］ 苏交科集团股份有限公司. 南京河西新城现代有轨电车 1 号线施工图设计［R］.

［42］ 苏交科集团股份有限公司. 南京河西新城现代有轨电车 1 号线初步设计［R］.

［43］ 苏交科集团股份有限公司. 南京麒麟科创园现代有轨电车 1 号线施工图设计［R］.

［44］ 北京城建设计研究总院. 深圳龙华现代有轨电车工程可行性研究报告［R］.